今注本二十四史

晋書

一六

傳〔六〕

唐　房玄齡等　撰
梁滿倉　主持校注

中国社会科学出版社

晋書　卷六〇

列傳第三十

解系 弟結 結弟育　孫旂　孟觀　牽秀　繆播 從弟胤　皇甫重　張輔　李含　張方　閻鼎　索靖 子綝　賈疋

解系

解系，字少連，濟南著人也。[1]父修，魏琅邪太守、梁州刺史，[2]考績爲天下第一。武帝受禪，封梁鄒侯。

[1]濟南：郡名，治所在歷城縣（今山東省濟南市）。　著：縣名，治所在今山東省濟陽縣西。按，本書《地理志下》“濟南郡”條脱“著縣”。

[2]琅邪：封國名，治所在今山東省臨沂市。　梁州：三國曹魏治所在沔陽縣（今陝西省勉縣東），西晋移治南鄭縣（今陝西省漢中市東）。

系及二弟結、育並清身潔己，甚得聲譽。時荀勖門宗强盛，[1]朝野畏憚之。勖諸子謂系等曰：“我與卿爲友，應向我公拜。”勖又曰：“我與尊先使君親厚。”系曰："不奉先君遺教。公若與先君厚，往日哀頓，當垂書問。親厚之誨，非所敢承。"勖父子大慚，當世壯之。後辟公府掾，[2]歷中書、黄門侍郎，散騎常侍，豫州刺史，[3]遷尚書，[4]出爲雍州刺史、揚烈將軍、西戎校尉、假節。[5]

[1]荀勖：字公曾，本書卷三九有傳。

[2]公府掾：官名，公府屬吏。

[3]中書、黄門侍郎：中書侍郎和黄門侍郎。中華本將"中書""黄門"相連，應頓開。　散騎常侍：官名，三國魏文帝黄初年間置，侍從皇帝左右，諫諍得失，顧問應對，與侍中等共平尚書奏事。也用作宰相、諸公等加官，入宫議政。三品。　豫州：曹魏時治所在安城縣（今河南省正陽縣東北），西晋移治陳縣（今河南省周口市淮陽區）。

[4]尚書：官名，東漢尚書臺六曹各置尚書，魏晋出爲朝官，分掌尚書省諸曹，品秩提高。三品。

[5]雍州：治所在姑臧縣（今甘肅省武威市）。東漢建安十八年（213）移治長安縣（今陝西省西安市西北）。　揚烈將軍：官名，統軍出鎮地方，或爲刺史加官。五品。　西戎校尉：官名，亦稱護西戎校尉，西晋初治長治，掌雍州少數民族事務，領兵，多以征西、鎮西將軍兼任。四品。　假節：假以節杖。指大臣臨時持節出巡，爲權臣掌軍、秉政的地位象徵和政治待遇。

會氐羌叛，與征西將軍趙王倫討之。[1]倫信用佞人孫秀，[2]與系争軍事，更相表奏。朝廷知系守正不撓，而召倫還。系表殺秀以謝氐羌，不從。倫、秀譖之，系坐免官，以白衣還第，闔門自守。及張華、裴頠之被誅也，[3]倫、秀以宿憾收系兄弟。梁王肜救系等，[4]倫怒曰：“我於水中見蟹且惡之，況此人兄弟輕我邪！此而可忍，孰不可忍！”肜苦争之不得，遂害之，并戮其妻子。

[1]征西將軍：官名，東漢永元年間置，地位與雜號將軍、偏將軍、裨將軍等同。建安年間與征東、征南、征北將軍合稱四征將軍，地位提高。三品，加持節都督者二品。 趙王倫：司馬倫，字子彝，本書卷五九有傳。

[2]孫秀：西晋琅邪臨沂（今山東省臨沂市）人，趙王倫心腹。趙王倫執政後任中書令，威震朝廷。趙王倫稱帝，任侍中、中書監、驃騎將軍。趙王倫失敗後被殺。

[3]張華：字茂先，本書卷三六有傳。 裴頠：字逸民，本書卷三五有傳。

[4]梁王肜：司馬肜，字子徽，本書卷三八有傳。

後齊王冏起義，[1]時以裴、解爲冤首。[2]倫、秀既誅，冏乃奏曰：“臣聞興微繼絶，聖主之高政；貶惡嘉善，《春秋》之美談。是以武王封比干之墓，[3]表商容之閭，[4]誠幽明之故有以相通也。孫秀逆亂，滅佐命之國，誅骨鯁之臣，以斲喪王室，肆其虐戾，功臣之後，多見泯滅。至如張華、裴頠，各以見憚取誅於時，系、結同以羔羊被害，歐陽建等無罪而死，[5]百姓憐之。陛下更日月之光照，布惟新之明命，然此等未蒙恩理。昔欒郤降在皂隸，[6]而《春秋》傳其人；幽王絶功臣之後，[7]棄賢者子孫，而詩人以爲刺。[8]臣備忝右職，思竭股肱，獻納愚誠。若合聖意，可群官通議。”八坐議以“系等清公正直，[9]爲奸邪所疾，無罪横戮，冤痛已甚。如大司馬所啓，[10]彰明枉直，顯宣當否，使冤魂無愧無恨，爲恩大矣"。永寧二年，追贈光禄大夫，[11]改葬，加吊祭焉。

[1]齊王冏：司馬冏，字景治，本書卷五九有傳。

[2]時以裴、解爲冤首：中華本"時"字屬上。萬久富先生認爲，結合上下文，全句的本意是説：後來齊王司馬冏起義兵消滅了反賊，當時人認爲裴與解二人最冤。如果"時"字屬上，則容易理解成齊王把裴與解看成冤首。（參見萬久富《〈晋書〉點校劄記》，《南通師範學院學報》1999年第3期）

[3]武王封比干之墓：比干是商紂之諸父，又稱王子比干、干叔。因直言勸諫商紂被殺，並被剖心。《史記》卷三《殷本紀》："釋箕子之囚，封比干之墓，表商容之閭。"

[4]表商容之閭：商容，殷紂王時的賢者，受百姓愛戴，却被紂王廢黜。周武王滅商後，在商容的居住地爲其立碑表彰。事見《史記》卷三《殷本紀》。

[5]歐陽建：西晋渤海南皮（今河北省南皮縣東北）人，字堅石，石崇外甥。在玄學方面主張"言盡意"，與王弼等人的"言不盡意"相左。

[6]昔欒郤降在皂隸：《左傳·昭公三年》叔向曰："雖吾公室，今亦季世也。戎馬不駕，卿無軍行，公乘無人，卒列無長。庶民罷敝，而宫室滋侈。道殣相望，而女富溢尤。民聞公命，如逃寇仇。欒、郤、胥、原、狐、續、慶、伯，降在皂隸。政在家門，民無所依，君日不悛，以樂慆憂。公室之卑，其何日之有？"

[7]幽王：周幽王，名宫涅，周宣王之子。西周最後一個國王，寵愛褒姒，廢太子申侯，立褒姒子伯服爲太子。申侯聯合犬戎將其推翻。

[8]詩人以爲刺：《詩・小雅・裳裳者華》毛亨傳："刺幽王也。古之仕者世禄。小人在位則讒諂並進，棄賢者之類，絶功臣之世焉。"

[9]八坐：即八座，尚書省高級官員的合稱。東漢用以稱尚書令、僕射、六曹尚書。魏晋以後，用以稱尚書令、左右僕射、諸曹尚書。無論共有幾人，皆沿用八座之稱。

[10]大司馬：官名，八公之一，位在上公之下、大將軍及三公之上，高級將帥，多爲大臣加官。一品。

[11]光禄大夫：官名，三公等大臣告老回家即拜此職，或作爲在朝顯職的加官。三品，開府位從公者一品。

結，字叔連，少與系齊名。辟公府掾，累遷黄門侍郎，歷散騎常侍、豫州刺史、魏郡太守、御史中丞。[1]

[1]魏郡：治所在鄴縣（今河北省臨漳縣西南）。 御史中丞：官名，御史大夫副手，掌監察、執法，爲京師顯官，職權甚重。四品。

時孫秀亂關中，結在都坐，議秀罪應誅，[1]秀由是致憾。及系被害，結亦同戮。女適裴氏，明日當嫁，而禍起，裴氏欲認活之，女曰："家既若此，我何活爲！"亦坐死。朝廷遂議革舊制，女不從坐，由結女始也。後贈結光禄大夫，改葬，加吊祭。

[1]時孫秀亂關中，結在都坐，議秀罪應誅：中華本此句標點爲：時孫秀亂關中，結在都，坐議秀罪應誅。今注按：都坐指中央機構如尚書臺、御史臺的官員議事的大堂，本書卷六《明帝紀》、

卷二四《職官志》、卷六七《温嶠傳》、卷七六《王彪之傳》、卷七八《孔愉傳》皆有相關記載。解結時任御史中丞，他在都坐公開議論孫秀之罪。遂應標點如上。中華本標點有誤。

結弟育，字稚連，名亞二兄。歷公府掾、太子洗馬、尚書郎、衛軍長史、弘農太守，[1]與二兄俱被害，妻子徙邊。

[1]太子洗馬：官名，東宫屬官。掌太子圖籍、經書，太子出行則前導威儀。七品。　尚書郎：官名。東漢之制，取孝廉中之有才能者入尚書臺，在皇帝左右處理政務，初入臺稱守尚書郎中，滿一年稱尚書郎，滿三年稱侍郎。魏晋以後尚書各曹有侍郎、郎中等官，綜理職務，通稱爲尚書郎。六品。　衛軍：官名，衛將軍的省稱。位在諸名號將軍之上，多作爲軍府名號，以加大臣、重要州郡長官。東晋、南朝甚重之，常以中書監、尚書令等權臣兼任，統兵出征。二品，開府位從公者一品。　長史：官名，掌顧問參謀，爲所在官署掾屬之長。魏晋南北朝時王府、公府、軍府、邊郡均置。此指衛將軍府長史，六品。　弘農：郡名，治所在弘農縣（今河南省靈寶市）。

孫旂

孫旂，字伯旗，樂安人也。[1]父歷，魏晋際爲幽州刺史、右將軍。[2]旂潔静，少自修立。察孝廉，[3]累遷黄門侍郎，出爲荆州刺史，[4]名位與二解相亞。永熙中，徵拜太子詹事，[5]轉衛尉，[6]坐武庫火，免官。歲餘，出爲兗州刺史，[7]遷平南將軍、假節。[8]

[1]樂安：郡名，治所在高苑縣（今山東省鄒平市長山鎮）。

[2]幽州：治所在薊縣（今北京市西南）。　右將軍：官名，漢代重號將軍之一，與前、左、後將軍並爲上卿。魏晋時常設，權位漸低，僅爲武官名號，略高於一般雜號將軍。三品。

[3]孝廉：漢代選拔人才的科目。

[4]荆州：三國時曹魏治所在新野縣（今河南省新野縣），孫吴治所在江陵縣（今湖北省江陵縣），西晋統一後治所在江陵縣（今湖北省江陵縣）。

[5]太子詹事：官名，東宫屬官，掌管東宫内外事務。兩晋南北朝東宫地位極重，官署齊備，擬於朝廷。太子詹事任總宫官，堪比朝廷之尚書令、領軍將軍，位權甚重。三品。

[6]衛尉：官名，掌宫廷禁衛，兼管武庫、冶鑄，領江北冶令三十九員、南北東西諸督冶掾。三品。

[7]兖州：魏晋時期治所在廩丘縣（今山東省鄆城縣西北），晋惠帝末，兖州闔境淪没於石勒。東晋元帝僑置兖州，治京口（今江蘇省鎮江市）。

[8]平南將軍：官名，與平東、平西、平北合稱四平將軍。多持節都督或監某一地區的軍事，有時作爲刺史等地方官員監理軍務的加官。三品，加持節都督者二品。

旂子弼及弟子髦、輔、琰四人，並有吏材，稱於當世，遂與孫秀合族。及趙王倫起事，夜從秀開神武門下觀閲器杖。[1]兄弟旬月相次爲公府掾、尚書郎。弼又爲中堅將軍，[2]領尚書左丞，[3]轉爲上將軍，[4]領射聲校尉。[5]髦爲武衛將軍，[6]領太子詹事。琰爲武威將軍，[7]領太子左率。[8]皆賜爵開國郡侯。推崇旂爲車騎將軍、開府。[9]

［1］神武門：《初學記》卷二四《居處部·門》載：《洛陽故宫記》記載有神武門。

［2］中堅將軍：官名，東漢建安初曹操置。領營兵，掌侍衛。魏晋時均爲四品。

［3］領：以地位較高的官員兼理較低的職務。　尚書左丞：官名，尚書省佐官，位次尚書，居尚書右丞上。與右丞共掌尚書都省庶務，率諸都令史監督稽核諸尚書曹、郎曹政務。左丞又掌督録近道文書章奏，監察糾彈尚書令、僕射、尚書等文武百官，號稱“監司”，權勢甚重。六品。

［4］上將軍：戰國時魏、秦、燕、齊等國皆置，爲督軍征戰的主帥。西漢時省稱上將。西晋惠帝時趙王司馬倫又置。

［5］射聲校尉：官名，統宿衛兵，魏晋時隸屬中領軍。四品。　長水校尉：官名，五校尉之一，統宿衛兵，魏晋時隸屬中領軍。四品。

［6］武衛將軍：官名，三國魏置，權任很重。四品。

［7］武威將軍：官名，統兵出征。東漢建安初置，西晋沿置。

［8］太子左率：官名，即太子左衛率。領精兵萬人，宿衛東宫，亦任征戰，地位頗重。五品。

［9］車騎將軍：官名，魏晋南北朝時位次於驃騎將軍，在諸名號將軍之上，多作爲軍府名號，以加授大臣及重要州郡長官。二品，開府位從公者一品。　開府：開設府署，辟置僚屬。魏晋時常以此作爲對高級官員的寵待。

初，旂以弼等受署僞朝，[1]遣小息回責讓弼等以過差之事，[2]必爲家禍。弼等終不從，旂制之不可，但慟哭而已。及齊王冏起義，四子皆伏誅。襄陽太守宗岱承冏檄斬旂，[3]夷三族。

秀任氣，好爲將帥。張昌作亂，[1]長沙王乂遣秀討昌，[2]秀出關，因奔成都王穎。[3]穎伐乂，以秀爲冠軍將軍，[4]與陸機、王粹等共爲河橋之役。[5]機戰敗，秀證成其罪，又諂事黄門孟玖，[6]故見親於穎。惠帝西幸長安，以秀爲尚書。秀少在京輦，見司隸劉毅奏事而扼腕慷慨，[7]自謂居司直之任，當能激濁揚清，處鼓鞞之間，[8]必建將帥之勛。及在常伯納言，[9]亦未曾有規獻弼違之奇也。[10]

[1]張昌：少爲平氏縣吏，有武力，好論戰。太安二年（303），更名李辰，聚衆立山都縣吏丘沉爲天子，建元神鳳，自任相國。後失敗被殺。

[2]長沙王乂：司馬乂，字士度，本書卷五九有傳。

[3]成都王穎：司馬穎，字章度，本書卷五九有傳。

[4]冠軍將軍：官名，曹魏、孫吴、西晋皆置。西晋時領營兵。三品。

[5]陸機：字士衡，本書卷五四有傳。　王粹：弘農（今河南省靈寶市）人，歷任魏郡太守、北中郎將，附賈謐，與石崇、歐陽建、潘岳等爲“二十四友”。　河橋：即河陽橋，西晋泰始中杜預在黄河富平津所建，位於今河南省孟州市西南、孟津縣東北黄河上。

[6]黄門：官名，宫中小黄門、中黄門、黄門令統稱，均爲宦官。

[7]劉毅：字仲雄，本書卷四五有傳。

[8]鼓鞞：軍鼓，指征戰。

[9]常伯：皇帝近臣泛稱。《尚書·主政》：“王左右常伯、常任。”孔穎達疏：“王之親近左右，常所長事，謂三公也。”　納言：

侍中的别稱。職掌傳宣上命、受納奏言。

[10]規獻弼違：進諫良言糾正過失。

河間王顒甚親任之。[1]關東諸軍奉迎大駕，[2]以秀爲平北將軍，[3]鎮馮翊。[4]秀與顒將馬瞻等將輔顒以守關中，[5]顒密遣使就東海王越求迎，[6]越遣將麋晃等迎顒。[7]時秀擁衆在馮翊，晃不敢進。顒長史楊騰前不應越軍，懼越討之，欲取秀以自效，與馮翊大姓諸嚴詐稱顒命，使秀罷兵，秀信之，騰遂殺秀於萬年。[8]

[1]河間王顒：司馬顒，字文載，本書卷五九有傳。

[2]關東：地區名，指函谷關或潼關以東地區。

[3]平北將軍：官名，與平東、平西、平南合稱四平將軍。多持節都督或監某一地區的軍事，有時作爲刺史等地方官員監理軍務的加官。三品，加持節都督者二品。

[4]馮翊：郡名，三國魏以左馮翊改置，治所在臨晋縣（今陜西省渭南市大荔縣）。

[5]馬瞻：魏浚族子魏該部將，杜預子杜尹爲弘農太守，屯宜陽界一泉塢，數爲諸賊所抄掠。杜尹要魏該共距之。馬瞻受命將三百人赴杜尹，又將其殺害，迎魏該據塢。後率衆投降劉曜，終爲部衆所殺。

[6]東海王越：司馬越，字元超，本書卷五九有傳。

[7]越遣將麋晃等迎顒：中華本校勘記："《河間王顒傳》'迎'作'伐'，《通鑑》八六作'擊'，以下文所叙觀之，《顒傳》《通鑑》是。此'迎'字疑涉上文'求迎'而誤。"

[8]萬年：縣名，治所在今陜西省西安市臨潼區東北武屯鎮附近古城村南。

繆播

繆播，字宣則，蘭陵人也。[1]父悦，光禄大夫。播才思清辯，有意義。[2]高密王泰爲司空，[3]以播爲祭酒，[4]累遷太弟中庶子。[5]

[1]蘭陵：郡名，治所在氶縣（今山東省棗莊市嶧城區）。

[2]有意義：有美名，有聲譽。

[3]高密王泰：司馬泰，字子舒，本書卷三七有傳。

[4]祭酒：官名，王公府屬官，主内閣事，又稱東、西閣祭酒。

[5]中庶子：官名，即太子中庶子，太子侍從，掌侍從、奏事、諫議等。五品。播曾爲太弟司馬熾中庶子，所以此處實爲太弟中庶子。

惠帝幸長安，河間王顒欲挾天子令諸侯。東海王越將起兵奉迎天子，以播父時故吏，委以心膂。播從弟右衛率胤，[1]顒前妃之弟也。越遣播、胤詣長安説顒，令奉帝還洛，約與顒分陝爲伯。[2]播、胤素爲顒所敬信，既相見，虚懷從之。顒將張方自以罪重，懼爲誅首，謂顒曰："今據形勝之地，國富兵强，奉天子以號令，誰敢不服!"顒惑方所謀，猶豫不决。方惡播、胤爲越游説，陰欲殺之。播等亦慮方爲難，不敢復言。時越兵鋒甚盛，顒深憂之，播、胤乃復説顒，急斬方以謝，可不勞而安。顒從之，於是斬方以謝山東諸侯。顒後悔之，又以兵距越，屢爲越所敗。帝反舊都，播亦從太弟還洛，契闊艱難，[3]深相親狎。

[1]右衛率：官名，即太子右衛率，西晋武帝泰始五年（269）分太子衛率而置太子左右衛率，領精兵萬人，宿衛東宫，亦任征伐。五品。

[2]分陝：西周初周公旦、召公奭分陝而治，周公治陝以東，召公治陝以西。

[3]契闊艱難：勞苦艱難。

及帝崩，太弟即帝位，[1]是爲懷帝，以播爲給事黄門侍郎。[2]俄轉侍中，[3]徙中書令，任遇日隆，專管詔命。時越威權自己，帝力不能討，心甚惡之。以播、胤等有公輔之量，又盡忠於國，故委以心膂。越懼爲己害，因入朝，以兵入宫，執播等於帝側。帝嘆曰："奸臣賊子無世無之，不自我先，不自我後，哀哉！"起執播等手，涕泗歔欷不能自禁。越遂害之。朝野憤惋，咸曰："善人，國之紀也，而加虐焉，其能終乎！"及越薨，帝贈播衛尉，祠以少牢。[4]

[1]太弟：太，宋本作"大"。

[2]給事黄門侍郎：官名，魏晋時爲侍中省或門下省次官。與侍中俱掌門下衆事，職掌略同，地位隨皇帝旨意或侍中地位而定。五品。

[3]侍中：官名，東漢建安中與給事黄門侍郎出入禁中，省尚書事。曹魏時爲門下之侍中省長官。常侍衛皇帝左右，掌顧問應對、諫諍糾察、平議奏事、駁奏異議等，權力甚重。三品。

[4]少牢：以猪和羊作爲祭品。

胤，字休祖，安平獻王外孫也，與播名譽略齊。初爲尚書郎，後遷太弟左衛率，[1]轉魏郡太守。及王浚軍逼鄴，[2]石超等大敗，[3]胤奔東海王越於徐州，[4]越使胤與播俱入關，而所説得行，大駕東還。越以胤爲冠軍將軍、南陽太守。[5]胤從藍田出武關，[6]之南陽，前守衛展距胤不受，胤乃還洛。懷帝即位，拜胤左衛將軍，[7]轉散騎常侍、太僕卿。[8]既而與播及帝舅王延、尚書何綏、太史令高堂冲並參機密，[9]爲東海王越所害。

[1]左衛率：官名，太子左衛率，西晋武帝泰始五年（269）分太子衛率而置，領精兵萬人，宿衛東宫，亦任征伐。胤曾爲太弟司馬熾左衛率，所以此處爲太弟左衛率。五品。

[2]王浚：字彭祖，本書卷三九有傳。　鄴：縣名，曹魏五都之一，治所在今河北省臨漳縣西南。

[3]石超：石苞之子，司馬穎部下，奮武將軍，爲范陽王司馬虓所殺。

[4]徐州：治所在彭城縣（今江蘇省徐州市）。

[5]南陽：郡名，治所在宛縣（今河南省南陽市）。

[6]藍田：縣名，治所在今陝西省藍田縣西灞河西岸。　武關：在今陝西省商洛縣西南丹江北岸。

[7]左衛將軍：官名，三國魏咸熙二年（265），司馬炎即晋王位，分中衛將軍爲左、右衛將軍。掌佽飛虎賁及前驅、由基、强弩三部司馬，屬下還有虎賁、羽林、上騎、異力、命中共五部督，負責宫禁侍衛。西晋屬中軍將軍，後屬領軍將軍。爲禁衛軍主要統帥之一，權任很重。四品。

[8]太僕卿：對太僕的尊稱。

[9]何綏：字伯蔚，本書卷三三有傳。　太史令：官名，屬太常。掌天時、星曆、歲終奏新年曆。記録瑞應、災異等。七品。

皇甫重

皇甫重，字倫叔，安定朝那人也。[1]性沉果，有才用，爲司空張華所知，稍遷新平太守。[2]元康中，華版爲秦州刺史。[3]

[1]安定：郡名，西漢置，治所在高平縣（今寧夏回族自治區固原市），東漢治所在臨涇縣（今甘肅省鎮原縣東南），東晋改治安定縣（今甘肅省涇川縣北）。　朝那：縣名，治所在今寧夏回族自治區固原市東南。

[2]新平：郡名，治所在漆縣（今陝西省彬州市）

[3]秦州：治所在冀縣（今甘肅省甘谷縣東）。

齊王冏輔政，以重弟商爲參軍。[1]冏誅，長沙王乂又以爲參軍。時河間王顒鎮關中，其將李含先與商、重有隙，每銜之，及此，説顒曰："商爲乂所任，重終不爲人用，宜急除之，以去一方之患。可表遷重爲内職，因其經長安，乃執之。"重知其謀，乃露檄上尚書，以顒信任李含，將欲爲亂，召集隴上士衆，以討含爲名。乂以兵革累興，[2]今始寧息，表請遣使詔重罷兵，徵含爲河南尹。[3]含既就徵，重不奉詔，顒遣金城太守游楷、隴西太守韓稚等四郡兵攻之。[4]

[1]參軍：官名，亦作參軍事，謂參謀軍事。兩晋公府、軍府皆置。

[2]乂以兵革累興：乂，原本作"又"，宋本、殿本作"乂"，據其本傳及宋本、殿本改。

[3]河南尹：官名，京都洛陽所在河南郡長官，主管京都事務。

三品。

[4]金城：郡名，治所在榆中縣（今甘肅省榆中縣西北）。隴西：郡名，治所原在狄道縣（今甘肅省臨洮縣），曹魏時徙治襄武縣（今甘肅省隴西縣東南）。　韓稚：任隴西太守、東羌校尉，殺張輔後被凉州刺史張軌征討，投降。

頃之，[1]成都王穎與顒起兵共攻乂，[2]以討后父尚書僕射羊玄之及商爲名。[3]乂以商爲左將軍、河東太守，[4]領萬餘人於缺門距張方，爲方所破，顒軍遂進。乂既屢敗，乃使商間行賫帝手詔，使游楷盡罷兵，令重進軍討顒。商行過長安，至新平，遇其從甥，從甥素憎商，以告顒，顒捕得商，殺之。

[1]頃之：頃，原本作"湏"，宋本、殿本作"頃"，據宋本、殿本改。

[2]共攻乂：乂，宋本作"之"。

[3]尚書僕射：官名，秦漢爲尚書令副貳，東漢建安四年（199）分置左、右，爲尚書省次官。三品。　羊玄之：惠帝羊皇后父，本書卷九三有傳。

[4]左將軍：官名，漢代爲重號將軍，與前、後、右將軍並爲上卿。魏晋時爲常設官職，權位較兩漢漸低，僅爲武官名號，略高於一般雜號將軍，不典禁兵。三品。　河東：郡名，治所在安邑縣（今山西省夏縣西北禹王城）。

乂既敗，重猶堅守，閉塞外門，城内莫知，而四郡兵築土山攻城，重輒以連弩射之。所在爲地窟以防外攻，權變百端，外軍不得近城，將士爲之死戰。顒知不可拔，乃上表求遣御史宣詔喻之令降。[1]重知非朝廷本意，不奉詔。獲御史騶人問曰：[2]“我弟將兵來，欲至未？”騶云：“已爲河間王所害。”重失色，立殺騶。於是城内知無外救，遂共殺重。

[1]御史：官名，此爲巡行御史，奉旨巡行地方。多爲臨時設置。

[2]騶人：爲長官駕馭車馬的人。

先是，重被圍急，遣養子昌請救於東海王越，越以顒新廢成都王穎，與山東連和，不肯出兵。昌乃與故殿中人楊篇詐稱越命，迎羊后於金墉城入宫，[1]以后令發兵討張方，奉迎大駕。事起倉卒，百官初皆從之，俄而又共誅昌。

[1]金墉城：三國魏明帝時築。位於今河南省洛陽市東北漢魏洛陽故址西北角。南曰乾光門，東曰含春門，北曰邏門。城内又置西宫，西晋改爲永昌宫。魏晋時被廢的皇帝及后妃都安置於此。城小而固，爲攻占戍守要地。

張輔

張輔，字世偉，南陽西鄂人，[1]漢河間相衡之後也。[2]少有幹局，與從母兄劉喬齊名。[3]

[1]西鄂：縣名，治所在今河南省南陽市北。

[2]河間：郡名，西漢高帝置，文帝二年（前178）改爲國，治所在樂成縣（今河北省獻縣東南）。　相：官名，郡國相，也稱

内史。五品。　衡：張衡，東漢南陽西鄂（今河南省南陽市北）人，字平子。通五經，貫六藝，才高於世。與當時著名學者馬融、崔瑗等友善。兩度任太史令，晚年任河間相、尚書。多所發明著述。

[3]劉喬：字仲彦，本書卷六一有傳。

初補藍田令，不爲豪强所屈。時强弩將軍龐宗，[1]西州大姓，護軍趙浚，[2]宗婦族也，故僮僕放縱，爲百姓所患。輔繩之，殺其二奴，又奪宗田二百餘頃以給貧户，一縣稱之。轉山陽令，[3]太尉陳準家僮亦暴横，[4]輔復擊殺之。累遷尚書郎，封宜昌亭侯。

[1]强弩將軍：官名，兩漢爲雜號將軍，省置無常。三國魏末司馬昭置以掌宿衛。西晋武帝太康十年（289）立弩營，以爲長官，充任皇帝侍衛。四品。

[2]護軍：官名，職掌監護諸將，隸屬領軍。四品。

[3]山陽：縣名，治所在今河南省焦作市東南。

[4]太尉：官名，曹操爲丞相後，太尉府屬官歸相府，晋時太尉雖爲八公之一、三公之首，實爲名譽宰相，多爲大臣加官。一品。

轉御史中丞。時積弩將軍孟觀與明威將軍郝彦不協，[1]而觀因軍事害彦，又賈謐、潘岳、石崇等共相引重，[2]及義陽王威有詐冒事，[3]輔並糾劾之。梁州刺史楊欣有姊喪，[4]未經旬，車騎長史韓預强聘其女爲妻。[5]輔爲中正，[6]貶預以清風俗，論者稱之。及孫秀執權，威構輔於秀，秀惑之，將繩輔以法。輔與秀箋曰：“輔徒知希慕古人，當官而行，不復自知小爲身計。今義陽王誠弘恕，不以介意。然輔母年七十六，常見憂慮，恐輔將以怨疾獲罪。願明公留神省察輔前後行事，是國之愚臣而已。”秀雖凶狡，知輔雅正，爲威所誣，乃止。

[1]明威將軍：官名，屬雜號將軍名號。

[2]賈謐：字長深，本書卷四〇有傳。　潘岳：字安仁，本書卷五五有傳。　石崇：字季倫，本書卷三三有傳。

[3]義陽王威：司馬威，河間王司馬洪之子，封章武王，後出繼義陽王司馬望。

[4]楊欣：西晋人，任金城太守、梁州刺史、凉州刺史。死於征討若羅拔能的戰鬥中。

[5]車騎長史：官名，車騎將軍府長史。掌軍府顧問參謀，爲所在官署掾屬之長。六品。

[6]中正：魏晋時期評定士人品第的官員。郡設中正，州設大中正。朝廷根據中正所評士人的品第授予官職。

後遷馮翊太守。是時長沙王乂以河間王顒專制關中，有不臣之迹，言於惠帝，密詔雍州刺史劉沉、秦州刺史皇甫重使討顒。[1]於是沉等與顒戰於長安，輔遂將兵救顒，沉等敗績。[2]顒德之，乃以輔代重爲秦州刺史。當赴顒之難，金城太守游楷亦皆有功，轉梁州刺史，不之官。楷聞輔之還，不時迎輔，陰圖之。又殺天水太守封尚，[3]欲揚威西土。召隴西太守韓稚會議，未決。稚子朴有武幹，斬異議者，即收兵伐輔。輔與稚戰於遮多谷口，輔軍敗績，爲天水故帳下督富整所殺。[4]

[1]劉沉：字道真，本書卷八九有傳。

[2]沉等敗績：沉，宋本作“況”。

[3]天水：郡名，治所在上邽縣（今甘肅省天水市）。

[4]帳下督：官名，在主帥軍中負責督兵。

初，輔嘗著論云：“管仲不若鮑叔，[1]鮑叔知所奉，[2]知所投。管仲奉主而不能濟，所奔又非濟事之國，三歸反坫，[3]皆鮑不爲。”又論班固、司馬遷云：[4]“遷之著述，辭約而事舉，敘三千年事唯五十萬言；班固敘二百年事乃八十萬言，煩省不同，不如遷一也。良史述事，善足以獎勸，惡足以監誡，人道之常。中流小事，亦無取焉，而班皆書之，不如二也。毁貶晁錯，[5]傷忠臣之道，不如三也。遷既造創，固又因循，難易益不同矣。又遷爲蘇秦、張儀、范雎、蔡澤作傳，[6]逞辭流離，亦足以明其大才。故述辯士則辭藻華靡，敘實録則隱核名檢，[7]此所以遷稱良史也。”又論魏武帝不及劉備，樂毅減於諸葛亮，[8]詞多不載。

[1]管仲：春秋初潁上（今安徽省潁水之濱）人，名夷吾。齊桓公時任卿相，進行一系列改革，使齊國國力大增，齊桓公成爲春秋五霸之首。　鮑叔：鮑叔牙，或稱鮑子。春秋時齊國大夫，少時與管仲友善。齊桓公即位後，欲使之爲相，鮑叔牙堅辭不受，並推薦了管仲。

[2]鮑叔知所奉：殿本無“鮑叔”二字。

[3]三歸反坫：三歸，娶三姓女子。反坫，屋頂四面翹起的飛檐。形容生活奢華。《史記》卷六二《管晏列傳》：“管仲富擬於公室，有三歸、反坫，齊人不以爲侈。”

［4］班固：東漢扶風安陵（今陝西省咸陽市東北）人，字孟堅，班彪子。任蘭臺令史，奉命撰寫漢以來的史事，寫成《漢書》。和帝時隨竇憲出擊匈奴。後因竇憲失勢，受牽連而被捕入獄，死於獄中。　司馬遷：西漢左馮翊夏陽（今陝西省韓城市南）人，字子長。繼承父親遺志著史。因替李陵投降匈奴辯解，受腐刑。受刑後忍辱發憤，完成《史記》，成爲偉大的史學家。

［5］晁錯：西漢潁川（今河南省禹州市）人，文帝、景帝時歷任中大夫、内史、御史大夫等。主張削奪諸侯權力，加强中央集權。景帝采納其議，削弱吴楚等藩國，引起他們不滿，以“清君側”之名起兵，迫使景帝誅殺晁錯。

［6］蘇秦：戰國時洛陽（今河南省洛陽市東）人，字季子。與張儀同就學鬼谷子，後游説諸侯。後爲燕王親信，到齊國進行反間，使齊國頻繁對外戰争，造成“弱燕敵强齊”之勢。後任齊相，又與趙奉陽君李兑共同約燕、齊、韓、趙、魏五國合縱攻秦。被趙國封爲武安君。　張儀：戰國時衛國人，魏貴族後裔。曾就學於鬼谷子。先游説於楚國，後入秦，秦惠文王以爲客卿，後任之爲相。獻連横之策，使秦拔三川之地，西併巴蜀，北收上郡，南取漢中。因功封五邑，號武信君。　范雎：一作范且，或誤作范睢。戰國時魏國人，字叔。初在魏事中大夫須賈，被須賈所誣，遭笞幾乎死亡。後在人幫助下逃離入秦，更名張禄。因獻奇策有功，被秦昭王任爲客卿、秦相，號稱應侯。晚年因好友鄭安平降趙、王稽與諸侯私相交通被殺，憂懼交加，辭官後病死。　蔡澤：戰國時燕國人，曾游説趙、韓、魏等國而不遇，聞范雎在秦國失意，乃入秦，勸范雎告退，代其爲秦相。居秦十餘年，號剛成君。

［7］隱核名檢：考證核實名譽。

［8］樂毅：戰國時靈壽（今河北省靈壽縣西北）人，魏將樂羊後代，燕昭王時入燕，帥聯軍大敗齊國，攻下齊國城邑七十多座。後因燕惠王中反間計，樂毅遂離開燕國入趙國。　諸葛亮：三國時琅邪陽都（今山東省沂南縣南）人，字孔明。東漢末隨叔父諸葛玄

依附荆州劉表，隱居躬耕於隆中。後加入劉備集團，協助劉備占領荆州、益州，實現三分之勢。劉備死後輔佐劉禪，南征南中，北伐曹魏，最終病逝於北伐前綫。

李含

李含，字世容，隴西狄道人也。[1]僑居始平。[2]少有才幹，兩郡並舉孝廉。安定皇甫商州里年少，少恃豪族，以含門寒微，欲與結交，含距而不納，商恨焉，遂諷州以短檄召含爲門亭長。[3]會州刺史郭奕素聞其賢，[4]下車擢含爲别駕，[5]遂處群僚之右。尋舉秀才，[6]薦之公府，自太保掾轉秦國郎中令。[7]司徒選含領始平中正。[8]秦王柬薨，[9]含依臺儀，葬訖除喪。尚書趙浚有内寵，疾含不事己，遂奏含不應除喪。本州大中正傅祗以名義貶含。[10]中丞傅咸上表理含曰：[11]

臣州秦國郎中令始平李含，忠公清正，才經世務，實有史魚秉直之風。[12]雖以此不能協和流俗，然其名行峻厲，不可得掩，二郡並舉孝廉異行。尚書郭奕臨州，含寒門少年，而奕超爲别駕。太保衛瓘辟含爲掾，每語臣曰："李世容當爲晋匪躬之臣。"[13]

[1]狄道：縣名，治所在今甘肅省臨洮縣。

[2]始平：郡名，治所在槐里縣（今陝西省興平市）。

[3]門亭長：官名，職掌門衛。

[4]郭奕：字大業，本書卷四五有傳。奕，原本、宋本作"弈"，殿本作"奕"，據殿本改。本卷下文此人名同。

[5]别駕：官名，别駕從事、别駕從事史省稱。州部佐官，因從刺史行部，别乘傳車，故稱。位居州吏之右。

[6]秀才：察舉科目，州舉秀才，郡舉孝廉。

[7]郎中令：官名，王國公侯屬官，魏晋爲王國中的三卿之一。六品。

[8]司徒：官名，西漢哀帝元壽二年（前1）改丞相爲大司徒，東漢光武帝時改名爲司徒，東漢末又改爲丞相。三國魏恢復三公制，改丞相爲司徒，管理民政。兩晋沿制，爲八公之一，在太尉之下、司空之上。與丞相通職，一般不並置，爲名譽宰相。一品。

[9]秦王柬：司馬柬，字弘度，本書卷六四有傳。

[10]大中正：州一級評定士人品第的官員。　傅祗：字子莊，本書卷四七有傳。

[11]傅咸：字長虞，本書卷四七有傳。

[12]史魚：春秋時衛國人，名佗，字子魚，官太祝，故稱祝佗。善於辭令，諳熟歷史典章制度，又稱史魚。多次直言相諫衛靈公，甚至臨死時都勸衛靈公進賢去佞，孔子稱讚説："直哉史魚，邦有道如矢，邦無道如矢。"

[13]匪躬：忠心耿耿不顧自身。

秦王之薨，悲慟感人，百僚會喪，皆所目見。而今以含俯就王制，[1]謂之背戚居榮，奪其中正。天王之朝，既葬不除，藩國之喪，既葬而除。藩國欲同不除，乃當責引尊準卑，非所宜言耳。今天朝告于上，欲令藩國服于下，此爲藩國之義隆，而天朝之禮薄也。又云諸王公皆終喪，禮寧盡乃叙，[2]明以喪制宜隆，務在敦重也。夫寧盡乃叙，明以哀其病耳。異於天朝，制使終喪，未見斯文。國制既葬而除，既除而祔。[3]爰自漢魏迄于聖晋，文皇升遐，武帝崩殂，世祖過哀，陛下毁頓，銜疚諒闇，[4]以終三年，率土臣妾豈無攀慕遂服之心，實以國制不可而逾，故於既葬不敢不除。天王之喪，釋除於上，藩國之臣，獨遂于下，此不可安。復以秦王無後，含應爲喪主，而王喪既除而祔，則應吉祭。[5]因曰王未有廟，主不應除服。秦王始封，無所連祔，靈主所居，即便爲廟。不問國制云何，而以無廟爲貶。以含今日之所行，移博士使案禮文，必也放勛之殂，[6]遏密三載，[7]世祖之崩，數旬即吉，引古繩今，闔世有貶，何但李含不應除服。今也無貶，王制故也。聖上諒闇，哀聲不輟，股肱近侍，猶宜心喪，不宜便行婚娶歡樂之事，而莫云者，豈不以大制不可而曲邪？且前以含有王喪，上爲差代。尚書敕王葬日在近，葬訖，含應攝職，不聽差代。葬訖，含猶躊躇，司徒屢罰訪問，踧含攝職，而隨擊之，此爲臺敕府符陷含於惡。若謂臺府爲傷教義，則當據正，不正符敕，唯含是貶，含之困躓尚足惜乎！[8]國制不可偏耳。

[1]而今以含俯就王制：而，殿本作“也”上讀。

[2]寧盡：守父母之喪結束。

[3]既除而祔：脱去喪服之後舉行祔祭。祔祭，卒哭之次日舉行的祭祀。

[4]諒闇：皇帝居喪。

[5]吉祭：古喪禮，既虞之後，卒哭而祭，謂之“吉祭”。

[6]放勛：帝堯名。《尚書·堯典》："曰若稽古，帝堯曰放勛。"

[7]遏密三載：三年停止舉樂。《尚書·舜典》："帝乃殂落，百姓如喪考妣，三載，四海遏密八音。"孔安國傳："遏，絶；密，静也。"

[8]困躓：受挫，顛沛窘迫。

又含自以隴西人，雖户屬始平，非所綜悉。自初見使爲中正，反覆言辭，説非始平國人，不宜爲中正。後爲郎中令，又自以選官引臺府爲比，[1]以讓常山太守蘇韶，[2]辭意懇切，形于文墨。含之固讓，乃在王未薨之前，葬後躊躇，窮於對罰而攝職耳。臣從弟祇爲州都，[3]意在欲隆風教，議含已過，不良之人遂相扇動，冀挾名義，法外致案，足有所邀，中正龐騰便割含品。臣雖無祁大夫之德，[4]見含爲騰所侮，謹表以聞，乞朝廷以時博議，無令騰得妄弄刀尺。

帝不從，含遂被貶，退割爲五品。歸長安，歲餘，光禄差含爲壽城邸閣督。[5]司徒王戎表含曾爲大臣，[6]雖見割削，不應降爲此職。詔停。後爲始平令。

[1]選官引臺府爲比：按照尚書臺的規格標準選官。

[2]常山：郡名，治所在真定縣（今河北省石家莊市）。

[3]爲州都：殿本"都"下有"督"字。

[4]祁大夫：春秋時晋國人，羊舌氏，名奚，歷任晋國中軍尉、公族大夫。以舉人不避仇、薦賢不避親聞名。

[5]邸閣督：官名，東漢末設，僅置於有邸閣之郡縣，主管邸閣及軍屯之處資糧。魏晋時沿置。

[6]王戎：字濬冲，本書卷四三有傳。

及趙王倫簒位，或謂孫秀曰："李含有文武大才，無以資人。"秀以爲東武陽令。[1]河間王顒表請含爲征西司馬，[2]甚見信任。頃之，轉爲長史。顒誅夏侯奭，送齊王冏使與趙王倫，遣張方率衆赴倫，皆含謀也。後顒聞三王兵盛，[3]乃加含龍驤將軍，[4]統席薳等鐵騎，回遣張方軍以應義師。天子反正，含至潼關而還。[5]

[1]東武陽：縣名，治所在今山東省莘縣東南。

[2]征西司馬：官名，征西將軍府高級幕僚。掌參讚軍務、管理府内武職，位僅次於長史。七品。

[3]後顒聞三王兵盛：中華本校勘記："周校：三王者，齊、成都、河間也。河間所聞當云二王，《顒傳》作'二王'。"

[4]龍驤將軍：官名，高級軍事將領。三品。

[5]潼關：位於今陜西省潼關縣東北黄河南岸潼關。

初，梁州刺史皇甫商爲趙王倫所任，倫敗，去職詣顒，顒慰撫之甚厚。含諫顒曰："商，倫之信臣，懼罪至此，不宜數與相見。"商知而恨之。及商當還都，顒置酒餞行，商因與含忿争，顒和釋之。後含被徵爲翊軍校尉。[1]時商參齊王冏軍事，而夏侯奭兄在冏府，稱奭立義，被西藩枉害。含心不自安。冏右司馬趙驤又與含有隙，[2]冏將閲武，含懼驤因兵討之，乃單馬出奔于顒，矯稱受密詔。顒即夜見之，乃説顒曰："成都王至親，有大功，還藩，甚得衆心。齊王越親而專執威權，朝廷側目。今檄長沙王令討齊，使先聞於齊，齊必誅長沙，因傳檄以加齊罪，則冏可擒也。既去齊，立成都，除逼建親，以安社稷，大勛也。”顒從之，遂表請討冏，拜含爲都督，[3]統張方等率諸軍以向洛陽。含屯陰盤，[4]而長沙王乂誅冏，含等旋師。

[1]翊軍校尉：官名，地位與北軍五校尉同。皇帝出行，與五校並行護駕。四品。

[2]右司馬：官名，府署高級幕僚。魏晋南北朝時王府、公府、軍府、邊郡均置司馬，有時分左、右，如趙王倫爲相國，以東平王堪、沛國劉謨爲左右司馬。掌參讚軍務、管理府内武職，位僅次於長史。八至六品。　趙驤：齊王冏右司馬，司馬穎前鋒都督，因破趙王倫軍有功，被司馬穎上表封侯。

[3]都督：領兵將帥。

[4]陰盤：縣名，治所在今陝西省常武縣西北。

初，含之本謀欲并去乂、冏，使權歸於顒，含因得肆其宿志。既長沙勝齊，顒、穎猶各守藩，志望未允。顒表含爲河南尹。時商復被乂任遇，商兄重時爲秦州刺史，含疾商滋甚，復與重構隙。顒自含奔還之後，委以心膂，復慮重襲己，乃使兵圍之，更相表罪。侍中馮蓀黨顒，[1]請召重還。商説乂曰：“河間之奏，皆李含所交構也。[2]若不早圖，禍將至矣。且河間前舉，由含之謀。”乂乃殺含。

[1]馮蓀：侍中、愍懷太子文學。

[2]交構：勾結串通。

張方

張方，河間人也。世貧賤，以材勇得幸於河間王顒，累遷兼振武將軍。[1]永寧中，顒表討齊王冏，遣方領兵二萬爲前鋒。及冏被長沙王乂所殺，顒及成都王穎復表討乂，遣方率衆自函谷入屯河南。[2]惠帝遣左將軍皇甫商距之，方以潛軍破商之衆，遂入城。乂奉帝討方于城内，方軍望見乘輿，於是小退，方止之不得，衆遂大敗，殺傷滿于衢巷。方退壁于十三里橋，[3]人情挫衄，無復固志，多勸方夜遁。方曰："兵之利鈍是常，貴因敗以爲成耳。我更前作壘，出其不意，此用兵之奇也。"乃夜潛進逼洛城七里。乂既新捷，不以爲意，忽聞方壘成，乃出戰，敗績。東海王越等執乂，送于金墉城。方使郅輔取乂還營，炙殺之。於是大掠洛中官私奴婢萬餘人，而西還長安。顒加方右將軍、馮翊太守。

[1]振武將軍：官名，屬常設將軍名號，統兵。四品。

[2]函谷：函谷關，位於今河南省靈寶市東北。　河南：郡名，治所在洛陽縣（今河南省洛陽市東北）。

[3]十三里橋：位於今河南省洛陽市東北白馬寺西。

蕩陰之役，[1]顒又遣方鎮洛陽，上官巳、苗願等距之，大敗而退。清河王覃夜襲巳、願，[2]巳、願出奔，方乃入洛陽。覃於廣陽門迎方而拜，[3]方馳下車扶止之。[4]於是復廢皇后羊氏。[5]及帝自鄴還洛，方遣息羆以三千騎奉迎。將渡河橋，方又以所乘陽燧車、青蓋素升三百人爲小鹵簿，[6]迎帝至芒山下。[7]方自帥萬餘騎奉雲母輿及旌旗之飾，衛帝而進。初，方見帝將拜，帝下車自止之。

[1]蕩陰：縣名，治所在今河南省湯陰縣。

[2]清河王覃：司馬覃，司馬遐之子，本書卷六四有傳。

[3]廣陽門：《水經注·濁漳水》郭守敬注引《鄴中記》："鄴宮南面三門，西鳳陽門。中曰中陽門，次曰廣陽門，東曰建春門。"

[4]扶止之：止，原本、宋本、殿本作"上"，據中華本改。

[5]皇后羊氏：惠帝皇后羊獻容，本書卷三一有傳。

[6]陽燧車：帶采光裝置的青蓋車。　青蓋素升：中華本校勘記："周校：'升'未詳，疑'弁'字之誤。"

[7]芒山：即北邙山，位於今河南省洛陽市北。

方在洛既久，兵士暴掠，發哀獻皇女墓。軍人喧喧，無復留意，議欲西遷，尚匿其迹，欲須天子出，因劫移都。乃請帝謁廟，帝不許。方遂悉引兵入殿迎帝，帝見兵至，避之於竹林中，軍人引帝出，方於馬上稽首曰："胡賊縱逸，宿衛單少，陛下今日幸臣壘，臣當捍禦寇難，致死無二。"於是軍人便亂入宫閣，争割流蘇武帳而爲馬帴。[1]方奉帝至弘農，顒遣司馬周弼報方，欲廢太弟，方以爲不可。

[1]流蘇：用彩色羽毛或絲綫等制成的穗狀垂飾物。　馬帴：亦作馬韉，墊在馬鞍子下面的東西。

帝至長安，以方爲中領軍、録尚書事，[1]領京兆太守。[2]時豫州刺史劉喬檄稱潁川太守劉輿迫脅范陽王虓距逆詔命，[3]及東海王越等起兵於山東，乃遣方率步騎十萬往討之。方屯兵霸上，[4]而劉喬爲虓等所破。顒聞喬敗，大懼，將罷兵，恐方不從，遲疑未決。

［1］中領軍：官名，東漢建安中曹操改領軍置。與中護軍皆典禁兵，屬丞相府。三品。　録尚書事：官名，初爲職銜名，重臣加此名義始得總知國事，綜理政務，成爲真宰相。魏晋多以公卿權重者居之，總領尚書省政務，凡重號將軍、刺史皆得命曹授用，位在三公之上。

［2］京兆：郡名，治所在長安縣（今陝西省西安市西北）。

［3］潁川：郡名，治所在許昌縣（今河南省許昌市東）。　劉輿：字慶孫，本書卷六二有傳。　范陽王虓：司馬虓，字武會，本書卷三七有傳。

［4］霸上：亦作灞上，又名壩頭，地名，在今陝西省西安市東北白鹿原北首。

初，方從山東來，甚微賤，長安富人郅輔厚相供給。及貴，以輔爲帳下督，甚昵之。顒參軍畢垣，河間冠族，爲方所侮，忿而説顒曰：“張方久屯霸上，聞山東賊盛，盤桓不進，宜防其未萌。其親信郅輔具知其謀矣。”而繆播等先亦構之，顒因使召輔，垣迎説輔曰：“張方欲反，人謂卿知之。王若問卿，何辭以對？”輔驚曰：“實不聞方反，爲之若何？”垣曰：“王若問卿，但言爾爾。不然，必不免禍。”輔既入，顒問之曰：“張方反，卿知之乎？”輔曰：“爾。”顒曰：“遣卿取之可乎？”又曰：“爾。”顒於是使輔送書於方，因令殺之。輔既昵於方，持刀而入，守閤者不疑，因火下發函，[1]便斬方頭。顒以輔爲安定太守。初，繆播等議斬方，送首與越，冀東軍可罷。及聞方死，更争入關，顒頗恨之，又使人殺輔。

[1]發函：打開書信。

史臣曰：晋氏之禍難薦臻，[1]實始藩翰。解系等以干時之用，處危亂之辰，並託迹府朝，參謀王室。或抗忠盡節，或飾詐懷奸。雖邪正殊途，而咸至誅戮，豈非時艱政紊，利深禍速者乎！古人所以危邦不入，亂邦不居，戒懼於此也。

[1]禍難薦臻：禍難接連地來到。

閻鼎

閻鼎，字台臣，天水人也。初爲太傅東海王越參軍，轉卷令，[1]行豫州刺史事，[2]屯許昌。遭母喪，乃於密縣間鳩聚西州流人數千，[3]欲還鄉里。值京師失守，秦王出奔密中，司空荀藩、藩弟司隸校尉組，[4]及中領軍華恒、河南尹華薈，[5]在密縣建立行臺，[6]以密近賊，南趣許潁。[7]司徒左長史劉疇在密爲塢主，[8]中書令李晅，[9]太傅參軍騶捷、劉蔚，[10]鎮軍長史周顗，[11]司馬李述，[12]皆來赴疇。僉以鼎有才用，且手握强兵，勸藩假鼎冠軍將軍、豫州刺史，蔚等爲參佐。

[1]卷：縣名，治所在今河南省原陽縣舊原武西北。

［2］行：兼攝官職。

［3］密縣：治所在今河南省新密市東南。

［4］荀藩：字大堅，本書卷三九有傳。　組：荀組，字大章，本書卷三九有傳。

［5］華恒：字敬則，本書卷四四有傳。　華薈：字敬叔，華表之孫，本書卷四四有傳。

［6］行臺：臺省在外者。將帥出征時隨其所駐之地設立的代表中央的政務機構。

［7］許潁：許昌。因潁川郡郡治在許昌，故稱。

［8］司徒左長史：官名，司徒府掾屬之長，佐司徒總管府内諸曹。長史如分左、右，則左高於右。六品。

［9］中書令李晅：中華本校勘記："《愍紀》作'中書郎李昕'，《王浚傳》及《通鑑》八七又作'李絙'。"

［10］太傅參軍：官名，太傅府幕僚。參軍，亦作參軍事，謂參謀軍事。兩晋公府、軍府皆置。

［11］鎮軍長史：官名，鎮軍將軍府長史。掌軍府顧問參謀，爲所在官署掾屬之長。七品。　周顗：字伯仁，本書卷六九有傳。

［12］司馬：官名，此爲鎮軍將軍府司馬。府署高級幕僚。掌參讚軍務、管理府内武職，位僅次於長史。七品。

鼎少有大志，因西土人思歸，欲立功鄉里，乃與撫軍長史王毗、司馬傅遜懷翼戴秦王之計，[1]謂疇、捷等曰："山東非霸王處，不如關中。"河陽令傅暢遺鼎書，[2]勸奉秦王過洛陽，謁拜山陵，徑據長安，綏合夷晋，興起義衆，克復宗廟，雪社稷之耻。鼎得書，便欲詣洛，流人謂北道近河，懼有抄截，欲南自武關向長安。疇等皆山東人，咸不願西入，荀藩及疇、捷等並逃散。鼎追藩不及，晅等見殺，唯顗、述走得免。遂奉秦王行，止上洛，爲山賊所襲，殺百餘人，率餘衆西至藍田。時劉聰向長安，[3]爲雍州刺史賈疋所逐，走還平陽。[4]疋遣人奉迎秦王，遂至長安，而與大司馬南陽王保、衛將軍梁芬、京兆尹梁綜等並同心推戴，[5]立王爲皇太子，登壇告天，立社稷宗廟，以鼎爲太子詹事，總攝百揆。[6]

[1]撫軍長史：官名，撫軍將軍府長史。掌軍府顧問參謀，爲所在官署掾屬之長。七品。　司馬：官名，此爲撫軍將軍司馬。府署高級幕僚，掌参讚軍務、管理府内武職，位僅次於長史。七品。

[2]河陽：縣名，治所在今河南省孟州市西南。陽，宋本作“鍚”。　傅暢：字世道，本書卷四七有傳。

[3]劉聰：字玄明，一名載，本書卷一〇二有載記。

[4]平陽：郡名，治所在平陽縣（今山西省臨汾市西南）。

[5]南陽王保：司馬保，字景度，司馬模之子，本書卷三七有傳。　衛將軍：官名，魏晋時位在名號將軍之上，多爲軍府名號，加給大臣、重要州郡長官。二品，開府位從公者一品。　京兆尹：官名，京畿地方行政長官，職掌如郡守，但地位高於郡守。三品。

[6]百揆：各種政務。

梁綜與鼎争權，鼎殺綜，以王毗爲京兆尹。鼎首建大謀，立功天下。始平太守麹允、撫夷護軍索綝並害其功，[1]且欲專權，馮翊太守梁緯、北地太守梁肅，[2]並綜母弟綝之姻也，謀欲除鼎，乃證其有無君之心，專戮大臣，請討之，遂攻鼎。鼎出奔雍，爲氐竇首所殺，傳首長安。

[1]麴允：本書卷八九有傳。　撫夷護軍：官名，三國魏明帝時，司馬懿鎮關中，罷左馮翊羌陽縣，於其地置此官，管理自武都遷徙來的降氐。五品。

[2]梁緯：西晋人，任散騎常侍、馮翊太守，爲劉曜所殺。　北地：郡名，三國魏治所在祋祤城（今陝西省銅川市耀州區城東），西晋移治泥陽縣（今甘肅省寧縣東南）。　梁肅：西晋人，歷任頻陽令、北地太守、馮翊太守等職。

索靖

索靖，字幼安，敦煌人也。[1]累世官族，[2]父湛，北地太守。靖少有逸群之量，與鄉人氾衷、張甝、索紒、索永俱詣太學，[3]馳名海内，號稱"敦煌五龍"。四人並早亡，唯靖該博經史，兼通内緯。[4]州辟别駕，郡舉賢良方正，[5]對策高第。傅玄、張華與靖一面，[6]皆厚與之相結。

[1]敦煌：郡名，治所在敦煌縣（今甘肅省敦煌市西）。

[2]累世官族：官，殿本作"宦"。

[3]太學：古代設於京城的最高學府，主要從事儒學教育。

[4]内緯：緯學。

[5]賢良方正：舉薦選拔人才的科目，始於西漢文帝時。

[6]傅玄：字休奕，本書卷四七有傳。

拜駙馬都尉，[1]出爲西域戊己校尉長史。[2]太子僕同郡張勃特表，[3]以靖才藝絶人，宜在臺閣，[4]不宜遠出邊塞。武帝納之，擢爲尚書郎。與襄陽羅尚、河南潘岳、吴郡顧榮同官，[5]咸器服焉。

[1]駙馬都尉：官名，與奉車都尉、騎都尉並稱三都尉，多用於宗室、外戚、功臣子、貴族、近臣的加官，亦用於尚公主者。六品。

[2]西域：古代對玉門關以西地區的總稱。狹義西域指葱嶺以東、玉門關以西地區，廣義則指通過狹義西域所到達的地區。　戊己校尉：管理西域事務的長官。魏晋時期治所在高昌。四品。

[3]太子僕：官名，太子詹事屬官，與太子家令、率更令並稱太子三卿。主車馬及皇帝親族。五品。

[4]臺閣：泛指中央朝廷機構。

[5]羅尚：字敬之，本書卷五七有傳。　吴郡：治所在吴縣（今江蘇省蘇州市）。　顧榮：字彦先，本書卷六八有傳。

靖與尚書令衛瓘俱以善草書知名，[1]帝愛之。瓘筆勝靖，然有楷法，遠不能及靖。

[1]尚書令：官名，秦漢時爲尚書署長官。秩位雖低，權力甚重。魏晋時沿置，爲尚書省長官，綜理全國政務，參議大政，爲高級政務長官。三品。

靖在臺積年，除雁門太守，遷魯相，[1]又拜酒泉太守。[2]惠帝即位，賜爵關内侯。

[1]魯：郡國名，治所在今山東省曲阜市。

[2]酒泉：郡名，治所在福禄縣（今甘肅省酒泉市）。

靖有先識遠量，知天下將亂，指洛陽宫門銅駝，嘆曰："會見汝在荆棘中耳！"

元康中，西戎反叛，拜靖大將軍梁王肜左司馬，[1]加蕩寇將軍，[2]屯兵粟邑，[3]擊賊，敗之。遷始平内史。及趙王倫篡位，靖應三王義舉，以左衛將軍討孫秀有功，加散騎常侍，遷後將軍。[4]太安末，河間王顒舉兵向洛陽，拜靖使持節、監洛城諸軍事、游擊將軍，[5]領雍、秦、凉義兵，[6]與賊戰，大破之，靖亦被傷而卒，追贈太常，[7]時年六十五。後又贈司空，進封安樂亭侯，謚曰莊。

[1]大將軍：官名，高級軍事統帥。曹魏時多以之屯駐長安，對付蜀漢，蜀漢以其爲最高軍事長官，孫吴則别置上大將軍居其上。西晋時爲八公之一，位居上公、大司馬下，三公之上。東晋時常專擅軍政事務。一品。　左司馬：官名，大將軍府的高級幕僚。與右司馬掌參讚軍務、管理府内武職，位僅次於長史。六品。

[2]蕩寇將軍：官名，雜號將軍，統兵出征。

[3]粟邑：縣名，治所在今陝西省白水縣西北。

[4]後將軍：官名，漢代爲重號將軍，與前、左、右將軍並爲上卿。魏晋以後權位漸低，僅爲將軍名號，略高於一般雜號將軍。三品。

[5]使持節：漢朝官吏奉使外出時，或由皇帝授予節杖，以提高其權力。魏晋以後，凡重要軍事長官出征或出鎮，加使持節，可誅殺二千石以下官員。　監洛城諸軍事：洛城地區的軍事行政長官，位低於都督。　游擊將軍：官名，禁軍將領，與驍騎將軍分領命中虎賁，掌宿衛之任。隸屬中領軍（領軍將軍）。四品。

[6]凉：凉州，東漢治所在隴縣（今甘肅省張家川回族自治縣），三國魏移治姑臧縣（今甘肅省武威市）。

[7]太常：官名，漢代稱奉常，本掌禮樂宗廟、社稷祭祀，魏

晋時此職掌歸尚書裁定，太常成爲閑職。三品。

靖著《五行三統正驗論》，辯理陰陽氣運。又撰《索子》《晋詩》各二十卷。又作《草書狀》，其辭曰：

聖皇御世，隨時之宜。倉頡既生，[1]書契是爲。科斗鳥篆，類物象形。叡哲變通，意巧兹生。損之隸草，以崇簡易。百官畢修，事業並麗。蓋草書之爲狀也，婉若銀鈎，漂若驚鸞。舒翼未發，若舉復安；蟲蛇虬蟉，[2]或往或還。類阿那以羸形，[3]欻奮亹而桓桓。[4]及其逸游肸嚮，乍正乍邪。騏驥暴怒逼其轡，海水窊隆揚其波。[5]芝草蒲陶還相繼，棠棣融融載其華。玄熊對踞于山岳，飛燕相追而差池。舉而察之，又似乎和風吹林，偃草扇樹。枝條順氣，轉相比附，窈嬈廉苫，隨體散布。紛擾擾以猗靡，[6]中持疑而猶豫。玄螭狡獸嬉其間，騰猿飛鼺相奔趣。[7]凌魚奮尾，蛟龍反據。投空自竄，張設牙距。或若登高望其類，或若既往而中顧，或若俶儻而不群，或若自檢於常度。

[1]倉頡：又作蒼頡，或稱史皇。相傳爲黄帝史官，漢字的創造者。　既生：生，宋本作“王”。

[2]虬蟉：彎曲盤繞貌。

[3]阿那：柔弱，柔美。

[4]奮亹：迅疾而有氣勢。　桓桓：威武高大。

[5]窊隆：凹凸起伏。

[6]紛擾擾以猗靡：紛紛揚揚隨風飄浮貌。

[7]鸓（léi）：鼺鼠的别名。

於是多才之英，篤藝之彦，[1]役心精微，耽此文憲。守道兼權，觸類生變。離析八體，靡形不判。去繁存微，大象未亂。上理開元，下周謹案。騁辭放手，雨行冰散。高音翰厲，溢越流漫。忽班班而成章，信奇妙之焕爛。體磥落而壯麗，姿光潤以粲粲。命杜度運其指，[2]使伯英迴其腕。[3]著絶勢於紈素，垂百世之殊觀。

[1]篤藝之彦：篤志於藝文的英才。

[2]杜度：東漢人，名杜操，魏晋避曹操諱，名之曰杜度。古代書法家。《太平御覽》卷七四九《工藝部·書下》引《書斷》："後漢杜度，字伯度，京兆杜陵人也。御史大夫延年曾孫，章帝時爲齊相，善草書。"

[3]伯英：張芝，東漢弘農（今河南省靈寶市）人，字伯英，古代著名書法家，善草書。

先時，靖行見姑臧城南石地，[1]曰："此後當起宫殿。"至張駿，[2]於其地立南城，起宗廟，建宫殿焉。

[1]姑臧：縣名，治所在今甘肅省武威市。

[2]張駿：字公庭，本書卷八六有傳。

靖有五子：鯁、綣、璆、聿、綝，皆舉秀才。聿，安昌鄉侯，卒。少子綝最知名。

綝，字巨秀，少有逸群之量，靖每曰："綝廊廟之才，[1]非簡札之用，州郡吏不足污吾兒也。"舉秀才，除郎中。[2]嘗報兄仇，手殺三十七人，時人壯之。俄轉太宰參軍，除好畤令，[3]入爲黄門侍郎，出參征西軍事，[4]轉長安令，[5]在官有稱。

[1]廊廟：指朝廷。

[2]郎中：官名，尚書省郎曹長官。位次尚書、左右丞，分曹執行政務。與"尚書郎"互稱。六品。

[3]好畤：縣名，治所在今陝西省乾縣東五里好畤村。

[4]參征西軍事：官名，征西將軍府參軍事。參軍事，亦作參軍，謂參謀軍事。兩晋公府、軍府皆置。

[5]長安：縣名，治所在今陝西省西安市西北。

及成都王穎劫遷惠帝幸鄴，穎爲王浚所破，帝遂播越。[1]河間王顒使張方及綝東迎乘輿，以功拜鷹揚將軍，[2]轉南陽王模從事中郎。[3]劉聰侵掠關東，[4]以綝爲奮威將軍以禦之，[5]斬聰將吕逸，又破聰黨劉豐，遷新平太守。聰將蘇鐵、劉五斗等劫掠三輔，[6]除綝安西將軍、馮翊太守。[7]綝有威恩，華戎嚮服，賊不敢犯。

[1]播越：顛沛流離。

[2]鷹揚將軍：官名，雜號將軍中地位較高者，曾作爲荆州、兖州等州刺史的加官。五品。

[3]南陽王模：司馬模，司馬泰之子，字元表，本書卷三七有傳。

[4]關東：地區名，指函谷關或潼關以東地區。

［5］奮威將軍：官名，爲雜號將軍。四品。

［6］三輔：以長安爲中心的京畿地區，轄境相當於今陝西中部地區。

［7］安西將軍：官名，東漢建安年間置，與安東、安南、安北將軍合稱四安將軍，爲出鎮某一地區的軍事長官，或作爲刺史等兼理軍務的加官，權任頗重。三品，加持節都督者二品。

及懷帝蒙塵，長安又陷，模被害，綝泣曰："與其俱死，寧爲伍子胥。"[1]乃赴安定，與雍州刺史賈疋、扶風太守梁綜、安夷護軍麴允等糾合義衆，[2]頻破賊黨，修復舊館，遷定宗廟。進救新平，小大百戰，綝手擒賊帥李羌，與閻鼎立秦王爲皇太子，及即尊位，是爲愍帝。綝遷侍中、太僕，[3]以首迎大駕、升壇授璽之功，封弋居伯。又遷前將軍、尚書右僕射、領吏部、京兆尹，[4]加平東將軍，進號征東。[5]尋又詔曰："朕昔遇厄運，遭家不造，[6]播越宛楚，爰失舊京。幸宗廟寵靈，百辟宣力，[7]得從藩衛，託乎群公之上。社稷之不隕，實公是賴，宜贊百揆，傅弼朕躬。其授衛將軍、領太尉、位特進，[8]軍國之事悉以委之。"

［1］伍子胥：即伍胥，春秋時人，名員，字子胥，楚國大夫伍奢之次子，伍尚之弟。楚平王七年（前522）因費無忌迫害而出走吴國，助闔閭奪取王位，被任爲行人。屢立戰功，封於申，又稱申胥。吴王夫差時，因勸諫吴王而被疏遠，最後自殺而死。

［2］扶風：郡國名，治所在郿縣（今陝西省眉縣東渭河北岸）。安夷護軍：官名，三國魏置，治美陽（今陝西省扶風縣以東），主管内附氐人事務。西晋改鎮安定，與郡守同。五品。

[3]太僕：官名，掌皇帝車馬、田獵、兵器及全國牧業。三品。

[4]前將軍：官名，漢代重號將軍之一，與左、右、後將軍並爲上卿。魏晋時常設，權位較兩漢時漸低，僅爲武官名號，略高於一般雜號將軍，不典禁兵，不與朝政。三品。　尚書右僕射：官名，尚書令副手，掌拆閱封緘奏章文書、參議政事、諫諍駁議、監察百官。位在左僕射之下。三品。　吏部：官名，此爲吏部尚書。三國魏時爲尚書省吏部曹長官，位居列曹尚書之上。三品。

[5]征東：官名，即征東將軍。東漢末置，與征西、征南、征北將軍合稱四征將軍。魏晋時多爲持節都督，出鎮方面。三品，加持節都督者二品。

[6]不造：不幸。

[7]百辟：百官。

[8]特進：官名，三國兩晋時表示有特殊地位，或用作安置閑退大臣。二品。

及劉曜侵逼王城，[1]以琳爲都督征東大將軍，[2]持節討之。破曜呼日逐王呼延莫，以功封上洛郡公，食邑萬户，拜夫人荀氏爲新豐君，子石元爲世子，賜子弟二人鄉亭侯。劉曜入關芟麥苗，綝又擊破之。自長安伐劉聰，聰將趙染杖其累捷，[3]有自矜之色，帥精騎數百與綝戰，大敗之，染單馬而走。轉驃騎大將軍、尚書左僕射、録尚書，[4]承制行事。[5]

[1]劉曜：字永明，劉淵族子，本書卷一〇三有傳。

[2]都督征東大將軍：官名，三國魏文帝黄初三年（222）置，職掌與征東將軍同，但位在其上，多統兵出鎮方面，都督數州軍事，不常置。二品，開府位從公者一品。此處都督爲加號，以示權重。

［3］趙染：原本、宋本、殿本作“趙染染”，據中華本改。中華本校勘記：“《愍紀》《劉琨傳》作‘趙冉’。”

［4］驃騎大將軍：官名，魏晋制度，驃騎將軍爲重號將軍，僅次於大將軍，高於諸名號將軍，本不需加“大”字。然兩晋時將軍名號越授越濫，遂又增置此號，居諸名號將軍之首。多加於權臣元老，以示尊崇。開府置僚屬，不領兵。二品，開府位從公者一品。　尚書左僕射：官名，尚書省次官，輔助尚書令執行政務，參議大政，諫諍得失，監察糾彈百官。有時尚書省不置令，祇設左右僕射，此時左僕射居右僕射之上。三品。　録尚書：官名，即録尚書事。

［5］承制行事：秉承皇帝旨意便宜行事。

劉曜復率衆入馮翊，帝累徵兵於南陽王保，保左右議曰：“蝮蛇在手，壯士解其腕。且斷隴道，以觀其變。”從事中郎裴詵曰：“蛇已螫頭，頭可截不？”保以胡崧行前鋒都督，[1]須諸軍集，乃當發。麴允欲挾天子趣保，綝以保必逞私欲，乃止。自長安以西，不復奉朝廷。百官饑乏，采稆自存。[2]時三秦人尹桓、解武等數千家，盗發漢霸、杜二陵，[3]多獲珍寶。帝問綝曰：“漢陵中物何乃多邪？”綝對曰：“漢天子即位一年而爲陵，天下貢賦，三分之一供宗廟，一供賓客，一充山陵。漢武帝饗年久長，比崩而茂陵不復容物，其樹皆已可拱。[4]赤眉取陵中物不能減半，于今猶有朽帛委積，珠玉未盡。此二陵是儉者耳，亦百世之誡也。”

［1］前鋒都督：前鋒部隊的統帥。

［2］采稆自存：稆，原本、宋本、殿本作“梠”，據中華本校

勘記改。

[3]霸、杜二陵：霸陵，西漢文帝陵。杜陵，西漢宣帝陵。

[4]其樹皆已可拱：一摟粗的樹木。

後劉曜又率衆圍京城，綝與麴允固守長安小城。胡崧承檄奔命，破曜于靈臺。[1]崧慮國家威舉，則麴、索功盛，乃案兵渭北，遂還槐里。[2]城中饑窘，人相食，死亡逃奔不可制，唯涼州義衆千人守死不移。帝使侍中宋敞送箋降於曜。[3]綝潛留敞，使其子説曜曰："今城中食猶足支一歲，未易可克也。若許綝以車騎、儀同、萬户郡公者，[4]請以城降。"曜斬而送之曰："帝王之師，以義行也。孤將軍十五年，未嘗以譎詭敗人，必窮兵極勢，然後取之。今索綝所説如是，天下之惡一也，輒相爲戮之。若審兵食未盡者，便可勉强固守。如其糧竭兵微，亦宜早悟天命。孤恐霜威一震，玉石俱摧。"及帝出降，綝隨帝至平陽，劉聰以其不忠於本朝，戮之於東市。

[1]靈臺：地名，在今陝西省西安市西北漢長安城南。本名清臺，後改靈臺。

[2]槐里：縣名，治所在今陝西省興平市東南。

[3]宋敞：中華本校勘記："《通鑑》八九作'宗敞'。"

[4]儀同：即開府儀同三司，三國魏始置。爲大臣加號，意謂與太尉、司徒、司空三司待遇相同，許開設府署，任命僚屬。

賈疋

賈疋，字彦度，武威人，[1]魏太尉詡之曾孫也。[2]少有志略，器望甚偉，見之者莫不悦附，特爲武夫之所瞻仰，願爲致命。初辟公府，遂歷顯職，遷安定太守。雍州刺史丁綽，貪横失百姓心，乃譖疋于南陽王模，模以軍司謝班伐之。[3]疋奔瀘水，[4]與胡彭蕩仲及氐竇首結爲兄弟，聚衆攻班。綽奔武都，[5]疋復入安定，殺班。愍帝以疋爲驃騎將軍、雍州刺史，[6]封酒泉公。

[1]武威：縣名，治所在今甘肅省民勤縣東北。

[2]詡：賈詡，三國時武威姑臧（今甘肅省武威市）人，字文和。東漢末任董卓太尉掾、平津都尉、討虜校尉。董卓死後，投奔南陽張綉，勸張綉投降曹操。曹操表其爲執金吾，參司空軍事。獻離間韓遂、馬超之策。曹魏建立後任太尉，封壽鄉侯。

[3]模以軍司謝班伐之：伐，原本、宋本、殿本作“代”，據中華本校勘記改。

[4]瀘水：中華本校勘記：“《南陽王模傳》作‘盧水’。”

[5]武都：郡名，治所在下辯縣（今甘肅省成縣西）。

[6]愍帝以疋爲驃騎將軍：中華本校勘記：“周校：‘愍帝’當作‘懷帝’。本傳疋後破劉曜，迎秦王，奉爲皇太子，秦王後立爲愍帝，此時不得先有愍帝。”

時諸郡百姓饑饉，白骨蔽野，百無一存。疋帥戎晋二萬餘人，將伐長安，西平太守竺恢亦固守。[1]劉粲聞之，[2]使劉曜、劉雅及趙染距疋，先攻恢，不克，疋邀擊，大敗之，曜中流矢，退走。疋追之，至于甘泉。[3]旋自渭橋襲蕩仲，殺之。遂迎秦王，奉爲皇太子。後蕩仲子夫護帥群胡攻之，[4]疋敗走，夜墮于澗，爲夫護所害。疋勇略有志節，以匡復晋室爲己任，不幸顛墜，時人咸痛惜之。

[1]西平：中華本校勘記："周校：'新平'誤'西平'，據《麴允傳》《劉聰載記》。"

[2]劉粲：字士光，本書卷一〇二有載記。

[3]甘泉：甘泉城，位於今陝西省渭南市東北。

[4]夫護：中華本校勘記："《通鑑》八八及八七胡注'夫護'皆作'天護'。"

史臣曰：自永嘉蕩覆，寓内横流，億兆靡依，人神乏主。于時武皇之胤，惟有建興，衆望攸歸，曾無與二。閻鼎等忠存社稷，志在經綸，乃契闊艱難，[1]扶持幼孺，遂得纂堯承緒，祀夏配天，校績論功，有足稱矣。然而抗滔天之巨寇，接彫弊之餘基，威略未申，尋至傾覆。昔宗周遭犬戎而東徙，[2]有晋違獷狄而西遷，[3]彼既靈慶悠長，此則禍難遄及，[4]豈愍皇地非奥主，將綝允材謝輔臣，[5]何修短之殊途，而成敗之異數者也？

[1]契闊：勤苦，勞苦。

[2]犬戎：犬，宋本作"大"。

[3]有晋違獷狄而西遷：避開强悍的夷狄而西遷。

[4]遄及：疾速到來。

[5]將綝允材謝輔臣：還是索綝等人有愧於輔佐之職？

贊曰：懷惠不競，戚藩力争。狙詐叅謀，憑凶亂政。爲惡不已，並罹非命。解繆忠肅，無聞餘慶。愍皇纂戎，實賴群公。鼎圖福始，綝遂凶終。

晋書　卷六一

列傳第三十一

周浚 子嵩 謨 從父弟馥　成公簡　荀晞　華軼　劉喬 孫耽 耽子柳

周浚

周浚，字開林，汝南安成人也。[1] 父裴，[2] 少府卿。[3] 浚性果烈，以才理見知，有人倫鑒識。鄉人史曜素微賤，衆所未知，浚獨引之爲友，遂以妹妻之，曜竟有名於世。

[1]汝南：郡名，東漢治所在平輿縣（今河南省平輿縣北），西晋治所在新息縣（今河南省息縣西南），東晋移治懸瓠城（今河南省汝南縣）。　安成：縣名，治所在今河南省汝南縣東南。

[2]裴：中華本校勘記："勞校：'裴'當作'斐'。斐著《汝南先賢傳》五卷，見《隋書·經籍志》。"

[3]少府卿：官名，對少府的尊稱，掌管宫廷手工業。三品。

浚初不應州郡之辟，後仕魏爲尚書郎。[1] 累遷御史中丞，[2]拜折衝將軍、揚州刺史，[3]封射陽侯。隨王渾伐吴，[4]攻破江西屯戍，[5]與孫皓中軍大戰，斬僞丞相張悌等首級數千，[6]俘馘萬計，[7]進軍屯于横江。[8]

[1]尚書郎：官名，東漢之制，取孝廉中之有才能者入尚書臺，在皇帝左右處理政務，初入臺稱守尚書郎中，滿一年稱尚書郎，滿三年稱侍郎。魏晋以後尚書各曹有侍郎、郎中等官，綜理職務，通稱爲尚書郎。六品。

[2]御史中丞：官名，御史大夫副手，掌監察、執法，爲京師顯官，職權甚重。四品。

[3]折衝將軍：官名，屬將軍名號，爲雜號將軍中地位較高者。五品。　揚州：三國魏、吴各置揚州，魏治所在壽春縣（今安徽省壽縣），吴治所在建業縣（今江蘇省南京市）。西晋統一後復合，治所在建鄴縣（今江蘇省南京市）。

[4]王渾：字玄冲，本書卷四二有傳。

[5]江西：隋唐以前人們對長江下游北岸、淮水以南地區的稱呼。

[6]張悌：字巨先，襄陽（今湖北省襄陽市）人，歷任孫吴屯騎校尉、丞相、軍師。版橋兵敗爲晋軍所殺。

[7]馘：割下殺死敵人的左耳。

[8]横江：今安徽省和縣與馬鞍山市之間的長江。

時聞龍驤將軍王濬既破上方，[1]别駕何惲説浚曰：[2]“張悌率精鋭之卒，悉吴國之衆，殄滅於此，吴之朝野莫不震懾。今王龍驤既破武昌，[3]兵威甚盛，順流而下，所向輒克，土崩之勢見矣。[4]竊謂宜速渡江，直指建鄴，大軍卒至，奪其膽氣，可不戰而擒。”浚善其謀，便使白渾。[5]惲曰："渾暗於事機，而欲慎己免咎，必不我從。"浚固使白之，渾果曰："受詔但令江北抗衡吴軍，不使輕進。貴州雖武，豈能獨平江東！今者違命，勝不足多；若其不勝，爲罪已重。且詔令龍驤受我節度，但當具君舟楫，一時俱濟耳。"惲曰："龍驤克萬里之寇，以既濟之功來受節度，[6]未之聞也。且握兵之要，可則奪之，所謂受命不受辭也。今渡江必全克獲，將有何慮？若疑於不濟，不可謂智；知而不行，不可謂忠，實鄙州上下所以恨恨也。"渾執不聽。居無何而濬至，渾召之不來，乃直指三山，[7]孫皓遂降於濬。渾深恨之，而欲與濬争功。惲箋與浚曰："《書》貴克讓，《易》大謙光，斯古文所咏，道家所崇。前破張悌，吴人失氣，龍驤因之，陷其區宇。論其前後，我實緩師，動則爲傷，事則不及。而今方競其功。彼既不吞聲，將虧雍穆之弘，[8]興矜争之鄙，斯愚情之所不取也。"浚得箋，即諫止渾，渾不能納，遂相表奏。

[1]龍驤將軍：官名，高級軍事將領。三品。　王濬：字士治，本書卷四二有傳。

[2]别駕：官名，别駕從事、别駕從事史省稱。州部佐官，因從刺史行部，别乘傳車，故稱。位居州吏之右。

[3]武昌：郡名，治所在武昌縣（今湖北省鄂州市鄂城區）。

[4]土崩之勢：土，宋本作"亡"。

[5]便使白渾：便派何惲向王渾報告。

[6]既濟之功：已經建立起來的功勞。

[7]三山：一名護國山，位於今江蘇省南京市西南長江南岸。

原本、宋本、殿本作“三江山”，據中華本校勘記改。

[8]雍穆：和睦，融洽。

浚既濟江，與渾共行吴城壘，綏撫新附，以功進封成武侯，食邑六千户，賜絹六千匹。明年，移鎮秣陵。[1]時吴初平，屢有逃亡者，頻討平之。賓禮故老，搜求俊乂，甚有威德，吴人悦服。

[1]秣陵：縣名，東漢建安十七年（212）孫權改名建業縣，治所在今江蘇省南京市。

初，吴之未平也，浚在弋陽，[1]南北爲互市，而諸將多相襲奪以爲功。吴將蔡敏守于沔中，[2]其兄珪爲將在秣陵，與敏書曰：“古者兵交，使在其間，軍國固當舉信義以相高。而聞疆埸之上，往往有襲奪互市，甚不可行，弟慎無爲小利而忘大備也。”候者得珪書以呈浚，浚曰：“君子也。”及渡江，求珪，得之，問其本，曰：“汝南人也。”浚戲之曰：“吾固疑吴無君子，而卿果吾鄉人。”

[1]弋陽：郡名，治所在弋陽縣（今河南省潢川縣西）。

[2]沔中：泛指以今湖北省襄陽市爲中心的漢水中游一帶。

遷侍中。[1]武帝問浚：“卿宗後生，稱誰爲可？”答曰：“臣叔父子恢，稱重臣宗；從父子馥，稱清臣宗。”帝並召用。浚轉少府，以本官領將作大匠。[2]改營宗廟訖，增邑五百户。後代王渾爲使持節、都督揚州諸軍事、安東將軍，[3]卒于位。三子：顗、嵩、謨。顗嗣爵，别有傳云。

[1]侍中：官名，東漢建安中與給事黄門侍郎出入禁中，省尚書事。曹魏時爲門下之侍中省長官，常侍衛皇帝左右，掌顧問應對、諫諍糾察、平議奏事、駁奏異議等，權力甚重。三品。

[2]領：以地位較高的官員兼理較低的職務。　將作大匠：官名，掌領徒隸修建宫室、宗廟、陵墓及其他土木工程。

[3]使持節：漢朝官吏奉使外出時，或由皇帝授予節杖，以提高其權力。魏晋以後，凡重要軍事長官出征或出鎮，加使持節，可誅殺二千石以下官員。　都督揚州諸軍事：揚州地區最高軍事行政長官。　安東將軍：官名，東漢建安年間置，與安西、安南、安北將軍合稱四安將軍，爲出鎮某一地區的軍事長官，或作爲刺史等兼理軍務的加官，權任頗重。三品，加持節都督者二品。

嵩，字仲智，狷直果俠，[1]每以才氣陵物。元帝作相，引爲參軍。[2]及帝爲晋王，又拜奉朝請。[3]嵩上疏曰："臣聞取天下者，常以無事。及其有事，不足以取天下。故古之王者，必應天順時，義全而後取，讓成而後得，是以享世長久，重光萬載也。今議者以殿下化流江漢，澤被六州，功濟蒼生，欲推崇尊號。臣謂今梓宫未反，[4]舊京未清，義夫泣血，士女震動；宜深明周公之道，先雪社稷大耻，盡忠言嘉謀之助，[5]以時濟弘仁之功，崇謙謙之美，推後己之誠；然後揖讓以謝天下，誰敢不應，誰敢不從！"由是忤旨，出爲新安太守。[6]

[1]狷直果俠：耿直果敢仗義。

[2]參軍：官名，亦作參軍事，謂參謀軍事。兩晋公府、軍府皆置。

[3]奉朝請：原爲兩漢朝廷給與退休大臣、列侯、宗室、外戚等的一種政治優待。西晋時成爲加官名號。晋武帝以宗室、外戚爲奉車都尉、駙馬都尉、騎都尉，並授此號。

[4]梓宫：皇帝的棺材。

[5]盡忠言嘉謀：謀，殿本作“謨”。

[6]新安：治所在始新縣（今浙江省淳安縣西北新安江北岸，現已没入千島湖）。

嵩怏怏不悦，臨發，與散騎郎張嶷在侍中戴邈坐，[1]褒貶朝士，又詆毁邈，邈密表之。帝召嵩入，面責之曰：“卿矜豪傲慢，敢輕忽朝廷，由吾不德故耳。”嵩跪謝曰：“昔唐虞至聖，四凶在朝。[2]陛下雖盛明御世，亦安能無碌碌之臣乎！”帝怒，收付廷尉。[3]廷尉華恒以嵩大不敬棄市論，[4]嶷以扇和減罪除名。時顗方貴重，帝隱忍。久之，補廬陵太守，[5]不之職，更拜御史中丞。

[1]散騎郎：官名，即散騎侍郎，三國魏置。隸屬散騎省，侍從皇帝左右，顧問應對，諫諍拾遺，與散騎常侍、侍中等共平尚書奏事。五品。　張嶷：東晋高平（今山東省巨野縣南）人，以狡妄被稱爲猾伯。　戴邈：字望之，本書卷六九有傳。

[2]四凶：堯舜時期的四個惡人。《左傳・文公十八年》：“舜臣堯，賓於四門，流四凶族渾敦、窮奇、檮杌、饕餮，投諸四裔，以禦螭魅。是以堯崩而天下如一，同心戴舜以爲天子，以其舉十六

相，去四凶也。”

[3]廷尉：官名，中央最高司法審判機構長官，負責會審朝中有罪文武大臣，覆核審決郡國疑獄等。三品。

[4]華恒：字敬則，本書卷四四有傳。

[5]廬陵：郡名，治所在石陽縣（今江西省吉水縣東北）。

是時帝以王敦勢盛，[1]漸疏忌王導等。[2]嵩上疏曰：

臣聞明君思隆其道，故賢智之士樂在其朝；忠臣將明其節，故量時而後仕。樂在其朝，[3]故無過任之譏；將明其節，故無過寵之謗。是以君臣並隆，功格天地。近代以來，德廢道衰，君懷術以御臣，臣挾利以事君，君臣交利而禍亂相尋，故得失之迹難可詳言。臣請較而明之。

[1]王敦：字處仲，本書卷九八有傳。

[2]王導：字茂弘，本書卷六五有傳。

[3]樂在其朝：殿本作“思隆其道”。

夫傅説之相高宗，[1]申召之輔宣王，[2]管仲之佐齊桓，[3]衰范之翼晋文，[4]或宗師其道，垂拱受成，[5]委以權重，終致匡主，未有憂其逼己，還爲國蠹者也。始田氏擅齊，[6]王莽篡漢，皆藉封土之强，假累世之寵，因暗弱之主，資母后之權，樹比周之黨，[7]階絶滅之勢，然後乃能行其私謀，以成篡奪之禍耳。豈遇立功之主，爲天人所相，而能運其奸計，以濟其不軌者哉！光武以王族奮於閭閻，因時之望，收攬英奇，遂續漢業，以美中興之勤。及天下既定，頗廢黜功臣者，何哉？武力之士不達國體，以立一時之功，不可久假以權勢，其興廢之事，亦可見矣。近者三國鼎峙，並以雄略之才，命世之能，皆委賴俊哲，終成功業，貽之後嗣，未有愆失遺方來之恨者也。

[1]傅説之相高宗：傅説，商高宗武丁時賢臣，曾爲刑徒，服勞役於傅岩，後被舉爲相，輔佐武丁振興王朝。

[2]申：申伯，姜姓，周宣王之舅父，受褒賞，改封於謝（今河南省南陽市）。申國對鞏固南土穩定起到了穩定起到了重要作用。召：西周晚期大臣，稱召公、召虎、召穆公。周厲王時爲卿士。國人暴動，驅走周厲王，召虎乃以其子替周厲王太子静去死，後立静爲王，是爲周宣王。召虎輔佐宣王，行“共和”之政，對團結宗族、和諧諸侯、中興王朝起了重要作用。　輔宣王：輔，原本、殿本作“相”，宋本作“輔”，據宋本改。

[3]管仲：春秋初潁上（今安徽省潁水之濱）人，名夷吾。齊桓公時任卿相，進行一系列改革，使齊國國力大增，齊桓公成爲春秋五霸之首。　齊桓：春秋時齊國國君，名小白，僖公之子，襄公之弟。公元前 685 至前 643 年在位。爲公子時因國家内亂出走至莒，襄公死後被迎回立爲國君。在位時任用管仲，改革内政，國力漸强。九合諸侯，尊王攘夷，成爲春秋五霸之首。

[4]衰：趙衰，春秋時晉國大夫，字子余，又稱趙成子。隨從晉公子重耳在外流亡十九年，助其返國即位，是爲晉文公。又幫助其成就霸業。　范：即狐偃，春秋時晉國大夫，字子犯，晉文公之舅父，又稱舅犯。隨晉公子重耳流亡，助其返國即位，並成就霸業。　晉文：晉文公，名重耳，晉獻公之子，因受迫害而流亡在外十九年，歷盡艱難險阻。回國即位後改革朝政，加强軍備，國力漸

强，終成春秋五霸之一。

[5]垂拱：垂衣拱手，無爲而治。

[6]始田氏擅齊：中華本校勘記："《册府》五二八'始'作'如'。"

[7]比周：結黨營私。

今王導、王廙等，[1]方之前賢，猶有所後。至於忠素竭誠，義以輔上，共隆洪基，翼成大業，亦昔之亮也。雖陛下乘奕世之德，有天人之會，割據江東，奄有南極，龍飛海嵎，興復舊物，此亦群才之明，豈獨陛下之力也。今王業雖建，羯寇未梟，[2]天下蕩蕩，不賓者衆，公私匱竭，倉庾未充，梓宫沉淪，妃后不反，正委賢任能推轂之日也。[3]功業垂就，晋祚方隆，而一旦聽孤臣之言，惑疑似之説，乃更以危爲安，以疏易親，放逐舊德，以佞伍賢，遠虧既往之明，顧傷伊管之交，[4]傾巍巍之望，喪如山之功，將令賢智杜心，義士喪志，近招當時之患，遠遺來世之笑。夫安危在號令，存亡在寄任，以古推今，豈可不寒心而哀嘆哉！

[1]王廙：字世將，本書卷七六有傳。

[2]羯：魏晋時期少數民族，活動於山西、河北間的内遷胡人，與西域胡人關係密切，爲舊屬匈奴的雜胡。唐長孺先生對此有考證。（参見唐長孺《魏晋南北朝史論叢》，河北教育出版社2000年版，第398頁）

[3]推轂：古代帝王任命將帥時的隆重禮儀。

[4]伊管：伊尹和管仲。伊尹，輔佐商湯及其後代外丙、仲壬、

太甲的賢臣。管仲，輔佐齊桓公的賢臣。

　　臣兄弟受遇，無彼此之嫌，而臣干犯時諱，觸忤龍鱗者何？誠念社稷之憂，欲報之於陛下也。古之明王，思聞其過，悟逆旅之言，[1]以明成敗之由，故采納愚言，以考虚實，上爲宗廟無窮之計，下收億兆元元之命。臣不勝憂憤，竭愚以聞。

疏奏，帝感悟，故導等獲全。

[1]悟逆旅之言：中華本校勘記："《册府》五二八'逆旅'作'逆耳'。"

王敦既害顗而使人吊嵩，嵩曰："亡兄天下人，爲天下人所殺，復何所吊！"敦甚銜之，懼失人情，故未加害，用爲從事中郎。[1]嵩，王應嫂父也，[2]以顗横遇禍，意恒憤憤，嘗衆中云："應不宜統兵。"敦密使妖人李脱誣嵩及周莚潛相署置，[3]遂害之。嵩精於事佛，臨刑猶於市誦經云。

[1]從事中郎：官名，東漢時爲大將軍屬官，地位較高。魏晋時爲將軍府或公府屬官。六品。

[2]王應：東晋人，王敦兄王含之子，王敦以爲養子。王敦病甚，拜應爲武衛將軍以自副。王敦死後，王應秘不發喪，裹尸以席，蠟塗其外，埋於廳事中，與諸葛瑶等恒縱酒淫樂。

[3]周莚：周札兄子，本書卷五八有傳。莚，宋本作"延"。

謨，以顗故頻居顯職。王敦死後，詔贈戴若思、譙

王承等,[1]而未及顗。時謨爲後軍將軍,[2]上疏曰:

[1]戴若思:戴淵,本書卷六九有傳。　譙王承:司馬承,字敬才,本書卷三七有傳。

[2]後軍將軍:官名,西晋武帝泰始八年(272)置,與前軍、左軍、右軍將軍合稱四軍將軍。各領兵千人,是護衛皇帝宫禁的主要禁軍將領之一。四品。

臣亡兄顗,昔蒙先帝顧眄之施,[1]特垂表啓,以參戎佐,顯居上列,遂管朝政,並與群后共隆中興,仍典選曹,重蒙寵授,忝位師傅,得與陛下揖讓抗禮,恩結特隆。加以鄙族結婚帝室,義深任重,庶竭股肱,[2]以報所受。凶逆所忌,惡直醜正。身陷極禍,忠不忘君,守死善道,有隕無二。顗之云亡,誰不痛心,况臣同生,能不哀結!

[1]顧眄:眄,殿本作"盼"。

[2]庶竭股肱:希望竭盡輔佐之力。

王敦無君,由來實久,元惡之甚,古今無二。幸賴陛下聖聰神武,故能摧破凶强,撥亂反正,以寧區宇。前軍事之際,聖恩不遺,取顗息閔,[1]得充近侍。臣時面啓,欲令閔還襲臣亡父侯爵。時卞壼、庾亮並侍御坐,[2]壼云:"事了當論顯贈。"時未淹久,言猶在耳。至於譙王承、甘卓,[3]已蒙清復,王澄久遠,[4]猶在論議。[5]况顗忠以衛主,身死王事，雖嵇紹之不違難，[6]何以過之！至今不聞復封加贈褒顯之言，不知顗有餘責，獨負殊恩，爲朝廷急於時務，不暇論及？此臣所以痛心疾首，重用哀嘆者也。不勝辛酸，冒陳愚款。

疏奏，不報。謨復重表，然後追贈顗官。

[1]息：兒子。

[2]卞壼：字望之，本書卷七〇有傳。　庾亮：字元規，本書卷七三有傳。　御坐：坐，殿本作“座”。

[3]甘卓：字季思，本書卷七〇有傳。

[4]王澄：字平子，本書卷四三有傳。

[5]猶在論議：論議，殿本乙作“議論”。

[6]嵇紹：字延祖，本書卷八九有傳。

謨歷少府、丹楊尹、侍中、中護軍，[1]封西平侯。卒贈金紫光禄大夫，[2]謚曰貞。

[1]丹楊尹：官名，東晋京城所在郡府長官，掌京城行政諸務並詔獄，亦稱“京尹”。三品。楊，殿本作“陽”，本卷下文此地名同。　中護軍：官名，掌武官選舉，與中領軍同掌禁軍。曹魏四品，晋三品。

[2]金紫光禄大夫：官名，對光禄大夫加金章紫綬。禄賜、班位、車服、佩玉等皆與特進同。二品。

馥，字祖宣，浚從父弟也。父蕤，安平太守。[1]馥少與友人成公簡齊名，俱起家爲諸王文學，[2]累遷司徒左西屬。[3]司徒王渾表“馥理識清正，[4]兼有才幹，主定九品，檢括精詳。臣委任責成，褒貶允當，請補尚書郎”。許之。稍遷司徒左長史、吏部郎，[5]選舉精密，論望益美。轉御史中丞、侍中，拜徐州刺史，[6]加冠軍將軍、假節。[7]徵爲廷尉。

[1]安平：封國名，治所在信都（今河北省衡水市冀州區）。

[2]文學：官名，魏晋太子、諸王及世子均置，掌各級教育文事。

[3]累遷司徒左西屬：中華本校勘記：“《御覽》二〇九引作‘遷司徒左曹掾’。”

[4]司徒：官名，西漢哀帝元壽二年（前1）改丞相爲大司徒，東漢光武帝時改名爲司徒，東漢末又改爲丞相。三國魏恢復三公制，改丞相爲司徒，管理民政。兩晋沿制，爲八公之一，在太尉之下、司空之上。與丞相通職，一般不並置，爲名譽宰相。一品。

[5]稍：漸漸。　司徒左長史：官名，司徒長史爲司徒府掾屬之長，佐司徒總管府内諸曹。分左、右，左高於右。六品。　吏部郎：官名，尚書省吏部曹長官通稱。亦稱郎中，資深者可轉侍郎。屬吏部尚書，主管官吏選任、銓叙、調動事務，對五品以下官吏之任免有建議權。六品。

[6]徐州：治所在彭城縣（今江蘇省徐州市）。

[7]冠軍將軍：官名，曹魏、孫吴、西晋皆置。西晋時領營兵。三品。　假節：假以節杖。指大臣臨時持節出巡，爲權臣掌軍、秉政的地位象徵和政治待遇。

惠帝幸鄴，[1]成都王穎以馥守河南尹。[2]陳眕、上官巳等奉清河王覃爲太子，[3]加馥衛將軍、録尚書，[4]馥辭不受。覃令馥與上官巳合軍，馥以巳小人縱暴，終爲國賊，乃共司隸滿奮等謀共除之，[5]謀泄，爲巳所襲，奮被害，馥走得免。及巳爲張方所敗，[6]召馥還攝河南尹。[7]暨東海王越迎大駕，[8]以馥爲中領軍，[9]未就，遷司隸校尉，加散騎常侍、假節，[10]都督諸軍事於澠池。[11]帝還宫，出爲平東將軍、都督揚州諸軍事，[12]代劉準爲鎮東將軍，[13]與周玘等討陳敏，[14]滅之，以功封永寧伯。

[1]鄴：縣名，曹魏五都之一，治所在今河北省臨漳縣西南。

[2]成都王穎：司馬穎，字章度，本書卷五九有傳。　守：暫時署理職務。多指官階低而署理較高的官職。　河南尹：官名，京都洛陽所在河南郡長官，主管京都事務。三品。

[3]陳昣：西晋潁川（今河南省許昌市東）人，歷任右衛將軍、左衛將軍，附賈謐，與石崇、歐陽建、潘岳等爲“二十四友”。原本作“陳聄”，殿本作“李聄”，宋本作“陳昣”，據宋本改。清河王覃：司馬覃，司馬遐之子，本書卷六四有傳。

[4]衛將軍：官名，魏晋時位在名號將軍之上，多爲軍府名號，加給大臣、重要州郡長官。二品，開府位從公者一品。　録尚書：官名，即録尚書事。初爲職銜名，重臣加此名義始得總知國事，綜理政務，成爲真宰相。魏晋多以公卿權重者居之，總領尚書省政務，凡重號將軍、刺史皆得命曹授用，位在三公之上。

[5]司隸：官名，即司隸校尉，三國魏時先治弘農，後治河南，轄司州所屬河南、河東、河内、弘農、平陽五郡。掌監察京師，糾察京都百官。西晋沿置。三品。　滿奮：西晋人，歷任司隸校尉、尚書令。滿，原本、宋本作“蒲”，殿本作“滿”，據殿本改。

[6]張方：西晋河間（今河北省獻縣東南）人，本書卷六〇有傳。

[7]攝：兼職。

［8］東海王越：司馬越，字元超，本書卷五九有傳。

［9］中領軍：官名，東漢建安中曹操改領軍置。與中護軍皆典禁兵，屬丞相府。三品。

［10］散騎常侍：官名，三國魏文帝黄初年間置，侍從皇帝左右，諫諍得失，顧問應對，與侍中等共平尚書奏事。也用作宰相、諸公等加官，入宫議政。三品。

［11］都督諸軍事：地方最高軍事行政長官。　澠池：縣名，治所在今河南省澠池縣西。

［12］平東將軍：官名，與平北、平南、平西將軍合稱四平將軍，權任很重，多持節都督或監某一地區的軍事，有時亦作爲刺史等地方官員兼理軍務的加官。三品，加持節都督者二品。

［13］劉準：《世説新語·方正》劉孝標注引《晋諸公贊》："準字君平，沛國杼秋人。少以清正稱。累遷河内太守、侍中、尚書僕射、司徒。"　鎮東將軍：官名，東漢建安年間置，與鎮西、鎮南、鎮北將軍合稱四鎮將軍，多爲持節都督，出鎮方面。曹魏二品。晋三品，加持節都督者二品。

［14］周玘：字宣佩，本書卷五八有傳。　陳敏：字令通，本書卷一〇〇有傳。

馥自經世故，每欲維正朝廷，忠情懇至。以東海王越不盡臣節，每言論厲然，越深憚之。馥睹群賊孔熾，[1]洛陽孤危，乃建策迎天子遷都壽春。[2]永嘉四年，與長史吴思、司馬殷識上書曰：[3]"不圖厄運遂至於此！戎狄交侵，畿甸危逼。臣輒與祖納、裴憲、華譚、孫惠等三十人伏思大計，[4]僉以殷人有屢遷之事，周王有岐山之徙，[5]方今王都罄乏，不可久居，河朔蕭條，[6]崤函險澀，[7]宛都屢敗，[8]江漢多虞，於今平夷，東南爲愈。

淮揚之地，北阻塗山，[9]南抗靈岳，[10]名川四帶，有重險之固。是以楚人東遷，遂宅壽春，徐、邳、東海，[11]亦足戍禦。且運漕四通，無患空乏。雖聖上神聰，元輔賢明，居儉守約，用保宗廟，未若相土遷宅，以享永祚。臣謹選精卒三萬，奉迎皇駕。輒檄前北中郎將裴憲行使持節、監豫州諸軍事、東中郎將，[12]風馳即路。荆、湘、江、揚各先運四年米租十五萬斛，[13]布絹各十四萬匹，以供大駕。令王浚、荀晞共平河朔，[14]臣等戮力以啓南路。[15]遷都弭寇，其計並得。皇輿來巡，臣宜轉據江州，以恢王略。知無不爲，古人所務，敢竭忠誠，庶報萬分。朝遂夕隕，猶生之願。"[16]

[1]孔熾：猖獗，囂張。

[2]壽春：縣名，治所在今安徽省壽縣東南。

[3]長史：官名，掌顧問參謀，爲所在官署掾屬之長。魏晋南北朝時王府、公府、軍府、邊郡均置。八至六品。　司馬：官名，府署高級幕僚。掌參讚軍務、管理府内武職，位僅次於長史。魏晋南北朝時王府、公府、軍府、邊郡均置。八至六品。

[4]祖納：字士言，本書卷六二有傳。　裴憲：字景思，本書卷三五有傳。　華譚：字令思，本書卷五二有傳。　孫惠：字德施，本書卷七一有傳。

[5]岐山之徙：周人本居豳，自古公始遷居岐山之下，定國號曰周，自此興盛。岐山，位於今陝西省岐山縣東北。岐，原本、宋本、殿本作"歧"，據中華本改。

[6]河朔：古代泛指黄河以北地區。

[7]崤函：崤山和函谷。自古爲險要的關隘。函谷東起崤山，故以並稱。張衡《西京賦》："左有崤函重險，桃林之塞。"　險澀：

崎嶇險阻。

[8]宛：縣名，治所在今河南省南陽市。

[9]塗山：位於今安徽省懷遠縣東南、淮河東岸，又名當塗山。《左傳·哀公七年》："禹合諸侯於塗山，執玉帛者萬國。"杜預注："塗山在壽春東北。"

[10]靈岳：靈秀的山岳。

[11]邳：古地名，故地在今江蘇省邳縣境内。《左傳·定公元年》："薛之皇祖奚仲居薛，以爲夏車正。奚仲遷於邳。"杜預注："邳，下邳縣。"楊伯峻注："邳，今江蘇省邳縣東北邳城鎮，即邳縣舊治。" 東海：郡名，治所在郯縣（今山東省郯城縣北）。

[12]北中郎將：官名，與東、西、南中郎將並稱四中郎將，統兵征戰，權職甚重。四品。 行：兼攝官職。 監豫州諸軍事：豫州地區軍事行政長官，位次於都督。 東中郎將：官名，東、西、南、北四中郎將之一，統兵征伐，多有固定的轄區和治所。四品。

[13]荆：荆州，三國時曹魏治所在新野縣（今河南省新野縣），孫吴治所在江陵縣（今湖北省江陵縣），西晋統一後治所在江陵縣（今湖北省江陵縣）。 湘：湘州，治所在臨湘縣（今湖南省長沙市）。 江：江州，治所在南昌縣（今江西省南昌市）。

[14]王浚：字彭祖，本書卷三九有傳。

[15]臣等戮力以啓南路：等，宋本作"寻"，同"尋"。

[16]猶生之願：願，殿本作"年"。

越與苟晞不協，馥不先白於越，而直上書，越大怒。先是，越召馥及淮南太守裴碩，[1]馥不肯行，而令碩率兵先進。碩貳於馥，乃舉兵稱馥擅命，已奉越密旨圖馥，遂襲之，爲馥所敗。碩退保東城，求救於元帝。帝遣揚威將軍甘卓、建威將軍郭逸攻馥于壽春。[2]安豐太守孫惠帥衆應之，[3]使謝擿爲檄。擿，馥之故將也。

馥見檄，流涕曰："必謝摛之辭。"摛聞之，遂毁草。旬日而馥衆潰，奔於項，[4]爲新蔡王確所拘，憂憤發病卒。

[1]淮南：郡名，治所在壽春縣（今安徽省壽縣）。

[2]揚威將軍：官名，雜號將軍，領兵。四品。　建威將軍：官名，領兵征戰，曹魏、孫吴、西晋皆置。四品。

[3]安豐：郡名，曹魏文帝分廬江郡置，西晋治所在安風縣（今安徽省霍邱縣西南）。　帥衆應之：帥，殿本作"率"。

[4]項：縣名，治所在今河南省沈丘縣。

初，華譚之失廬江也，[1]往壽春依馥，及馥軍敗，歸于元帝。帝問曰："周祖宣何至於反？"譚對曰："周馥雖死，天下尚有直言之士。[2]馥見寇賊滋蔓，王威不振，故欲移都以紓國難。[3]方伯不同，遂致其伐。曾不逾時，而京都淪没。若使從馥之謀，或可後亡也。原情求實，何得爲反！"帝曰："馥位爲征鎮，握兵方隅，召而不入，危而不持，亦天下之罪人也。"譚曰："然。馥振纓中朝，素有俊彦之稱；出據方岳，實有偏任之重，而高略不舉，往往失和，危不能持，[4]當與天下共受其責。然謂之反，不亦誣乎！"帝意始解。

[1]廬江：郡名，三國魏、吴於境内各置廬江郡，魏治所在六安縣（今安徽省六安市），吴治所在皖縣（今安徽省潛山市）。西晋合爲一，治所在舒縣（今安徽省廬江縣西南）。

[2]尚有直言之士：尚，原本作"上"，宋本、殿本作"尚"，據宋本、殿本改。

[3]以紓國難：紓，殿本作"紆"。

[4]危不能持：殿本作“危而不持”。

馥有二子：密、矯。密，字泰玄，性虚簡，時人稱爲清士，位至尚書郎。矯，字正玄，亦有才幹。

成公簡

成公簡，字宗舒，東郡人也。[1]家世二千石。性朴素，不求榮利，潛心味道，[2]罔有干其志者。[3]默識過人。張茂先每言：[4]“簡清静比楊子雲，[5]默識擬張安世。”[6]

[1]東郡：治所在濮陽縣（今河南省濮陽市西南）。

[2]潛心味道：專心體味大道。味道，殿本乙作“道味”。

[3]干：干犯，干擾。

[4]張茂先：張華，字茂先，本書卷三六有傳。

[5]楊子雲：即揚雄，西漢蜀郡成都（今四川省成都市）人，字子雲。成帝時任侍郎、給事黄門。古代文學家，善辭賦。

[6]張安世：西漢京兆杜陵（今陝西省西安市東南）人，字子孺，張湯之子。昭帝、宣帝時，歷任給事尚書、尚書令、右將軍光禄勛等職。霍光死後，任大司馬車騎將軍、領尚書事。職掌樞機，以謹慎周密著稱，深得宣帝信任。

後爲中書郎。[1]時馥已爲司隸校尉，遷鎮東將軍。簡自以才高而在馥之下，謂馥曰：“楊雄爲郎，三世不徙，而王莽、董賢位列三司，[2]古今一揆耳。”馥甚慚之。官至太子中庶子、散騎常侍。[3]永嘉末，奔苟晞，與晞同没。

[1]中書郎：官名，隸屬中書令。掌草擬詔書、外出執行重要使命等。亦作爲中書通事郎、中書侍郎的省稱。五品。

[2]董賢：西漢雲陽（今陝西省淳化縣西北）人，字聖卿。哀帝時任黃門郎、駙馬都尉、侍中、大司馬衛將軍。雖爲三公，常給事中，領尚書，百官因其奏事，權侔人主。哀帝卒，王莽以太后詔收其大司馬印綬，罷官歸第，後自殺。

[3]太子中庶子：官名，太子侍從，掌侍從、奏事、諫議等。五品。

苟晞

苟晞，字道將，河内山陽人也。[1]少爲司隸部從事，[2]校尉石鑒深器之。[3]東海王越爲侍中，引爲通事令史，[4]累遷陽平太守。[5]齊王冏輔政，[6]晞參冏軍事，拜尚書右丞，[7]轉左丞，[8]廉察諸曹，八坐以下皆側目憚之。[9]及冏誅，晞亦坐免。長沙王乂爲驃騎將軍，[10]以晞爲從事中郎。惠帝征成都王穎，以爲北軍中候。[11]及帝還洛陽，晞奔范陽王虓，[12]虓承制用晞行兖州刺史。[13]

[1]河内：郡名，治所在野王縣（今河南省沁陽市）。　山陽：縣名，治所在今河南省焦作市東南。

[2]司隸部從事：官名，司隸校尉的屬官。掌督促文書、察舉非法。

[3]石鑒：字林伯，本書卷四四有傳。

[4]通事令史：官名，門下省、中書省皆置爲屬吏，掌奏文案、宣詔令。八品。

[5]陽平：郡名，治所在元城縣（今河北省大名縣東北）。

［6］齊王冏：司馬冏，字景治，本書卷五九有傳。

［7］尚書右丞：官名，尚書省佐官，位次尚書，居尚書左丞下。與左丞共掌尚書都省庶務，率諸都令史監督稽核諸尚書曹、郎曹政務，糾舉彈劾百官。右丞又掌本省庫藏廬舍，督録遠道州郡文書章奏，凡兵士百官名籍、内外庫藏穀帛、刑獄訴訟、軍械、田地、州郡租布、行政區劃、州郡縣長官免贈收捕等文書奏事皆屬之。六品。

［8］左丞：即尚書左丞。六品。

［9］八坐：即八座，尚書省高級官員的合稱。東漢用以稱尚書令、僕射、六曹尚書。魏晋以後，用以稱尚書令、左右僕射、諸曹尚書。無論共有幾人，皆沿用八座之稱。坐，殿本作“座”。

［10］長沙王乂：司馬乂，字士度，本書卷五九有傳。　驃騎將軍：官名，西漢時爲重號將軍，東漢以後，居諸名號將軍之首，僅作爲軍府名號加授大臣或重要州郡長官。二品，開府位從公者一品。

［11］北軍中候：官名，掌監屯騎校尉、越騎校尉、步兵校尉、長水校尉、射聲校尉所領北軍五營。魏晋時增設禁軍兵力，由地位更高的中領軍統轄，北軍五營作用漸輕，北軍中候置省無常，常與中領軍並置。五品。

［12］范陽王虓：司馬綏之子，本書卷三七有傳。

［13］承制：秉承皇帝旨意便宜行事。　兖州：魏晋時期治所在廩丘縣（今山東省鄆城縣西北），晋惠帝末，兖州闔境淪没於石勒。東晋元帝僑置兖州，治京口（今江蘇省鎮江市）。

汲桑之破鄴也，［1］東海王越出次官渡以討之，［2］命晞爲前鋒。桑素憚之，於城外爲栅以自守。晞將至，頓軍休士，先遣單騎示以禍福。［3］桑衆大震，棄栅宵遁，嬰城固守。晞陷其九壘，遂定鄴而還。西討吕朗等，［4］滅之。後高密王泰討青州賊劉根，[5]破汲桑故將公師藩，[6]敗石勒於河北，[7]威名甚盛，時人擬之韓白。[8]進位撫軍將軍、假節、都督青兖諸軍事，[9]封東平郡侯，邑萬户。

[1]汲桑：西晉魏郡（今河北省臨漳縣西南）人，一説平陽（今山西省臨汾市西南）人。與石勒從成都王司馬穎故將公師藩，後自稱大將軍爲石勒前驅，被乞活田甄攻殺。

[2]官渡：地名，在今河南省中牟縣東北，臨古官渡水。

[3]單騎：騎，殿本作“車”。

[4]吕朗：河間王司馬顒部下，任建威將軍、建武將軍等職，後投降劉琨。

[5]高密王泰：司馬泰，字子舒，本書卷三七有傳。　青州：治所在臨淄縣（今山東省淄博市臨淄區）。　劉根：《惠帝紀》中作“劉柏根”。

[6]“後高密王泰”至“破汲桑故將公師藩”：中華本校勘記：“《讀書記疑》：‘後高密王泰’五字疑誤。泰卒於元康九年，不與苟晞同時。《校文》：‘後’下疑奪‘從’字。周校：當作‘破汲桑及成都王穎故將公師藩’。”公師藩，陽平（今河北省大名縣東北）人，成都王司馬穎部將，後被濮陽太守苟晞斬殺。

[7]石勒：字世龍，本書卷一〇四有載記。

[8]韓：韓信，秦末淮陰（今江蘇省淮安市淮陰區南）人，早年家貧，常從人寄食。後隨項羽起兵，因不受重用，轉投劉邦。受蕭何舉薦，拜大將軍。功勛卓著，爲漢初三傑之一。漢立封楚王，後貶爲淮陰侯。終爲吕后設計所殺。　白：白起，戰國郿（今陝西省眉縣東渭河北岸）人，一稱公孫起。戰國名將，歷任秦國左庶長、左更、國尉、大良造。先後攻韓國新城，破韓魏聯軍於伊闕，攻破楚都郢城，大破趙軍於長平，坑殺降卒四十餘萬。後因與范雎有隙，被免爲士伍，自殺。

[9]撫軍將軍：官名，三國蜀漢、孫吴皆置，爲加官，以示權重。晋沿置，與中軍將軍、鎮軍將軍並爲三名號將軍。三品。　都督青兗諸軍事：上述二州最高軍事行政長官。

晞練於官事，文簿盈積，斷决如流，人不敢欺。其從母依之，奉養甚厚。從母子求爲將，晞距之曰：[1]"吾不以王法貸人，[2]將無後悔邪？"固欲之，晞乃以爲督護。[3]後犯法，晞杖節斬之，從母叩頭請救，不聽。既而素服哭之，[4]流涕曰："殺卿者兗州刺史，哭弟者苟道將。"其杖法如此。

[1]晞距之曰：距，殿本作"拒"。

[2]貸：赦免，寬恕。

[3]督護：官名，州郡及出鎮方面將軍府皆設，掌兵事。兩晋時常統軍征伐，衹督一軍。

[4]素服哭之：宋本無"之"字。

晞見朝政日亂，懼禍及己，而多所交結，每得珍物，即貽都下親貴。[1]兗州去洛五百里，恐不鮮美，募得千里牛，每遣信，旦發暮還。[2]

[1]即貽都下親貴：貽，殿本作"遺"。

[2]旦發暮還：旦，宋本作"曰"。

初，東海王越以晞復其仇耻，甚德之，引升堂，結爲兄弟。越司馬潘滔等説曰：[1]"兗州要衝，魏武以之輔相漢室。苟晞有大志，非純臣，久令處之，則患生心腹矣。若還于青州，厚其名號，晞必悦。公自牧兖州，經緯諸夏，藩衛本朝，此所謂謀之於未有，爲之於未亂也。”越以爲然，乃遷晞征東大將軍、開府儀同三司，[2]加侍中、假節、都督青州諸軍事，[3]領青州刺史，進爲郡公。[4]晞乃多置參佐，轉易守令，以嚴刻立功，日加斬戮，流血成川，人不堪命，號曰“屠伯”。

[1]潘滔：西晋滎陽（今河南省滎陽市東北）人，任散騎侍郎、黄門郎，司馬越長史、司馬。時稱越府有三才：潘滔大才、劉輿長才、裴邈清才。

[2]征東大將軍：官名，三國魏文帝黄初三年（222）置，職掌與征東將軍同，但位在其上，多統兵出鎮方面，都督數州軍事，不常置。二品，開府位從公者一品。　開府儀同三司：官名，三國魏始置。爲大臣加號，意謂與太尉、司徒、司空三司待遇相同，許開設府署，任命僚屬。

[3]都督青州諸軍事：青州地區的最高軍政長官。

[4]郡公：郡，宋本作“成”。

頓丘太守魏植爲流人所逼，[1]衆五六萬，大掠兖州。晞出屯無鹽，[2]以弟純領青州，刑殺更甚於晞，百姓號“小苟酷於大苟”。晞尋破植。

[1]頓丘：郡名，治所在頓丘縣（今河南省浚縣北）。

[2]無鹽：縣名，治所在今山東省東平縣東無鹽村。

時潘滔及尚書劉望等共誣陷晞，[1]晞怒，表求滔等首，又請越從事中郎劉洽爲軍司，[2]越皆不許。晞於是昌言曰：[3]“司馬元超爲宰相不平，使天下淆亂，苟道將豈可以不義使之？韓信不忍衣食之惠，死於婦人之手。今將誅國賊，尊王室，桓文豈遠哉！”[4]乃移告諸州，稱己功伐，陳越罪狀。[5]

[1]尚書：官名，東漢尚書臺六曹各置尚書，秩六百石。魏晋出爲朝官，分掌尚書省諸曹，品秩提高。三品。

[2]劉洽：西晋人，歷任冠軍將軍及東海王越中尉、從事中郎、軍師等職。　軍司：官名，即軍師，因避司馬師諱，故改。爲軍府主要屬僚，佐主帥統軍隊，負有匡正監察主帥之責，地位很高，常繼任主帥。

[3]昌言：直言。

[4]桓：齊桓公，春秋時齊國國君，名小白。即位後任用管仲，改革内政，國勢强盛。奉行“尊王攘夷”政策，因九合諸侯而成爲春秋五霸之首。　文：晋文公，春秋時晋國國君，名重耳。爲公子時，因獻公欲立寵妾之子奚齊而遭迫害，流亡於外十九年。後由秦軍護送返晋登王位。在位期間改革内政，擴建軍隊，幫助周王室平叛，大敗楚軍於城濮，主持踐土之盟，成爲齊桓公之後的又一霸主。

[5]陳越罪狀：原本、宋本無“越”字，殿本有，據殿本補。

時懷帝惡越專權，乃詔晞曰：“朕以不德，戎車屢興，上懼宗廟之累，下愍兆庶之困，當賴方岳，爲國藩翰。公威振赫然，梟斬藩、桑，走降喬、朗，魏植之徒復以誅除，豈非高識明斷，朕用委成。加王彌、石勒爲社稷之憂，[1]故有詔委統六州。而公謙分小節，[2]稽違大命，非所謂與國同憂也。今復遣詔，便施檄六州，協同大舉，翦除國難，稱朕意焉。”晞復移諸征鎮州郡曰：“天步艱險，[3]禍難殷流，劉元海造逆於汾陰，[4]石世龍階亂於三魏，[5]薦食畿甸，[6]覆喪鄴都，結壘近郊，仍震兖豫，害三刺史，殺二都督，郡守官長，堙没數十，[7]百姓流離，肝腦塗地。晞以虚薄，負荷國重，是以弭節海隅，援枹曹衛。[8]猥被中詔，委以關東，[9]督統諸軍，欽承詔命。克今月二日，當西經濟黎陽，[10]即日得滎陽太守丁嶷白事，[11]李惲、陳午等救懷諸軍與羯大戰，[12]皆見破散。懷城已陷，河内太守裴整爲賊所執。宿衛闕乏，天子蒙難，宗廟之危，甚於累卵。承問之日，憂嘆累息。[13]晞以爲先王選建明德，庸以服章，[14]所以藩固王室，無俾城壞。[15]是以舟楫不固，齊桓責楚；[16]襄王逼狄，晋文致討。[17]夫翼獎皇家，宣力本朝，雖陷湯火，大義所甘。加諸方牧，俱受榮寵，義同畢力，以報國恩。晞雖不武，首啓戎行，秣馬裹糧，以俟方鎮。凡我同盟，宜同赴救。顯立名節，在此行矣。”

[1]王彌：本書卷一〇〇有傳。

[2]公謙分小節：中華本校勘記：“《册府》四一五‘分’作‘介’。”

[3]天步艱險：指時運、國運艱難。《詩·小雅·白華》：“天步艱難，之子不猶。”朱熹《集傳》：“步，行也。天步，猶言時運也。”險，殿本作“難”。

[4]劉元海：劉淵，本書卷一〇一有傳。　汾陰：縣名，治所在今山西省萬榮縣西南廟前村北。

[5]三魏：即古代魏郡地區。西漢置魏郡，後來魏郡分置東西

部都尉，故有“三魏”之稱。曹魏黄初以後，又指魏郡（治鄴縣，今河北省臨漳縣西）、陽平郡（治元城縣，今河北省大名縣東北），廣平郡（治所在曲梁侯國，今河北省邯鄲市永年區東南）。

［6］薦食畿甸：不斷吞併京郊地區。

［7］堙没：堙，殿本作“湮”。

［8］援枹：指揮軍隊進攻。

［9］關東：地區名，指函谷關或潼關以東地區。

［10］黎陽：縣名，治所在今河南省浚縣東北。

［11］滎陽：郡名，治所在滎陽縣（今河南省滎陽市東北）。

［12］李惲：原爲并州將，司馬騰部下，後任龍驤將軍、青州刺史等，後爲石勒所殺。

［13］憂嘆累息：嘆，殿本作“思”。

［14］庸以服章：用官位來表彰功績。服章，用來表示官階身份的服飾，指官位。

［15］俾：使。《詩·邶風·緑衣》：“我思古人，俾無訧兮。”毛亨傳：“俾，使。”

［16］舟楫不固，齊桓責楚：周昭王討伐楚國，喪六師於漢，没於漢水而死。齊國因此出兵討伐楚國，理由之一就是“昭王南征而不復”。事見《左傳·僖公四年》。

［17］襄王逼狄，晋文致討：周惠王死後，周室因王子帶争王位而起内亂，齊桓公率諸侯會盟於洮（今山東省鄄城西南），尊周鄭爲王，即周襄王。王子帶不甘心失敗，多次引導西戎兵攻打周室，公元前636年終於攻占王城（今河南省洛陽市），襄王倉皇出逃。後晋文公率兵勤王，討伐王子帶，護送周襄王回王城，安定周王室。

會王彌遣曹嶷破琅邪，[1]北攻齊地。苟純城守，嶷衆轉盛，連營數十里。晞還，登城望之，有懼色，與賊連戰，輒破之。後簡精鋭，與賊大戰，會大風揚塵，晞遂敗績，棄城夜走。嶷追至東山，[2]部衆皆降嶷。晞單騎奔高平，收邸閣，[3]募得數千人。

[1]曹嶷：西晋人，王彌左長史、鎮東將軍，領青州刺史，與石勒通和，被授以東州大將軍、青州牧，封琅邪公，後爲石勒所殺。　琅邪：封國名，治所在今山東省臨沂市。

[2]東山：位於今山東省昌邑縣東。

[3]邸閣：倉儲治所。

帝又密詔晞討越，晞復上表曰："殿中校尉李初至，[1]奉被手詔，肝心若裂。東海王越得以宗臣遂執朝政，委任邪佞，寵樹奸黨，至使前長史潘滔、從事中郎畢邈、主簿郭象等操弄天權，[2]刑賞由己。尚書何綏、中書令繆播、太僕繆胤、黄門侍郎應紹，[3]皆是聖詔親所抽拔，而滔等妄構，陷以重戮。帶甲臨宫，誅討后弟，翦除宿衛，私樹國人。崇獎魏植，招誘逋亡，覆喪州郡。王塗圮隔，方貢乖絶，宗廟闕蒸嘗之饗，[4]聖上有約食之匱。鎮東將軍周馥、豫州刺史馮嵩、前北中郎將裴憲，[5]並以天朝空曠，權臣專制，事難之興，慮在旦夕，各率士馬，奉迎皇輿，思隆王室，以盡臣禮。而滔、邈等劫越出關，矯立行臺，[6]逼徙公卿，擅爲詔令，縱兵寇抄，茹食居人，交尸塞路，暴骨盈野。遂令方鎮失職，城邑蕭條，淮豫之萌，[7]陷離塗炭。臣雖憒瘱，守局東嵎，自奉明詔，三軍奮厲，卷甲長驅，次于倉垣。[8]即日承司空、博陵公浚書，[9]稱殿中中郎劉權賫詔,[10]敕浚與臣共克大舉。輒遣前鋒征虜將軍王讚徑至項城,[11]使越稽首歸政,斬送滔等。伏願陛下寬宥宗臣,聽越還國。其餘逼迫,宜蒙曠蕩。輒寫詔宣示征鎮,顯明義舉。遣揚烈將軍閻弘步騎五千,[12]鎮衛宗廟。”

[1]殿中校尉:官名,領兵侍衛殿内,位在殿中將軍、中郎將之下。由皇帝及執政大臣的親信充任。七品。

[2]主簿:官名,開府屬官,典領文書籍簿,省録衆事,職權甚重。　郭象:字子玄,本書卷五〇有傳。　操弄天權:天,殿本作“大”。

[3]何綏:字伯蔚,本書卷三三有傳。　中書令:官名,掌收納尚書奏事、傳達皇帝詔旨。三國魏文帝初年分秘書置中書省,設中書監和中書令,職權甚重。三品。　繆播:字宣則,本書卷六〇有傳。　太僕:官名,掌皇帝車馬、田獵、兵器及全國牧業。三品。　繆胤:字休祖,本書卷六〇有傳。　黄門侍郎:官名,魏晋時爲侍中省或門下省次官。侍從皇帝,顧問應對,多以重臣或外戚子弟擔任,位頗重要。五品。　應紹:紹,宋本作“詔”。

[4]蒸嘗:本指秋冬二祭。後泛指祭祀。

[5]豫州:曹魏時治所在安城縣(今河南省正陽縣東北),西晋移治陳縣(今河南省周口市淮陽區)。　馮嵩:歷任司馬模長史、前鋒都護、頓丘太守、魏郡太守、豫州刺史等職。

[6]行臺:臺省在外者。將帥出征時隨其所駐之地設立的代表中央的政務機構。

[7]淮豫之萌:萌,殿本作“氓”。

[8]倉垣:即倉垣亭,位於今河南省開封市西北。

[9]司空:官名,魏晋南北朝爲名譽宰相,多爲大臣加官。晋八公之一,位在三公之末。一品。　博陵公浚:即王浚。

[10]殿中中郎：官名，西晋置，統殿中兵護衛皇帝，位在殿中將軍之下。因爲是皇帝親信，控制殿中禁衛軍，又能進行宫廷内外的聯繫，故在西晋時的歷次宫廷政變中起到了相當重要的作用。

[11]征虜將軍：既是武官名，也作爲高級文職官員的加官。三品。　王讚：任陳留内史、征虜將軍等職，後爲石勒所俘，任其爲從事中郎，因謀叛被殺。　項城：縣名，治所在今河南省項城市。

[12]揚烈將軍：官名，統軍出鎮地方，或爲刺史加官。五品。

五年，帝復詔晞曰："太傅信用奸佞，[1]阻兵專權，内不遵奉皇憲，外不協比方州，遂令戎狄充斥，所在犯暴。留軍何倫抄掠宫寺，劫剥公主，殺害賢士，悖亂天下，不可忍聞。雖惟親親，宜明九伐。[2]詔至之日，其宣告天下，率齊大舉，桓文之績，一以委公。其思盡諸宜，善建弘略。道澀，故練寫副，手筆示意。"晞表曰："奉被手詔，委臣征討，喻以桓文，紙練兼備，伏讀跪嘆，五情惶怛。[3]自頃宰臣專制，委杖佞邪，内擅朝威，外殘兆庶，矯詔專征，遂圖不軌，縱兵寇掠，陵踐宫寺。前司隸校尉劉暾、御史中丞温畿、右將軍杜育，[4]並見攻劫。廣平、武安公主，先帝遺體，咸被逼辱。逆節虐亂，莫此之甚。輒祗奉前詔，部分諸軍，遣王讚率陳午等將兵詣項，龔行天罰。"

[1]太傅：官名，晋爲八公之一。位上公，太宰之下、太保之上。一品。

[2]九伐：泛指征伐。

[3]五情惶怛：五内惶恐不安。

[4]司隸校尉：官名，三國魏時先治弘農，後治河南，轄司州

所屬河南、河東、河内、弘農、平陽五郡。掌監察京師，糾察京都百官。西晋沿置。三品。　劉暾：字長升，本書卷四五有傳。　温畿：曾任苟晞部將，後任太子左率、御史中丞。　右將軍：官名，漢代重號將軍之一，與前、左、後將軍並爲上卿。魏晋時常設，權位漸低，僅爲武官名號，略高於一般雜號將軍。三品。　杜育：西晋襄城人，歷任常侍、右將軍、汝南太守等職。

初，越疑晞與帝有謀，使游騎於成皋間，[1]獲晞使，果得詔令及朝廷書，遂大構嫌隙。[2]越出牧豫州以討晞，復下檄説晞罪惡，遣從事中郎楊瑁爲兗州，與徐州刺史裴盾共討晞。晞使騎收河南尹潘滔，滔夜遁，及執尚書劉曾、侍中程延，斬之。會越薨，盾敗，詔晞爲大將軍、大都督、督青徐兗豫荆揚六州諸軍事，[3]增邑二萬户，加黄鉞，[4]先官如故。

[1]成皋：縣名，治所在今河南省滎陽市西北汜水鎮。

[2]嫌隙：嫌，殿本作“疑”。

[3]大將軍：官名，高級軍事統帥。曹魏時多以之屯駐長安，對付蜀漢，蜀漢以其爲最高軍事長官，孫吴則别置上大將軍居其上。西晋時爲八公之一，位居上公、大司馬下，三公之上。東晋時常專擅軍政事務。一品。　官名，高級軍事長官。三國初作爲加官於戰時臨時設置，後逐漸成爲常設加官官職，地位極高。　督青徐兗豫荆揚六州諸軍事：上述六州軍事行政長官，位次於都督和監。揚，原本、宋本作“楊”，殿本作“揚”，據殿本改。

[4]加黄鉞：即假黄鉞，假以黄鉞。黄鉞即飾以黄金的斧鉞，爲皇帝儀仗。賜予出征重臣，以示威重，令其專主征伐。

晞以京邑荒饉日甚，寇難交至，表請遷都，遣從事中郎劉會領船數十艘，宿衛五百人，獻穀千斛以迎帝。朝臣多有異同。俄而京師陷，晞與王讚屯倉垣。豫章王端及和郁等東奔晞，[1]晞率群官尊端爲皇太子，置行臺。端承制以晞領太子太傅、都督中外諸軍、録尚書，[2]自倉垣徙屯蒙城，[3]讚屯陽夏。[4]

[1]豫章王端：司馬端，晋武帝司馬炎之孫，清河王司馬遐之子，本書卷六四有傳。

[2]太子太傅：官名，與太子少傅並稱二傅，三國時並攝東宫事務，與尚書、東曹並掌太子、諸侯官署選舉。西晋時下設丞、功曹、主簿等屬官。三品。　都督中外諸軍：官名，亦稱都督中外諸軍事。全國最高軍事統帥，總統中央地方的内外諸軍，權力極大。

[3]蒙城：蒙縣城，在今河南省開封市東北。

[4]陽夏：縣名，治所在今河南省太康縣。

晞出於孤微，[1]位至上將，志頗盈滿，奴婢將千人，侍妾數十，終日累夜不出庭户，刑政苛虐，縱情肆欲。遼西閻亨以書固諫，[2]晞怒，殺之。晞從事中郎明預有疾居家，聞之，乃轝病諫晞曰：[3]“皇晋遭百六之數，[4]當危難之機，明公親稟廟算，將爲國家除暴。閻亨美士，奈何無罪一旦殺之！”晞怒曰：“我自殺閻亨，何關人事，而轝病來駡我！”左右爲之戰慄，預曰：“以明公以禮見進，預欲以禮自盡。今明公怒預，其若遠近怒明公何！昔堯舜之在上也，以和理而興；桀紂之在上也，以惡逆而滅。天子且猶如此，況人臣乎！願明公且置是怒而思預之言。”[5]晞有慚色。由是衆心稍離，莫爲致用，加以疾疫饑饉，其將温畿、傅宣皆叛之。石勒攻陽夏，滅王讚，馳襲蒙城，執晞，署爲司馬，月餘乃殺之。晞無子，弟純亦遇害。

[1]出於孤微：原本、宋本無“微”字，殿本有，據殿本補。

[2]遼西：郡名，治所在陽樂縣（今河北省盧龍縣東南）。

[3]轝病：拖着病體乘車。轝，古同“與”。

[4]百六之數：古代道家稱天厄爲“陽九”，地厄爲“百六”。《文選·袁宏〈三國名臣序贊〉》：“百六道喪，干戈迭用。”吕延濟注：“四千六百一十七歲爲一元，一百六歲曰陽九之厄。”因以“陽九”和“百六”指灾難或厄運。

[5]且置是怒：是，殿本作“其”。

華軼

華軼，字彦夏，平原人，[1]魏太尉歆之曾孫也。[2]祖表，[3]太中大夫。[4]父澹，河南尹。軼少有才氣，聞於當世，泛愛博納，衆論美之。初爲博士，累遷散騎常侍。東海王越牧兖州，引爲留府長史。永嘉中，歷振威將軍、江州刺史。[5]雖逢喪亂，每崇典禮，置儒林祭酒以弘道訓，[6]乃下教曰：“今大義頽替，禮典無宗，朝廷滯議，莫能攸正，常以慨然，宜特立此官，以弘其事。軍諮祭酒杜夷，[7]栖情玄遠，確然絶俗，才學精博，道行優備，其以爲儒林祭酒。”俄被越檄使助討諸賊，[8]軼遣前江夏太守陶侃爲揚武將軍，[9]率兵三千屯夏口，[10]以爲聲援。軼在州甚有威惠，州之豪士接以友道，得江表之歡心，[11]流亡之士赴之如歸。

[1]平原：郡國名，治所在平原縣（今山東省平原縣西南）。

[2]太尉：官名，曹操爲丞相後，太尉府屬官歸相府，晋時太尉雖爲八公之一、三公之首，實爲名譽宰相，多爲大臣加官。晋一品。 歆：華歆，三國時平原高唐（今山東省禹城市西南）人，字子魚。東漢末任尚書郎、豫章太守。孫策進兵豫章，華歆迎降。後被曹操徵爲議郎，歷任尚書、侍中、尚書令、御史大夫。曹魏文帝時任司徒，明帝時任太尉。

[3]表：華表，字偉容，本書卷四四有傳。

[4]太中大夫：官名，侍從皇帝左右，掌顧問應對、參謀議政、奉詔出使。多由寵臣貴戚出任。七品。

[5]振威將軍：官名，雜號將軍，統兵出征。四品。 江州：治所在南昌縣（今江西省南昌市）。

[6]儒林祭酒：官名，此爲新置學官，前無此職。掌講授儒家經典。

[7]軍諮祭酒：官名，即軍師祭酒，晋朝避司馬師名諱而改。亦稱軍咨祭酒、軍謀祭酒、軍祭酒，諸軍府屬官，參謀軍事，位在軍府諸僚佐之上。 杜夷：字行齊，本書卷九一有傳。

[8]被越檄：收到了司馬越的討賊檄文。

[9]江夏：郡名，三國魏治所在上昶城（今湖北省雲夢縣），西晋移治安陸縣（今湖北省安陸市西南）。 陶侃：字士行，本書卷六六有傳。 揚武將軍：官名，統兵出征。四品。

[10]夏口：即沔口，位於今湖北省武漢市，漢江入長江之口。

[11]江表：江外，指長江以南地區。

時天子孤危，四方瓦解，軼有匡天下之志，每遣貢獻入洛，不失臣節。謂使者曰："若洛都道斷，可輸之琅邪王，以明吾之爲司馬氏也。”軼自以受洛京所遣，而爲壽春所督，[1]時洛京尚存，不能祗承元帝教命，郡縣多諫之，軼不納，曰：“吾欲見詔書耳。”時帝遣揚烈將軍周訪率衆屯彭澤以備軼，[2]訪過姑孰，[3]著作郎干寶見而問之，[4]訪曰：“夫府受分，[5]令屯彭澤，彭澤，江州西門也。華彦夏有憂天下之誠，而不欲碌碌受人控御，頃來紛紜，粗有嫌隙。今又無故以兵守其門，將成其釁。吾當屯尋陽故縣，[6]既在江西，可以扞禦北方，又無嫌於相逼也。”尋洛都不守，[7]司空荀藩移檄，[8]而以帝爲盟主。既而帝承制改易長吏，軼又不從命，於是遣左將軍王敦都督甘卓、周訪、宋典、趙誘等討之。[9]軼遣别駕陳雄屯彭澤以距敦，自爲舟軍以爲外援。武昌太守馮逸次于湓口，[10]訪擊逸，破之。前江州刺史衛展不爲軼所禮，心常怏怏。至是，與豫章太守周廣爲内應，[11]潛軍襲軼，軼衆潰，奔于安城，[12]追斬之，及其五子，傳首建鄴。

[1]壽春：春，原本、宋本、殿本作“陽”，據中華本改。按，東晋孝武帝時爲避簡文帝母鄭太后阿春諱改壽春爲壽陽。

[2]周訪：字士達，本書卷五八有傳。　彭澤：縣名，治所在今江西省湖口縣東。

[3]姑孰：姑孰城，位於今安徽省當塗縣。　率衆屯彭澤以備軼，訪：宋本無此九字。

[4]著作郎：官名，三國時爲著作局長官，隸屬中書省。西晋時著作局别自置省，長官仍爲著作郎，改隸屬秘書省。西晋後亦稱大著作郎、大著作、著作，掌國史及起居注的修撰。兩晋南北朝時

爲清要之官，多由有名望的文學之士擔任，也用司空、侍中、尚書等官典領。職閑位重，南朝時多爲貴族起家官。六品。　干寶：字令升，本書卷八二有傳。

[5]夫府受分：夫，殿本作“大”；分，殿本作“命”。

[6]尋陽：縣名，治所在今湖北省黄梅縣西南。

[7]洛都不守：都，殿本作“郡”。

[8]荀藩：字大堅，本書卷三九有傳。

[9]左將軍：官名，漢代爲重號將軍，與前、後、右將軍並爲上卿。魏晋時爲常設官職，權位較兩漢漸低，僅爲武官名號，略高於一般雜號將軍，不典禁兵。三品。　都督：領兵將帥。　趙誘：字元孫，本書卷五七有傳。

[10]湓口：一名湓浦口，位於今江西省九江市西北，即湓浦水入長江之口。

[11]豫章：郡名，治所在南昌縣（今江西省南昌市）。

[12]安城：郡名，治所在平都縣（今江西省安福縣東南）。

初，廣陵高悝寓居江州，[1]軼辟爲西曹掾，[2]尋而軼敗，悝藏匿軼二子及妻，崎嶇經年。既而遇赦，悝携之出首，帝嘉而宥之。

[1]廣陵：郡名，三國時治淮陰縣（今江蘇省淮安市淮陰區西南甘羅城），東晋移治廣陵縣（今江蘇省揚州市西北蜀岡上）。

[2]西曹掾：官名，東漢、魏、晋諸公位從公府僚屬，爲西曹長官，掌府吏署用事。

劉喬

劉喬，字仲彦，南陽人也。[1]其先漢宗室，封安衆侯，傳襲歷三代。祖廙，[2]魏侍中。父阜，陳留相。[3]喬少爲秘書郎，[4]建威將軍王戎引爲參軍。[5]伐吴之役，戎使喬與參軍羅尚濟江，[6]破武昌，還授滎陽令，遷太子洗馬。[7]以誅楊駿功，[8]賜爵關中侯，拜尚書右丞。豫誅賈謐，[9]封安衆男，累遷散騎常侍。

[1]南陽：郡名，治所在宛縣（今河南省南陽市）。

[2]廙：劉廙，曹魏南陽人，字恭嗣。自幼聰穎，荆州牧劉表辟爲從事。後歸曹操，辟爲丞相掾屬，轉五官將文學。魏國初建，爲黄門侍郎。文帝即王位，爲侍中，賜爵關内侯。黄初二年（221）卒。

[3]陳留：郡國名，治所在小黄縣（今河南省開封市東）。相：官名，郡國相，也稱内史。五品。

[4]秘書郎：官名，秘書令屬官，掌管文書機要，亦掌整理典籍、考核舊文。六品。

[5]王戎：字濬冲，本書卷四三有傳。

[6]羅尚：字敬之，本書卷五七有傳。

[7]太子洗馬：官名，東宫屬官。掌太子圖籍、經書，太子出行則前導威儀。七品。

[8]楊駿：字文長，本書卷四〇有傳。

[9]賈謐：字長深，本書卷四〇有傳。

齊王冏爲大司馬，[1]初，嵇紹爲冏所重，每下階迎之。喬言於冏曰："裴、張之誅，[2]朝臣畏憚孫秀，[3]故不敢不受財物。嵇紹今何所逼忌，故畜裴家車牛、張家奴婢邪？樂彦輔來，[4]公未嘗下床，何獨加敬於紹？"冏乃止。紹謂喬曰："大司馬何故不復迎客？"喬曰："似有正人言，以卿不足迎者。"紹曰："正人爲誰？"喬曰：

“其則不遠。”紹默然。

[1]大司馬：官名，八公之一，位在上公之下、大將軍及三公之上，高級將帥，多爲大臣加官。一品。

[2]裴：裴頠，字逸民，本書卷三五有傳。　張：張華，字茂先，本書卷三六有傳。

[3]孫秀：西晋琅邪臨沂（今山東省臨沂市）人，趙王倫心腹。趙王倫執政後任中書令，威震朝廷。趙王倫稱帝，任侍中、中書監、驃騎將軍。趙王倫失敗後被殺。

[4]樂彦輔：樂廣，字彦輔，本書卷四三有傳。

頃之，遷御史中丞。冏腹心董艾勢傾朝廷，百僚莫敢忤旨。喬二旬之中，奏劾艾罪釁者六。艾諷尚書右丞苟晞免喬官，復爲屯騎校尉。[1]張昌之亂，[2]喬出爲威遠將軍、豫州刺史，[3]與荆州刺史劉弘共討昌，[4]進左將軍。

[1]屯騎校尉：官名，北軍五校尉之一，隸屬中領軍，掌本營騎士，戍衛京師。四品。

[2]張昌：少爲平氏縣吏，有武力，好論戰。太安二年（303），更名李辰，聚衆立山都縣吏丘沉爲天子，建元神鳳，自任相國。後失敗被殺。

[3]威遠將軍：官名，屬將軍名號，三國吴時權任很重，三國魏、兩晋時地位稍低。五品。

[4]劉弘：字和季，本書卷六六有傳。

惠帝西幸長安，喬與諸州郡舉兵迎大駕。東海王越承制轉喬安北將軍、冀州刺史，[1]以范陽王虓領豫州刺史。喬以虓非天子命，不受代，發兵距之。潁川太守劉輿昵於虓，[2]喬上尚書列輿罪惡。河間王顒得喬所上，[3]乃宣詔使鎮南將軍劉弘、征東大將軍劉準、平南將軍彭城王釋與喬并力攻虓於許昌。[4]輿弟琨率衆救虓，[5]未至而虓敗，虓乃與琨俱奔河北。[6]未幾，琨率突騎五千濟河攻喬，喬劫琨父蕃，以檻車載之，據考城以距虓，[7]衆不敵而潰。

[1]安北將軍：官名，東漢建安年間置，與安東、安南、安西將軍合稱四安將軍，爲出鎮某一地區的軍事長官，或作爲刺史等兼理軍務的加官，權任頗重。三品，加持節都督者二品。　冀州：三國魏治所在信都縣（今河北省衡水市冀州區），西晋移治房子縣（今河北省高邑縣西南）。

[2]潁川：郡名，治所在許昌縣（今河南省許昌市東）。　劉輿：字慶孫，本書卷六二有傳。

[3]河間王顒：司馬顒，字文載，本書卷五九有傳。

[4]鎮南將軍：官名，與鎮東、鎮西、鎮北將軍合稱四鎮將軍。多爲持節都督，出鎮方面。曹魏二品。晋改三品，加持節都督者二品。　平南將軍：官名，與平東、平西、平北將軍合稱四平將軍。多持節都督或監某一地區的軍事，有時作爲刺史等地方官員監理軍務的加官。三品，加持節都督者二品。　彭城王釋：司馬釋，彭城王司馬權之孫，本書卷三七有傳。釋，原本、宋本、殿本作“繹”，據中華本校勘記改。本卷下文“彭城王釋等率兵援喬”同。　許昌：縣名，治所在許昌城（今河南省許昌市東）。

[5]琨：劉琨，字越石，本書卷六二有傳。

[6]虓乃與琨俱奔河北：原本、宋本無“虓”字，殿本有，據

殿本補。

［7］考城：縣名，治所在今江蘇省盱眙縣西南。

喬復收散卒，屯於平氏。[1]河間王顒進喬鎮東將軍、假節，以其長子祐爲東郡太守，又遣劉弘、劉準、彭城王釋等率兵援喬。弘與喬箋曰："適承范陽欲代明使君。明使君受命本朝，列居方伯，當官而行，同奬王室，横見遷代，誠爲不允。然古人有言，牽牛以蹊人之田，信有罪矣，而奪之牛，罰亦重矣。明使君不忍亮直狷介之忿，[2]甘爲戎首，[3]竊以爲過。何者？至人之道，用行舍藏。跨下之辱，猶宜俯就，况於换代之嫌，纖介之釁哉！范陽國屬，使君庶姓，周之宗盟，疏不間親，曲直既均，責有所在。廉藺區區戰國之將，[4]猶能升降以利社稷，况命世之士哉！今天下紛紜，主上播越，[5]正是忠臣義士同心戮力之時。弘實暗劣，過蒙國恩，願與使君共戴盟主，雁行下風，掃除凶寇，救蒼生之倒懸，反北辰於太極。此功未立，不宜乖離。備蒙顧遇，情隆於常，披露丹誠，不敢不盡。春秋之時，諸侯相伐，復爲和親者多矣。願明使君回既往之恨，追不二之踪，解連環之結，修如初之好。范陽亦將悔前之失，思崇後信矣。"

［1］平氏：縣名，治所在今河南省桐柏縣西北平氏鎮。

［2］亮直狷介：誠實正直孤高自潔。

［3］戎首：首先挑起争端的責任人。

［4］廉：廉頗，戰國時趙將，以勇氣聞於諸侯。趙惠文王時爲

將伐齊，大破齊軍，拜爲上卿。趙孝成王時與樂乘率軍伐燕，迫使燕割地請和。後與樂乘不和，奔魏居大梁，後入楚。　藺：藺相如，戰國時趙國人。趙惠文王時，秦昭王謊稱以十五城换趙國和氏璧，藺相如奉璧入秦，又完璧歸趙，使秦國謊言没有得逞。秦趙澠池會，又捍衛了趙國的尊嚴，因此被拜爲上卿，位在將軍廉頗之上。廉頗不服，欲辱之。藺相如屢次退讓，認爲“應先國家之急”。廉頗乃悟，負荆請罪。

［5］播越：顛沛流離。

東海王越將討喬，弘又與越書曰：“適聞以吾州將擅舉兵逐范陽，當討之，誠明同異、懲禍亂之宜。然吾竊謂不可。何者？今北辰遷居，元首移幸，群后抗義以謀王室，吾州將荷國重恩，列位方伯，亦伐鼓即戎，戮力致命之秋也。而范陽代之，吾州將不從，由代之不允，但矯枉過正，更以爲罪耳。昔齊桓赦射鈎之仇而相管仲，［1］晋文忘斬袪之怨而親勃鞮，［2］方之於今，當何有哉！且君子躬自厚而薄責於人，今奸臣弄權，朝廷困逼，此四海之所危懼，宜釋私嫌，共存公義，含垢匿瑕，忍所難忍，以大逆爲先，奉迎爲急，不可思小怨忘大德也。苟崇忠恕，共明分局，連旗推鋒，各致臣節，吾州將必輸寫肝膽，以報所蒙，實不足計一朝之謬，發赫然之怒，使韓盧東郭相困而爲豺狼之擒也。［3］吾雖庶姓，負乘過分，實願足下率齊内外，以康王室，竊耻同儕自爲蠹害。［4］貪獻所懷，惟足下圖之。”又上表曰：“范陽王虓欲代豫州刺史喬，喬舉兵逐虓，司空、東海王越以喬不從命討之。臣以爲喬忝受殊恩，顯居州司，自欲立功於時，以徇國難，無他罪闕，而范陽代之，代之爲非。然喬亦不得以虓之非，專威輒討，誠應顯戮以懲不恪。然自頃兵戈紛亂，猜禍鋒生，恐疑隙構於群王，灾難延于宗子，權柄隆於朝廷，逆順效於成敗，今夕爲忠，明旦爲逆，翩其反而，互爲戎首，載籍以來，骨肉之禍未有如今者也。臣竊悲之，痛心疾首。今邊陲無備豫之儲，中華有杼軸之困，[5]而股肱之臣不惟國體，職競尋常，自相楚剥，爲害轉深，積毀銷骨。萬一四夷乘虚爲變，此亦猛獸交鬥，自效於卞莊者矣。[6]臣以爲宜速發明詔，詔越等令兩釋猜嫌，各保分局。自今以後，其有不被詔書擅興兵馬者，天下共伐之。詩云：'誰能執熱，逝不以濯？'[7]若誠濯之，必無灼爛之患，永有泰山之固矣。"

[1]齊桓赦射鈎之仇而相管仲：春秋時齊襄公昏亂，其弟糾奔魯，以管仲、召忽爲師；小白奔莒，以鮑叔爲師。襄公死，糾與小白争歸齊國爲君。管仲將兵遮莒道阻小白，射中其衣帶鈎。小白佯死，得先入爲君，是爲桓公。桓公即位後不記舊仇，任管仲爲相，終成霸業。

[2]晋文忘斬袪之怨而親勃鞮：晋獻公末年，太子申生被逼死，公子重耳逃到蒲城。獻公命軍隊攻打蒲城，重耳跳墻逃跑，被蒲人宦者勃鞮追殺，斬斷了衣袪。重耳後來回國即位，是爲晋文公，他不但没有忌恨斬袪之仇，反而對勃鞮加以親近任用。

[3]韓盧：古代名犬名。《戰國策·秦策三》："以秦卒之勇，車騎之多，以當諸侯，譬若放韓盧而逐蹇兔也。"鮑彪注："韓盧，俊犬名。《博物志》：'韓有黑犬，名盧。'"　東郭：東郭逡，良兔名。《戰國策·齊策三》："韓子盧者，天下之疾犬也。東郭逡者，

海内之狡兔也。”

[4]同儕：同輩，同類。儕，宋本作“濟”。

[5]杍軸：即逐軸，病態。《詩·衛風·考槃》：“考槃在陸，碩人之軸。”鄭玄箋：“軸，病也。”孔穎達疏：“《釋詁》云：‘逐，病。’逐與軸，蓋古今字異。”

[6]卞莊：《史記》卷七〇《張儀列傳》：“莊子欲刺虎，館豎子止之，曰：‘兩虎方且食牛，食甘必爭，爭則必鬥，鬥則大者傷，小者死，從傷而刺之，一舉必有雙虎之名。’卞莊子以爲然，立須之。有頃，兩虎果鬥，大者傷，小者死。莊子從傷者而刺之，一舉果有雙虎之功。”

[7]“誰能執熱”句：語出《詩·大雅·桑柔》。意爲誰能手拿火熱之物而不扔掉，不以水冲手者？誰能處危亂之國而治之不用賢人行禮者呢？

時河間王顒方距關東，倚喬爲助，不納其言。東海王越移檄天下，帥甲士三萬，將入關迎大駕，軍次於蕭，[1]喬懼，遣子祐距越於蕭縣之靈壁。[2]劉琨分兵向許昌，許昌人内之。[3]琨自滎陽率兵迎越，遇祐，衆潰見殺。[4]喬衆遂散，與五百騎奔平氏。

[1]蕭：縣名，治所在今安徽省蕭縣西北。

[2]靈壁：地名，在今安徽省濉溪縣西北。

[3]許昌人内之：内，殿本作“納”。

[4]遇祐，衆潰見殺：中華本校勘記：“周校：當重‘祐’字，作‘遇祐，祐衆潰見殺’，與下‘喬衆遂散’句乃合。”

帝還洛陽，大赦，越復表喬爲太傅軍諮祭酒。越薨，復以喬爲都督豫州諸軍事、鎮東將軍、豫州刺史。[1]卒於官，時年六十三。愍帝末，追贈司空。子挺，潁川太守。挺子耽。

[1]都督豫州諸軍事：豫州地區最高軍事行政長官。

耽，字敬道。少有行檢，以義尚流稱，爲宗族所推。博學，明習《詩》、《禮》、三史。歷度支尚書，[1]加散騎常侍。在職公平廉慎，所莅著績。[2]桓玄，[3]耽女婿也。及玄輔政，以耽爲尚書令，[4]加侍中，不拜，改授特進、金紫光禄大夫。[5]尋卒，追贈左光禄大夫、開府。[6]耽子柳。

[1]度支尚書：官名，尚書省度支曹長官，掌全國財富的收支會計及事役、漕運、物價、屯田之政令。三品。

[2]所莅著績：莅，殿本作“在”。

[3]桓玄：字敬道，本書卷九九有傳。

[4]尚書令：官名，秦漢時爲尚書署長官。秩位雖低，權力甚重。魏晋時沿置，爲尚書省長官，綜理全國政務，參議大政，爲高級政務長官。三品。

[5]特進：官名，三國兩晋時表示有特殊地位，或用作安置閑退大臣。二品。

[6]左光禄大夫：官名，齊王曹芳正始元年（240）在光禄大夫上增置左、右，位在光禄大夫上。在朝顯職的加官，或授予年老有病致仕者，或授予死者。西晋時禄賜與特進同。二品，開府位從公者一品。　開府：開設府署，辟置僚屬。魏晋時常以此作爲對高級官員的寵待。

柳，字叔惠，亦有名譽。少登清官，[1]歷尚書左右僕射。[2]時右丞傅迪好廣讀書而不解其義，柳唯讀《老子》而已，迪每輕之。柳云："卿讀書雖多，而無所解，可謂書簏矣。"時人重其言。出爲徐、兖、江三州刺史。卒，贈右光禄大夫、開府儀同三司。[3]喬弟乂，始安太守。[4]乂子成，[5]丹楊尹。

[1]清官：清顯高貴之官。

[2]尚書左右僕射：官名，尚書省次官，輔助尚書令執行政務、參議大政、諫諍得失、監察糾彈百官。有時尚書省不置令，衹設左右僕射，此時左僕射居右僕射之上。三品。

[3]右光禄大夫：官名，齊王曹芳正始元年（240）在光禄大夫上增置左、右，位在光禄大夫上。在朝顯職的加官，或授予年老有病致仕者，或授予死者。西晋時禄賜與特進同。二品，開府位從公者一品。

[4]始安：郡名，三國吴孫皓置，治所在始安縣（今廣西壯族自治區桂林市）。

[5]乂子成：乂，宋本作"义"。

史臣曰：周浚人倫鑒悟，周馥理識精詳，華軼動顧禮經，劉喬志存諒直，用能歷官内外，咸著勛庸。而祖宣獻策遷都，[1]乖忤於東海，彦夏係心宸極，獲罪於琅邪，乃被以惡名，加其顯戮，豈不哀哉！向若違左衽於伊川，[2]建右社於淮服，[3]據方城之險，藉全楚之資，簡練吴越之兵，漕引淮海之粟，縱未能祈天永命，猶足以紓難緩亡。嗟乎！"不用其良，覆俾我悖"，[4]其此之謂也。苟晞擢自庸微，位居上將，釋位之功未立，貪暴之釁已彰，假手世龍，以至屠戮，斯所謂“殺人多矣，能無及此乎”！

[1]祖宣獻策遷都：祖宣，宋本乙作“宣祖”。

[2]向若：當初如果。　伊川：伊河流域。

[3]淮服：淮河流域。

[4]“不用其良”句：語出《詩·大雅·桑柔》：“匪用其良，覆俾我悖。”意爲身居上位而不能听用良言，反使我下民效之爲悖逆之行。

贊曰：開林才理，爰登貴仕，績著折衝，[1]化行江汜。軼既尊主，馥亦勤王，背時獲戾，違天不祥。喬爲戎首，未識行藏。道將鞠旅，威名克舉，[2]貪虐有聞，[3]忠勤未取。

[1]折衝：摧折敵人戰車。即制敵取勝。

[2]威名克舉：威，殿本作“成”。

[3]貪虐有聞：聞，宋本作“開”。

晋書　卷六二

列傳第三十二

劉琨 子群 琨兄輿 輿子演　祖逖 兄納

劉琨

劉琨，字越石，中山魏昌人，[1]漢中山靖王勝之後也。[2]祖邁，有經國之才，爲相國參軍、散騎常侍。[3]父蕃，清高冲儉，位至光禄大夫。[4]琨少得俊朗之目，與范陽祖納俱以雄豪著名。[5]年二十六，[6]爲司隸從事。[7]時征虜將軍石崇河南金谷澗中有别廬，[8]冠絶時輩，引致賓客，日以賦詩。琨預其間，文咏頗爲當時所許。秘書監賈謐參管朝政，[9]京師人士無不傾心。[10]石崇、歐陽建、陸機、陸雲之徒，[11]並以文才降節事謐，琨兄弟亦在其間，號曰“二十四友”。太尉高密王泰辟爲掾，[12]頻遷著作郎、太學博士、尚書郎。[13]

[1]中山：郡名，治所在盧奴縣（今河北省定州市）。　魏昌：縣名，治所在今河北省定州市東南。

[2]中山靖王勝：劉勝，漢景帝子，被封中山王。好酒色，有子百二十餘人。卒謚靖王。靖，原本、宋本、殿本作“静”，據中華本校勘記改。

[3]相國參軍：官名，相國府屬官。參軍，亦作參軍事，謂參謀軍事。兩晋公府、軍府皆置。　散騎常侍：官名，三國魏文帝黄初年間置，侍從皇帝左右，諫諍得失，顧問應對，與侍中等共平尚書奏事。也用作宰相、諸公等加官，入宫議政。三品。

[4]光禄大夫：官名，三公等大臣告老回家即拜此職，或作爲在朝顯職的加官。三品，開府位從公者一品。

[5]范陽：郡名，治所在涿縣（今河北省涿州市）。

[6]年二十六：二，殿本作“三”。

[7]司隸從事：官名，司隸校尉的屬官。

[8]征虜將軍：既是武官名，也作爲高級文職官員的加官。三品。　石崇：字季倫，本書卷三三有傳。　河南：郡名，治所在洛陽縣（今河南省洛陽市東北）。　金谷澗：河流名，故道出今河南省新安縣境，東南流至洛陽市西北注入古瀍水。石崇在河畔建金谷園，位於今河南省洛陽市西北。

[9]秘書監：官名，秘書省長官，掌管藝文圖籍、課試署吏，統著作局，掌國史修撰並管理中外三閣圖書。三品。　賈謐：字長深，本書卷四〇有傳。

[10]京師人士：士，原本作“事”，宋本、殿本作“士”，據宋本、殿本、中華本校勘記改。

[11]歐陽建：西晋渤海南皮（今河北省南皮縣東北）人，字堅石，石崇外甥。在玄學方面主張“言盡意”，與王弼等人的“言不盡意”相左。　陸機：字士衡，本書卷五四有傳。　陸雲：字士龍，本書卷五四有傳。

[12]太尉：官名，曹操爲丞相後，太尉府屬官歸相府，晋時太尉雖爲八公之一、三公之首，實爲名譽宰相，多爲大臣加官。一品。　高密王泰：司馬泰，字子舒，本書卷三七有傳。

［13］著作郎：官名，三國時爲著作局長官，隸屬中書省。西晋時著作局别自置省，長官仍爲著作郎，改隸屬秘書省。西晋後亦稱大著作郎、大著作、著作，掌國史及起居注的修撰。兩晋南北朝時爲清要之官，多由有名望的文學之士擔任，也用司空、侍中、尚書等官典領。職閑位重，南朝時多爲貴族起家官。六品。　太學博士：學官，掌經學傳授、參議禮儀制度。六品。　尚書郎：官名。東漢之制，取孝廉中之有才能者入尚書臺，在皇帝左右處理政務，初入臺稱守尚書郎中，滿一年稱尚書郎，滿三年稱侍郎。魏晋以後尚書各曹有侍郎、郎中等官，綜理職務，通稱爲尚書郎。六品。

趙王倫執政，[1]以琨爲記室督，[2]轉從事中郎。[3]倫子荂，即琨姊婿也，故琨父子兄弟並爲倫所委任。及篡，荂爲皇太子，琨爲荂詹事。[4]三王之討倫也，以琨爲冠軍、假節，[5]與孫秀子會率宿衛兵三萬距成都王穎，[6]戰于黄橋，[7]琨大敗而還，焚河橋以自固。[8]及齊王冏輔政，[9]以其父兄皆有當世之望，故特宥之，拜兄輿爲中書郎，[10]琨爲尚書左丞，[11]轉司徒左長史。[12]冏敗，范陽王虓鎮許昌，[13]引爲司馬。[14]

［1］趙王倫：司馬倫，字子彝，本書卷五九有傳。

［2］記室督：官名，公府及開府位從公加兵者屬官，位在主簿下，掌記録、文書繕寫。

［3］從事中郎：官名，東漢時爲大將軍屬官，地位較高。魏晋時爲將軍府或公府屬官。六品。

［4］詹事：官名，即太子詹事。東宫屬官，掌管東宫内外事務。兩晋南北朝東宫地位極重，官署齊備，擬於朝廷。太子詹事任總宫官，堪比朝廷之尚書令、領軍將軍，位權甚重。三品。

[5]冠軍：官名，即冠軍將軍。曹魏、孫吴、西晋皆置。西晋時領營兵。三品。　假節：假以節杖。指大臣臨時持節出巡，爲權臣掌軍、秉政的地位象徵和政治待遇。

[6]孫秀：西晋琅邪臨沂（今山東省臨沂市）人，趙王倫心腹。趙王倫執政後任中書令，威震朝廷。趙王倫稱帝，任侍中、中書監、驃騎將軍。趙王倫失敗後被殺。　成都王穎：司馬穎，字章度，本書卷五九有傳。

[7]戰于黄橋：中華本校勘記："《成都王穎傳》謂此戰于温，《惠紀》謂戰于溴水，此云'黄橋'，似誤。"　黄橋：地名，在今河南省淇縣西。

[8]河橋：即河陽橋，西晋泰始中杜預在黄河富平津所建，位於今河南省孟州市西南、孟津縣東北黄河上。

[9]齊王冏：司馬冏，字景治，本書卷五九有傳。

[10]中書郎：官名，隸屬中書令。掌草擬詔書、外出執行重要使命等。亦作爲中書通事郎、中書侍郎的省稱。五品。

[11]尚書左丞：官名，尚書省佐官，位次尚書，居尚書右丞上。與右丞共掌尚書都省庶務，率諸都令史監督稽核諸尚書曹、郎曹政務。左丞又掌督録近道文書章奏，監察糾彈尚書令、僕射、尚書等文武百官，號稱"監司"，權勢甚重。六品。

[12]司徒左長史：官名，司徒長史爲司徒府掾屬之長，佐司徒總管府内諸曹。分左、右，左高於右。六品。

[13]范陽王虓：司馬虓，司馬綏之子，本書卷三七有傳。　許昌：縣名，治所在許昌城（今河南省許昌市東）。

[14]司馬：官名，府署高級幕僚。掌參讚軍務、管理府内武職，位僅次於長史。魏晋南北朝時王府、公府、軍府、邊郡均置。八至六品。

及惠帝幸長安，東海王越謀迎大駕，[1]以琨父蕃爲淮北護軍、豫州刺史。[2]劉喬攻范陽王虓於許昌也，[3]琨與汝南太守杜育等率兵救之，[4]未至而虓敗，琨與虓俱奔河北，琨之父母遂爲劉喬所執。琨乃説冀州刺史温羡，[5]使讓位於虓。及虓領冀州，遣琨詣幽州，[6]乞師於王浚，[7]得突騎八百人，與虓濟河，共破東平王楙於廩丘，[8]南走劉喬，始得其父母。又斬石超，[9]降吕朗，[10]因統諸軍奉迎大駕於長安。以勛封廣武侯，邑二千户。

[1]東海王越：司馬越，字元超，本書卷五九有傳。

[2]淮北護軍：即都督淮北諸軍事護軍，淮北地區軍政長官，地位稍低都督淮北諸軍事。　豫州：曹魏時治所在安城縣（今河南省正陽縣東北），西晉移治陳縣（今河南省周口市淮陽區）。

[3]劉喬：字仲彦，本書卷六一有傳。

[4]汝南：郡名，西晉治所在新息縣（今河南省息縣西南），東晉移治懸瓠城（今河南省汝南縣）。　杜育：西晉襄城人，歷任常侍、右將軍、汝南太守等職。

[5]冀州：三國魏治所在信都縣（今河北省衡水市冀州區），西晉移治房子縣（今河北省高邑縣西南）。　温羡：字長卿，本書卷四四有傳。

[6]幽州：治所在薊縣（今北京市西南）。

[7]王浚：字彭祖，本書卷三九有傳。

[8]東平王楙：司馬楙，字孔偉，本書卷三七有傳。　廩丘：縣名，治所在今山東省鄆城縣西北。

[9]石超：石苞之子，司馬穎部下，奮武將軍，爲范陽王司馬虓所殺。

[10]吕朗：河間王司馬顒部下，任建威將軍、建武將軍等職，後投降劉琨。

永嘉元年，[1]爲并州刺史，[2]加振威將軍，[3]領匈奴中郎將。[4]琨在路上表曰："臣以頑蔽，志望有限，因緣際會，遂忝過任。九月末得發，道嶮山峻，[5]胡寇塞路，輒以少擊衆，冒險而進，頓伏艱危，辛苦備嘗，即日達壺口關。[6]臣自涉州疆，目睹困乏，流移四散，十不存二，携老扶弱，不絶於路。及其在者，鬻賣妻子，生相捐棄，死亡委厄，白骨橫野，哀呼之聲，感傷和氣。群胡數萬，周匝四山，動足遇掠，開目睹寇。唯有壺關，可得告糴。而此二道，九州之險，數人當路，則百夫不敢進，公私往反，没喪者多。嬰守窮城，不得薪采，耕牛既盡，又乏田器。以臣愚短，當此至難，憂如循環，不遑寢食。臣伏思此州雖云邊朔，實邇皇畿，南通河内，[7]東連司冀，[8]北捍殊俗，西禦强虜，是勁弓良馬勇士精鋭之所出也。[9]當須委輸，乃全其命。今上尚書，請此州穀五百萬斛，絹五百萬匹，綿五百萬斤。願陛下時出臣表，速見聽處。"朝廷許之。

[1]永嘉元年：中華本校勘記："《通鑑》八六載於光熙元年，以《懷紀》永嘉元年四月琨保晉陽及下文琨表'九月末得發'推之，琨受任當在永嘉元年之前，《通鑑》較確。"

[2]并州：治所在晉陽縣（今山西省太原市西南）。

[3]振威將軍：官名，雜號將軍，統兵出征。四品。

[4]領：以地位較高的官員兼理較低的職務。　匈奴中郎將：官名，亦作使匈奴中郎將、護匈奴中郎將，掌監護南匈奴事務，多以并州刺史兼任，使持節或假節。四品。

[5]道嶮山峻：嶮，殿本作"險"。

[6]壺口關：即今山西省長治市東南壺口。

[7]河内：郡名，治所在野王縣（今河南省沁陽市）。

[8]司：司州，司隸校尉部，治所在洛陽縣（今河南省洛陽市東北）。

[9]精鋭之所出也：鋭，殿本作“騎”。

時東嬴公騰自晋陽鎮鄴，[1]并土饑荒，百姓隨騰南下，餘户不滿二萬，寇賊縱横，道路斷塞。琨募得千餘人，轉鬥至晋陽。府寺焚毁，僵尸蔽地，其有存者，饑羸無復人色，荆棘成林，豺狼滿道。琨翦除荆棘，[2]收葬枯骸，造府朝，建市獄。寇盜互來掩襲，恒以城門爲戰場，百姓負楯以耕，屬鞬而耨。琨撫循勞徠，[3]甚得物情。劉元海時在離石，[4]相去三百許里。琨密遣離間其部雜虜，降者萬餘落。元海甚懼，遂城蒲子而居之。[5]在官未期，流人稍復，鷄犬之音復相接矣。琨父蕃自洛赴之，人士奔迸者多歸於琨。琨善於懷撫，而短於控御，一日之中，雖歸者數千，去者亦以相繼。然素奢豪，嗜聲色，雖暫自矯勵，而輒復縱逸。

[1]東嬴公騰：司馬騰，字元邁，本書卷三七有傳。　晋陽：縣名，治所在今山西省太原市西南。　鄴：縣名，曹魏五都之一，治所在今河北省臨漳縣西南。

[2]翦除荆棘：翦，原本、宋本作“剪”，殿本作“翦”，據殿本改。

[3]撫循勞徠：徠，殿本作“來”。

[4]劉元海：劉淵，本書卷一〇一有載記。　離石：縣名，治所在今山西省吕梁市離石區。

[5]蒲子：縣名，治所在今山西省隰縣東北蒲子村。

河南徐潤者，以音律自通，游於貴勢，琨甚愛之，署爲晋陽令。潤恃寵驕恣，干預琨政。奮威護軍令狐盛性亢直，[1]數以此爲諫，并勸琨除潤，琨不納。初，單于猗㐌以救東嬴公騰之功，琨表其弟猗盧爲代郡公，[2]與劉希合衆於中山。王浚以琨侵己之地，數來擊琨，琨不能抗，由是聲實稍損。徐潤又譖令狐盛於琨曰：[3]"盛將勸公稱帝矣。"琨不之察，便殺之。琨母曰："汝不能弘經略，駕豪傑，專欲除勝己以自安，當何以得濟！如是，禍必及我。"不從。盛子泥奔于劉聰，[4]具言虚實。聰大喜，以泥爲鄉導。屬上黨太守襲醇降于聰，[5]雁門烏丸復反，[6]琨親率精兵出禦之。聰遣子粲及令狐泥乘虚襲晋陽，太原太守高喬以郡降聰，[7]琨父母並遇害。琨引猗盧并力攻粲，大敗之，死者十五六。琨乘勝追之，更不能克。猗盧以爲聰未可滅，遺琨牛羊車馬而去，留其將箕澹、段繁等戍晋陽。[8]琨志在復仇，而屈於力弱，泣血尸立，撫慰傷痍，移居陽邑城，[9]以招集亡散。

[1]奮威護軍：官名，魏晋時常隨征伐目的，置諸雜號，如征蜀護軍、平虜護軍、揚威護軍等，職如將軍，而地位稍遜同號將軍，資歷稍淺之統帥常授此。

[2]琨表其弟：宋本無"其"字。　猗盧：拓跋猗盧，十六國時代國創建者。曾出兵助西晋并州刺史劉琨抗擊劉淵、石勒，被封爲代公，後進封代王。北魏建立後追謚爲穆帝。

［3］令狐盛：狐，殿本作“孤”。

［4］劉聰：字玄明，一名載，本書卷一〇二有載記。

［5］上黨：郡名，治所在潞縣（今山西省黎城縣南）。　龔醇：中華本校勘記：“勞校：《懷紀》作‘龐淳’。按：《通鑑考異》引劉琨《答太傅府書》作‘龐惇’。”

［6］雁門：郡名，治所在廣武縣（今山西省代縣西南）。　烏丸：一作烏桓，古族名，東胡的一支。丸，原本作“九”，宋本、殿本作“丸”，據宋本、殿本改。

［7］太原：郡名，治所在晋陽縣（今山西省太原市西南）。

［8］箕澹：中華本校勘記：“《斠注》：《劉聰》、《石勒載記》、《魏書·衛操傳》、敦煌石室本《晋紀》均作‘姬澹’。”

［9］陽邑城：中華本校勘記：“周校：《懷紀》《劉聰載記》‘陽邑’皆作‘陽曲’。按：《通鑑》八八、八九亦皆作‘陽曲’。陽曲在晋陽（今太原市）北四十五里，今曰陽曲鎮；陽邑即今太谷東之陽邑鎮。”

愍帝即位，拜大將軍、都督并州諸軍事，[1]加散騎常侍、假節。琨上疏謝曰：

陛下略臣大愆，[2]録臣小善，猥蒙天恩，光授殊寵，顯以蟬冕之榮，崇以上將之位。伏省詔書，五情飛越。[3]

［1］大將軍：官名，高級軍事統帥。曹魏時多以之屯駐長安，對付蜀漢，蜀漢以其爲最高軍事長官，孫吴則别置上大將軍居其上。西晋時爲八公之一，位居上公、大司馬下，三公之上。東晋時常專擅軍政事務。一品。　都督并州諸軍事：并州地區最高軍事行政長官。

［2］大愆：大過失。

[3]五情：五内。

臣聞晋文以郤縠爲元帥而定霸功，[1]高祖以韓信爲大將而成王業，[2]咸有敦《詩》閲《禮》之德，[3]戎昭果毅之威，[4]故能振豐功於荆南，[5]拓洪基於河北。况臣凡陋，擬踪前哲，俯懼折鼎，慮在覆餗。[6]昔曹沫三北，[7]而收功於柯盟；馮異垂翅，[8]而奮翼於澠池，[9]皆能因敗爲成，以功補過。陛下宥過之恩已隆，而臣自新之善不立。臣雖不逮，預聞前訓，恭讓之節，臣猶庶幾。[10]所以冒承寵命者，實欲没身報國，輒死自效，要以致命寇場，盡其臣節。至於寵榮之施，非言辭所謝。又謁者史蘭、殿中中郎王春等繼至，[11]奉詔，臣俯尋聖旨，伏紙飲淚。

[1]晋文：晋文公，春秋時晋國國君，名重耳。爲公子時，因晋獻公欲立寵妾之子奚齊而遭迫害，流亡於外十九年。後由秦軍護送返晋登王位。在位期間改革内政，擴建軍隊，幫助周王室平叛，大敗楚軍於城濮，主持踐土之盟，成爲齊桓公之後的又一霸主。郤縠：春秋時晋國大夫。晋文公四年（前633）楚攻宋，宋求救於晋。於是晋文公在被廬檢閲軍隊，建立上中下三軍，謀求元帥的人選。經趙衰推薦，郤縠被任爲中軍統帥。

[2]韓信：秦末淮陰（今江蘇省淮安市淮陰區南）人，早年家貧，常從人寄食。後隨項羽起兵，因不受重用，轉投劉邦。受蕭何舉薦，拜大將軍。功勛卓著，爲漢初三傑之一。漢立封楚王，後貶爲淮陰侯。終爲吕后設計所殺。

[3]敦《詩》閲《禮》：《詩》《禮》舉爲儒家經典，此指建立

深廣的文德。

[4]戎昭果毅：戎昭、果毅均爲武官名。此指建立凛然的武威。

[5]荆南：指今湖北、湖南地區。

[6]覆餗：因能力差而把事情辦糟。《易・鼎》："鼎折足，覆公餗。" 餗，鼎中的食物。覆餗，謂傾覆鼎中的珍饌。

[7]曹沫三北：曹沫爲春秋時魯國將領，齊魯之戰中三次敗北。魯莊公懼，乃獻遂邑之地以求和。後齊桓公與魯國議和會盟，曹沫執匕首劫持齊桓公，逼齊國退回侵奪的土地。於是曹沫三戰所亡之地盡復歸魯。

[8]馮異垂翅：馮異，東漢初潁川父城（今河南省寶豐縣東）人，字公孫，劉秀部下將軍。東漢建武三年（27）與鄧禹、鄧弘率軍攻打赤眉軍，受挫失敗，後轉敗爲勝。劉秀給馮異寫信祝賀說："赤眉破平，士吏勞苦，始雖垂翅回谿，終能奮翼黽池，可謂失之東隅，收之桑榆。方論功賞，以答大勛。" 事見《後漢書》卷一七《馮異傳》。

[9]澠池：縣名，治所在今河南省澠池縣西。

[10]庶幾：希望。

[11]謁者：官名，謁者臺屬官。掌賓禮司儀、傳宣詔命、奉命出使等。又有監國謁者，監視諸侯王，權勢頗重。七品。　殿中中郎：官名，西晋置，統殿中兵護衛皇帝，位在殿中將軍之下。因爲是皇帝親信，控制殿中禁衛軍，又能進行宫廷内外的聯繫，故在西晋時的歷次宫廷政變中起到了相當重要的作用。

臣聞夷險流行，古今代有，靈厭皇德，曾未悔禍。蟻狄縱毒於神州，夷裔肆虐於上國，七廟闕禋祀之饗，[1]百官喪彝倫之序，[2]梓宫淪辱，[3]山陵未兆，[4]率土永慕，思同考妣。陛下龍姿日茂，叡質彌光，升區宇於既頹，崇社稷於已替，四海之内，肇有上下，九服之萌，復睹典制。伏惟陛下蒙塵于外，越在秦郊，蒸嘗之敬在心，[5]桑梓之思未克。[6]臣備位歷年，才質駑下，丘山之釁已彰，豪釐之效未著。頃以時宜，權假位號，竟無殪戎之績，而有負乘之累，當肆刑書，以明黜陟。[7]是以臣前表上聞，敢緣愚款，乞奉先朝之班，苟存偏師之職，赦其三敗之愆，收其一功之用，得騁志虜場，快意大逆，雖身膏野草，無恨黄墟。[8]陛下偏恩過隆，曲蒙擢拔，遂授上將，位兼常伯，[9]征討之務，得從事宜。拜命驚惶，五情戰悸，懼於隕越，以爲朝羞。昔申胥不徇伯舉，而成公婿之勛；[10]伍員不從城父，而濟入郢之庸。[11]臣雖頑凶，無覬古人，其於被堅執鋭，致身寇仇，所謂天地之施，群生莫謝不勝。受恩至深，謹拜表陳聞。

[1]七廟：古代禮制，天子七廟。魏晋南北朝以前，無嚴格意義的皇家七廟制度。三國以後鄭玄、王肅又對七廟制度有各自的解釋。鄭玄認爲七廟包括始祖、二祧、兩昭、兩穆。王肅認爲是太祖、二祧、兩昭、兩穆。實踐中按照王肅的主張踐行者居多。

[2]彝倫：銓選官吏。

[3]梓宫：皇帝的棺材。

[4]山陵未兆：皇帝的陵墓還未建好。

[5]蒸嘗：本指秋冬二祭。後泛指祭祀。

[6]桑梓：指故鄉或鄉親。

[7]黜陟：人才的進退，官吏的升降。黜，貶降、罷退。陟，提拔、升遷。

[8]黄墟：中華本校勘記："《册府》三七〇引'墟'作'壚'。

黄壚出《淮南子·覽冥》。”

［9］常伯：皇帝近臣泛稱。《尚書·主政》：“王左右常伯、常任。”孔穎達疏：“王之親近左右，常所長事，謂三公也。”

［10］“申胥不徇伯舉”句：申胥指申包胥，春秋時楚國人，與伍員是好朋友。伍員受迫害逃離楚國，臨行對申包胥言其誓將顛覆楚國。申包胥言若伍員顛覆楚國，他一定能復興楚國。後伍員率吴軍在柏舉大敗楚軍，攻入郢都。申包胥入秦告急，求救於秦。秦不許。包胥立於秦廷，晝夜哭，七日七夜不絕其聲。秦哀公憐之，乃發兵救楚擊吴。敗吴兵於稷。

［11］“伍員不從城父”句：伍員，字子胥。楚國大夫伍奢之次子，伍尚之弟。楚平王七年（前522）費無忌誣蔑伍奢與太子建叛亂，結果伍尚和伍奢被殺，伍子胥逃入吴國。助公子闔閭刺殺吴王僚，奪取王位。後被闔閭任爲行人，率兵攻楚，大敗越國。後因多次勸諫闔閭子夫差而被疏遠，最終自殺。城父，指伍員的父親伍奢，因當時楚太子建居城父，而伍奢爲太子太傅，同在城父，故言。

及麴允敗，[1]劉曜斬趙冉，[2]琨又表曰：

逆胡劉聰，敢率犬羊，馮陵輦轂，人神發憤，遐邇奮怒。伏省詔書，相國、南陽王保，[3]太尉、凉州刺史軌，[4]糾合二州，同恤王室，冠軍將軍允、護軍將軍綝，[5]總齊六軍，戮力國難，王旅大捷，俘馘千計，旌旗首於晋路，金鼓振於河曲，崤函無虔劉之警，[6]汧隴有安業之慶，[7]斯誠宗廟社稷陛下神武之所致。含氣之類，莫不引領，况臣之心，能無踴躍。

[1]麴允：本書卷八九有傳。

[2]劉曜：字永明，劉淵族子，本書卷一〇三有載記。　趙冉：中華本校勘記："《斠注》：《麴允傳》、《劉聰載記》均作'趙染'。"

[3]相國：官名，春秋戰國時稱宰輔大臣爲相國，秦漢時稱爲丞相。魏晋南北朝時不常置，職權品秩略同於丞相但位又比丞相尊貴，非尋常人臣之職。　南陽王保：司馬保，字景度，司馬模之子，本書卷三七有傳。

[4]凉州：東漢治所在隴縣（今甘肅省張家川回族自治縣），三國魏移治姑臧縣（今甘肅省武威市）。凉，原本、宋本作"梁"，殿本作"凉"，據正文及殿本改。　軌：張軌，字士彦，本書卷八六有傳。

[5]冠軍將軍：官名，曹魏、孫吴、西晋皆置。西晋時領營兵。三品。　護軍將軍：官名，東漢建安十二年（207）曹操改丞相府護軍爲中護軍，資重者可遷護軍將軍，典武官選舉，與中領軍同掌禁軍。曹魏時四品，西晋時三品。

[6]崤函：崤山和函谷。自古爲險要的關隘。函谷東起崤山，故以並稱。張衡《西京賦》："左有崤函重險，桃林之塞。"　虔劉之警：警，殿本作"驚"。虔劉，劫掠，殺戮。

[7]汧隴：泛指今陝西省千河流域隴縣、千縣一帶。

臣前表當與鮮卑猗盧克今年三月都會平陽，[1]會匈羯石勒以三月三日徑掩薊城，[2]大司馬、博陵公浚受其僞和，爲勒所虜，勒勢轉盛，欲來襲臣。城塢駭懼，志在自守。又猗盧國内欲生奸謀，幸盧警慮，尋皆誅滅。遂使南北顧慮，用愆成舉，臣所以泣血宵吟，扼腕長嘆者也。勒據襄國，[3]與臣隔山，寇騎朝發，夕及臣城，同惡相求，其徒實繁。自東北八州，勒滅其七，先朝所授，[4]存者唯臣。

是以勒朝夕謀慮，以圖臣爲計，闚伺間隙，寇抄相尋，戎士不得解甲，百姓不得在野。天網雖張，靈澤未及，唯臣孑然與寇爲伍。自守則稽聰之誅，[5]進討則勒襲其後，進退惟谷，[6]首尾狼狽。徒懷憤踴，力不從願，慚怖征營，痛心疾首，形留所在，神馳寇庭。秋穀既登，胡馬已肥，前鋒諸軍並有至者，臣當首啓戎行，身先士卒。臣與二虜，勢不並立，聰、勒不梟，臣無歸志。庶憑陛下威靈，使微意獲展，然後隕首謝國，没而無恨。

[1]平陽：郡名，治所在平陽縣（今山西省臨汾市西南）。

[2]石勒：字世龍，本書卷一〇四有傳。　薊城：薊縣城，位於今北京市西南。

[3]襄國：縣名，治所在今河北省邢臺市。

[4]先朝所授：朝，宋本作“者”。

[5]自守則稽聰之誅：誅，殿本作“謀”。

[6]進退惟谷：惟，宋本、殿本作“唯”。

三年，帝遣兼大鴻臚趙廉持節拜琨爲司空，[1]都督并冀幽三州諸軍事。[2]琨上表讓司空，受都督，克期與猗盧討劉聰。尋猗盧父子相圖，盧及兄子根皆病死，[3]部落四散。琨子遵先質於盧，衆皆附之。及是，遵與箕澹等帥盧衆三萬人，馬牛羊十萬，悉來歸琨，琨由是復振，率數百騎自平城撫納之。[4]屬石勒攻樂平，[5]太守韓據請救於琨，而琨自以士衆新合，欲因其鋭以威勒。箕澹諫曰：“此雖晋人，久在荒裔，未習恩信，難以法御。

今内收鮮卑之餘穀，外抄殘胡之牛羊，且閉關守險，務農息士，既服化感義，然後用之，則功可立也。”琨不從，悉發其衆，命澹領步騎二萬爲前驅，琨自爲後繼。勒先據險要，設伏以擊澹，大敗之，一軍皆没，并土震駭。尋又灾旱，琨窮蹙不能復守。幽州刺史鮮卑段匹磾數遣信要琨，[6]欲與同奬王室。琨由是率衆赴之，從飛狐入薊。[7]匹磾見之，甚相崇重，與琨結婚，約爲兄弟。

[1]大鴻臚：官名，九卿之一，掌賓客迎送接待、贊襄引導朝會百官等。三品。　持節：官員外出持有皇帝授予的節杖，代表高等權威，常用於軍事長官出征。　司空：官名，魏晋南北朝爲名譽宰相，多爲大臣加官。晋八公之一，位在三公之末。一品。

[2]都督并冀幽三州諸軍事：上述三州最高軍事行政長官。

[3]盧及兄子根皆病死：中華本校勘記：“猗盧爲其子六脩所殺，不得云‘病死’。根即《魏書》《北史·魏本紀》之普根。《通鑑》八八、八九亦作‘普根’。”

[4]平城：縣名，治所在今山西省大同市東北古城。

[5]樂平：縣名，治所今山西省昔陽縣南。

[6]鮮卑：我國古代北方少數民族，有拓拔、宇文、慕容、秃髮、乞伏、段諸部。此指段部。　段匹磾：晋時鮮卑段部酋帥，段務勿塵子，本書卷六三有傳。

[7]飛狐：即飛狐道，東漢初築，位於今河北省蔚縣、淶源縣界，爲華北平原通往晋北高原的交通要道。

是時西都不守，元帝稱制江左，琨乃令長史温嶠勸進，[1]於是河朔征鎮夷夏一百八十人連名上表，語在《元紀》。令報曰：“豺狼肆毒，薦覆社稷，億兆顒顒，延首罔繫。是以居于王位，以答天下，庶以克復聖主，掃蕩仇耻，豈可猥當隆極，此孤之至誠著於遐邇者也。公受奕世之寵，[2]極人臣之位，忠允義誠，精感天地。實賴遠謀，共濟艱難。南北迥邈，同契一致，萬里之外，心存咫尺。公其撫寧華戎，致罰醜類。動静以聞。”

［1］長史：官名，掌顧問參謀，爲所在官署掾屬之長。魏晋南北朝時王府、公府、軍府、邊郡均置。八至六品。　温嶠：字太真，本書卷六七有傳。

［2］公受奕世之寵：奕，原本、宋本作“弈”，殿本作“奕”，據殿本改。

建武元年，琨與匹磾期討石勒，匹磾推琨爲大都督，喢血載書，檄諸方守，俱集襄國。琨、匹磾進屯固安，[1]以俟衆軍。匹磾從弟末波納勒厚賂，[2]獨不進，乃沮其計。琨、匹磾以勢弱而退。是歲，元帝轉琨爲侍中、太尉，[3]其餘如故，并贈名刀。琨答曰：“謹當躬自執佩，馘截二虜。”[4]

［1］固安：縣名，治所在今河北省易縣東南。

［2］末波：又名段末柸，東部鮮卑。世爲渠帥。隨從兄疾陸眷攻打石勒，被俘。後被石勒釋放。會疾陸眷死，段匹磾奔喪，末波乘機襲擊段匹磾，自立爲單于，稱幽州刺史。

［3］侍中：官名，東漢建安中與給事黄門侍郎出入禁中，省尚書事。曹魏時爲門下之侍中省長官。常侍衛皇帝左右，掌顧問應對、諫諍糾察、平議奏事、駁奏異議等，權力甚重。三品。

［4］馘截二虜：宋本無“截”字。

匹磾奔其兄喪，琨遣世子群送之，而末波率衆要擊匹磾而敗走之，群爲末波所得。末波厚禮之，許以琨爲幽州刺史，共結盟而襲匹磾，密遣使賫群書請琨爲内應，而爲匹磾邏騎所得。時琨别屯故征北府小城，不之知也。因來見匹磾，匹磾以群書示琨曰："意亦不疑公，是以白公耳。"琨曰："與公同盟，志獎王室，仰憑威力，庶雪國家之耻。若兒書密達，亦終不以一子之故負公忘義也。"匹磾雅重琨，初無害琨志，將聽還屯。其中弟叔軍好學有智謀，爲匹磾所信，謂匹磾曰："吾胡夷耳，所以能服晋人者，畏吾衆也。今我骨肉構禍，是其良圖之日，若有奉琨以起，吾族盡矣。"匹磾遂留琨。琨之庶長子遵懼誅，與琨左長史楊橋、并州治中如綏閉門自守。[1]匹磾諭之不得，因縱兵攻之。琨將龍季猛迫於乏食，遂斬橋、綏而降。

[1]治中：官名，治中從事史的省稱，州之佐吏，秩百石。身份雖低，職權却重。

初，琨之去晋陽也，慮及危亡而大耻不雪，亦知夷狄難以義伏，冀輸寫至誠，僥倖萬一。每見將佐，發言慷慨，[1]悲其道窮，[2]欲率部曲死於賊壘。斯謀未果，竟爲匹磾所拘。自知必死，神色怡如也。爲五言詩贈其别駕盧諶曰：[3]

　　幄中有懸璧，[4]本自荆山球。[5]惟彼太公望，[6]昔是渭濱叟。鄧生何感激，[7]千里來相求。白登幸曲逆，[8]鴻門賴留侯。[9]重耳憑五賢，[10]小白相射鈎。[11]能隆二伯主，安問黨與仇！中夜撫枕嘆，想與數子游。吾衰久矣夫，何其不夢周？[12]誰云聖達節，知命故無憂。宣尼悲獲麟，[13]西狩涕孔丘。[14]功業未及建，夕陽忽西流。時哉不我與，去矣如雲浮。朱實隕勁風，繁英落素秋。狹路傾華蓋，駭駟摧雙輈。何意百鍊剛，化爲繞指柔。

琨詩託意非常，攄暢幽憤，遠想張陳，感鴻門、白登之事，用以激諶。諶素無奇略，以常詞酬和，殊乖琨心，重以詩贈之，乃謂琨曰："前篇帝王大志，非人臣所言矣。"

[1]發言慷慨：慨，殿本作"愾"。

[2]悲其道窮：宋本無"窮"字。

[3]别駕：官名，别駕從事、别駕從事史省稱。州部佐官，因從刺史行部，别乘傳車，故稱。位居州吏之右。　盧諶：劉琨别駕、從事中郎。劉琨爲段匹磾所害，率餘衆依段末波，後投後趙石虎。

[4]幄中有懸璧：幄，原本、宋本、殿本均作"幄"，中華本作"握"。

[5]本自荆山球：自，原本、宋本、殿本均作"自"，中華本作"是"。

[6]太公望：又稱尚父、吕望、吕尚。西周開國大臣，姜姓，吕氏，字子牙。助文王興國，佐武王滅商。

[7]鄧生何感激：鄧禹追尋劉秀之事。《後漢書》卷一六《鄧禹傳》：鄧禹，字仲華。劉秀安集河北，鄧禹即杖策北渡，一直追到鄴縣。劉秀見之甚歡，謂曰："我得專封拜，生遠來，寧欲仕乎？"禹曰："不願也。"劉秀曰："即如是，何欲爲？"禹曰："但願

明公威德加於四海，禹得效其尺寸，垂功名於竹帛耳。”

[8]白登：即白登山，位於今山西省大同市東北。西漢初高帝劉邦親率大軍北進抗擊匈奴南侵，被匈奴冒頓單于圍困於此，賴陳平獻計脱險。　曲逆：即曲逆侯陳平。《史記》卷五六《陳丞相世家》：劉邦白登脱險后，南過曲逆，上其城，望室屋甚大，曰：“壯哉縣！吾行天下，獨見雒陽與是耳。”顧問御史：“曲逆户口幾何？”御史答：“始秦時三萬餘户，間者兵數起，多亡匿，今見五千户。”於是詔御史，更封陳平爲曲逆侯。

[9]鴻門：即鴻門亭，位於今陝西省西安市臨潼區東北陰盤鎮東。　留侯：即張良，秦末人，字子房，韓國貴族後裔。隨劉邦起兵反秦，爲重要謀士。屢出奇策，被劉邦譽爲“運籌帷幄之中，決勝千里之外”。劉邦稱帝後封爲留侯。

[10]重耳：即晋文公。　五賢：春秋時晋文公手下五位賢能之臣：狐偃、趙衰、顛頡、魏武子、司空季子。

[11]小白：齊桓公，春秋時齊國國君，名小白，僖公之子，襄公之弟。公元前685至前643年在位。爲公子時因國家内亂出走至莒，襄公死後被迎回立爲國君。在位時任用管仲，改革内政，國力漸强。九合諸侯，尊王攘夷，成爲春秋五霸之首。　相射鈎：以管仲爲相。春秋時齊襄公昏亂，其弟糾奔魯，以管仲、召忽爲師；小白奔莒，以鮑叔爲師。襄公死，糾與小白争歸齊國爲君。管仲將兵遮莒道阻小白，射中其衣帶鈎。小白佯死，得先入爲君，是爲桓公。桓公即位後不記舊仇，任管仲爲相，終成霸業。

[12]夢周：語出《論語·述而》：“甚矣吾衰也，久矣吾不復夢見周公。”

[13]宣尼：孔子。漢平帝時追謚孔子爲褒成宣尼公，故稱。　悲獲麟：指春秋魯哀公十四年（前481）獵獲麒麟事。相傳孔子作《春秋》至此而輟筆。

[14]西狩涕孔丘：涕，殿本作“泣”。

然琨既忠於晉室，素有重望，被拘經月，遠近憤嘆。匹磾所署代郡太守辟閭嵩，[1]與琨所署雁門太守王據、後將軍韓據連謀，[2]密作攻具，欲以襲匹磾。而韓據女爲匹磾兒妾，聞其謀而告之匹磾，於是執王據、辟閭嵩及其徒黨悉誅之。會王敦密使匹磾殺琨，[3]匹磾又懼衆反己，遂稱有詔收琨。初，琨聞敦使至，謂其子曰："處仲使來而不我告，是殺我也。死生有命，但恨仇耻不雪，無以下見二親耳。"因歔欷不能自勝。匹磾遂縊之，時年四十八。子侄四人俱被害。[4]朝廷以匹磾尚强，當爲國討石勒，不舉琨哀。

[1]代郡：治所在代縣（今河北省蔚縣東北）。

[2]後將軍：官名，漢代爲重號將軍，與前、左、右將軍並爲上卿。魏晋以後權位漸低，僅爲將軍名號，略高於一般雜號將軍。三品。

[3]王敦：字處仲，本書卷九八有傳。

[4]子侄四人俱被害：中華本校勘記："據下盧諶、崔悦表云'禍害父息四人，從兄二息同時並命'，敦煌石室本《晋紀》亦云'害琨父息四人，兄息、從兄息二人'，則此傳'四人'當作'六人'。"

三年，琨故從事中郎盧諶、崔悦等上表理琨曰：[1]

臣聞經國之體，在於崇明典刑；立政之務，在於固慎關塞。况方岳之臣，殺生之柄，而可不正其枉直，以杜其奸邪哉！

[1]理：申辯，辯解。

竊見故司空、廣武侯琨，在惠帝擾攘之際，值群后鼎沸之難，戮力皇家，義誠彌厲，躬統華夷，親受矢石，石超授首，吕朗面縛，社稷克寧，鑾輿反駕，奉迎之勛，琨實爲隆，此琨效忠之一驗也。其後并州刺史、東嬴公騰以晋川荒匱，移鎮臨漳，[1]太原、西河盡徙三魏。[2]琨受任并州，屬承其弊，到官之日，遺户無幾，當易危之勢，處難濟之土，鳩集傷痍，撫和戎狄，數年之間，公私漸振。會京都失守，群逆縱逸，邊萌頓仆，苟懷宴安，咸以爲并州之地四塞爲固，且可閉關守險，畜資養徒，抗辭厲聲，忠亮奮發，以爲天子沉辱而不隕身死節，情非所安，遂乃跋履山川，東西征討。屠各乘虚，[3]晋陽沮潰，琨父母罹屠戮之殃，門族受殲夷之禍。向使琨從州人之心，爲自守之計，則聖朝未必加誅，而族黨可以不喪。及猗盧敗亂，晋人歸奔琨於平城，納其初附。將軍箕澹又以爲此雖晋人，久在荒裔，難以法整，不可便用。琨又讓之，義形於色。假從澹議，偷於苟存，則晏然於并土，必不亡身於燕薊也。琨自以備位方岳，綱維不舉，無緣虚荷大任，坐居三司，[4]是以陛下登阼，[5]便引愆告遜，前後章表，具陳誠款。尋令從事中郎臣續澹以章綬節傳奉還本朝，與匹磾使榮邵期一時俱發。又匹磾以琨王室大臣，懼奪己威重，忌琨之形，漸彰於外。琨知其如此，慮不可久，欲遣妻息大小盡詣京城，以其門室一委陛下。有征舉之會，則身充一卒；若匹磾縱凶慝，則妻息可免。具令臣澹密宣此旨，求詔敕路次，令相迎衛。會王成從平陽逃來，説南陽王保稱號隴右，[6]士衆甚盛，當移關中。[7]匹磾聞此，私懷顧望，留停榮邵，欲遣前兼鴻臚邊邈奉使詣保，懼澹獨南，言其此事，遂不許引路。丹誠赤心，卒不上達。匹磾兄眷喪亡，嗣子幼弱，欲因奔喪奪取其國。又自以欺國陵家，懷邪樂禍，恐父兄宗黨不容其罪，[8]是以卷甲櫜弓，陰圖作亂，欲害其從叔驎、從弟末波等，以取其國。匹磾親信密告驎、波，驎、波乃遣人距之，匹磾僅以身免。百姓謂匹磾已没，皆憑向琨。若琨于時有害匹磾之情，則居然可擒，不復勞於人力。自此之後，上下並離，匹磾遂欲盡勒胡晋，徙居上谷。[9]琨深不然之，勸移厭次，[10]南憑朝廷。匹磾不能納，反禍害父息四人，從兄二息同時并命。琨未遇害，知匹磾必有禍心，語臣等云："受國厚恩，不能克報，雖才略不及，亦由遇此厄運。人誰不死，死生命也。唯恨下不能效節於一方，上不得歸誠於陛下。"辭旨慷慨，動於左右。匹磾既害琨，横加誣謗，言琨欲闚神器，謀圖不軌。琨免述嚚頑凶之思，[11]又無信布懼誅之情，[12]踦嶇亂亡之際，[13]夾肩異類之間，而有如此之心哉！雖臧獲之愚，[14]厮養之智，猶不爲之，况在國士之列，忠節先著者乎！

[1]臨漳：縣名，西晋建興初改鄴縣置，治所在今河北省臨漳縣西南鄴鎮。

［2］西河：郡國名，治所在離石縣（今山西省吕梁市離石區）。三魏：即古代魏郡地區。西漢置魏郡，後來魏郡分置東西部都尉，故有“三魏”之稱。曹魏黄初以後，又指魏郡（治鄴縣，今河北省臨漳縣西）、陽平郡（治元城縣，今河北省大名縣東北）、廣平郡（治所在曲梁侯國，今河北省邯鄲市永年區東南）。

［3］屠各：又稱休屠各、休著屠各等。匈奴部落名。後漢至西晋雜居西北沿邊諸郡。《後漢書》卷七三《公孫瓚傳》：“續爲屠各所殺。”李賢注：“屠各，胡號。”唐長孺先生對此有考論。（參見唐長孺《魏晋南北朝史論叢·魏晋雜胡考》，河北教育出版社 2000 年版）

［4］三司：太尉、司空、司徒合稱三司。

［5］陛下登阼：阼，殿本作“祚”。

［6］稱號：稱帝。　隴右：地區名，指今甘肅省隴山以西地區。

［7］關中：地區名，函谷關以西秦國故地，包括今河南省靈寶市以西及陝西省、甘肅省東部和四川省部分地區。

［8］父兄宗黨不容其罪：兄，殿本作“母”。

［9］徙居上谷：居，原本、宋本作“保”，殿本作“居”，據殿本改。上谷，郡名，三國魏治所在居庸縣（今北京市延慶區），晋治所在沮陽縣（今河北省懷來縣東南）。

［10］厭次：縣名，治所在今山東省惠民縣桑落墅鎮。

［11］述：公孫述，扶風茂陵（今陝西省興平市）人，字子陽。西漢末任更始政權蜀郡太守，後自立爲蜀王，旋又稱帝，建都成都，國號成家，建元龍興。後爲劉秀派兵所滅。　囂：隗囂，西漢末天水成紀（今甘肅省静寧縣西南）人，字季孟。新莽末年起兵，攻占隴西、武都、酒泉等地。東漢建立後歸附劉秀，但内心圖謀割據。公孫述割據蜀地，隗囂予以響應配合，後手下大將王遵等率兵十餘萬歸降東漢，因大勢已去，憂憤而死。

［12］信：韓信。　布：英布，秦末人，因受過黥刑，又名黥布。先爲項羽手下，後投劉邦。與劉賈入九江，誘降楚王大司馬周

殷，舉九江兵會垓下，大破楚軍。被封爲九江王，後被劉邦所殺。

[13]踦（qí）軀（qū）：形容路不平，喻處境艱難。踦，原本作“跱”，宋本、殿本作“踦”，據宋本、殿本改。

[14]臧獲：奴婢。

匹磾之害琨，稱陛下密詔。琨信有罪，陛下加誅，自當肆諸市朝，與衆棄之，不令殊俗之豎戮臺輔之臣，亦已明矣。然則擅詔有罪，雖小必誅；矯制有功，雖大不論，正以興替之根咸在於此，開塞之由不可不閉故也。而匹磾無所顧忌，怙亂專殺，[1]虛假王命，虐害鼎臣，辱諸夏之望，敗王室之法，是可忍也，孰不可忍！若聖朝猶加隱忍，未明大體，則不逞之人襲匹磾之迹，殺生自由，好惡任意，陛下將何以誅之哉！折衝厭難，唯存戰勝之將；除暴討亂，必須知略之臣。故古語云“山有猛獸，[2]藜藿爲之不采”，非虛言矣。自河以北，幽并以南，醜類有所顧憚者，唯琨而已。琨受害之後，群凶欣欣，莫不得意，鼓行中州，曾無纖介，此又華夷小大所以長嘆者也。

[1]怙亂專殺：趁亂取利專斷殺伐。

[2]山有猛獸：宋本無“山”字。

伏惟陛下叡聖之隆，中興之緒，方將平章典刑，[1]以經序萬國。而琨受害非所，冤痛已甚，未聞朝廷有以甄論。昔壺關三老訟衛太子之罪，[2]谷永、劉向辨陳湯之功，[3]下足以明功罪之分，上足以悟聖主之懷。臣等祖考以來，世受殊遇，入侍翠帷，[4]出簪彤管，[5]弗克負荷，播越遐荒，與琨周旋，接事終始，是以仰慕三臣在昔之義，[6]謹陳本末，冒以上聞，仰希聖朝曲賜哀察。

[1]平章典刑：彰明典章刑律。

[2]壺關三老：壺關，縣名，治所在今山西省長治市北。三老，此爲具體人，名茂，荀悦《漢紀》載爲令狐茂。巫蠱事件後，令狐茂上書漢武帝爲衛太子申辯，認爲“子無不孝，而父有不察”，希望漢武帝“寬心慰意，少察所親，毋患太子之非，亟罷甲兵，無令太子久亡”。　衛太子：劉據，又作戾太子。漢武帝子，母衛皇后。七歲時立爲太子，深得武帝喜愛。武帝末年，衛后寵衰。時江充用事，與太子及衛氏有隙，以巫蠱之術陷害太子。太子無以自明，乃矯節捕殺江充。兵敗亡匿，被發覺後自殺。

[3]谷永：西漢長安（今陝西省西安市西北）人，本名并，字子雲。博學經書，善説灾異。歷任光禄大夫、安定太守、凉州刺史、太中大夫、光禄大夫給事中、北地太守、大司農等職。　劉向：字子政，西漢沛（今江蘇省沛縣）人，楚元王四世孫。曾任諫大夫、散騎宗正給事、光禄大夫等職。撰有《五經通義》《洪範五行傳》等，均已佚。另撰有《列女傳》《説苑》《新序》等存世。　陳湯：西漢山陽瑕丘（今山東省濟寧市兖州區東北）人，字子公。元帝時任西域副校尉，與西域都護甘延壽矯詔發兵進擊康居，誅郅支單于。在議陳湯功罪時劉向認爲論大功者不録小過，舉大美者不疵細瑕。因此陳湯被賜爵關内侯，遷射聲校尉。後因上書言康居王世子非王子，與事實不符，下獄當死，太中大夫谷永又上書爲之辯解，最後免死削爵。

[4]翠帷：翠色帳幔，指侍奉皇帝。帷，殿本作“幄”。

［5］彤管：漢代每月賜給尚書丞、尚書郎一雙赤管大筆。後用爲在朝任官之典。

［6］三臣：三公，三卿。泛指重臣。

太子中庶子温嶠又上疏理之，[1]帝乃下詔曰："故太尉、廣武侯劉琨忠亮開濟，乃誠王家，不幸遭難，志節不遂，朕甚悼之。往以戎事，未加吊祭。其下幽州，便依舊吊祭。"贈侍中、太尉，謚曰愍。

［1］太子中庶子：官名，太子侍從，掌侍從、奏事、諫議等。五品。

琨少負志氣，有縱横之才，善交勝己，而頗浮誇。與范陽祖逖爲友，聞逖被用，與親故書曰："吾枕戈待旦，志梟逆虜，常恐祖生先吾著鞭。"其意氣相期如此。在晉陽，嘗爲胡騎所圍數重，城中窘迫無計，琨乃乘月登樓清嘯，賊聞之，皆悽然長嘆。中夜奏胡笳，賊又流涕歔欷，有懷土之切。向曉復吹之，賊並棄圍而走。子群嗣。

群，字公度，少拜廣武侯世子。隨父在晉陽，遭逢寇亂，數領偏軍征討。性清慎，有裁斷，得士類歡心。及琨爲匹磾所害，琨從事中郎盧諶等率餘衆奉群依末波。温嶠前後表稱："姨弟劉群，内弟崔悦、盧諶等，皆在末波中，翹首南望。愚謂此等並有文思，於人之中少可愍惜。如蒙録召，繼絶興亡，則陛下更生之恩，望古無二。”咸康二年，成帝詔徵群等，爲末波兄弟愛其才，託以道險不遣。

石季龍滅遼西，[1]群及諶、悦同没胡中，季龍皆優禮之，以群爲中書令。至冉閔敗後，[2]群遇害。時勒及季龍得公卿人士多殺之，其見擢用，終至大官者，唯有河東裴憲，[3]渤海石璞，[4]滎陽鄭系，[5]潁川荀綽，[6]北地傅暢及群、悦、諶等十餘人而已。[7]

[1]石季龍：即石虎，石勒從子，本書卷一〇六有載記。 遼西：郡名，治所在陽樂縣（今河北省盧龍縣東南）。

[2]冉閔：字永曾，本書卷一〇七有載記。

[3]河東：郡名，治所在安邑縣（今山西省夏縣西北禹王城）。 裴憲：字景思，本書卷三五有傳。

[4]渤海：郡名，西漢置，治所在浮陽縣（今河北省滄州市東南舊滄州），西晋治所在南皮縣（今河北省南皮縣東北）。 石璞：中華本校勘記："《斠注》：《石崇傳》'璞'作'樸'。"今注本按：《石勒載記》亦作"樸"。

[5]滎陽：郡名，治所在滎陽縣（今河南省滎陽市東北）。

[6]潁川：郡名，治所在許昌縣（今河南省許昌市東）。 荀綽：字彦舒，本書卷三九有傳。

[7]北地：郡名，三國魏治所在祋祤城（今陝西省銅川市耀州區城東），西晋移治泥陽縣（今甘肅省寧縣東南）。 傅暢：字世道，本書卷四七有傳。

輿，字慶孫。俊朗有才局，與琨並尚書郭奕之甥，[1]名著當時。京都爲之語曰："洛中奕奕，慶孫、越石。"辟宰府尚書郎。兄弟素侮孫秀，及趙王倫輔政，秀執權,[2]並免其官。妹適倫世子荂，荂與秀不協，復以輿爲散騎侍郎。齊王冏輔政，以輿爲中書侍郎。[3]

[1]尚書：官名，東漢尚書臺六曹各置尚書，秩六百石。魏晋出爲朝官，分掌尚書省諸曹，品秩提高。三品。　郭奕：字大業，本書卷四五有傳。奕，原本、宋本作"弈"，殿本作"奕"，據殿本改。本卷下文"洛中奕奕"同。

[2]秀執權：殿本"秀"上有"孫"字。

[3]中書侍郎：官名，三國魏文帝黄初初年設中書省，在長官中書監、中書令以下有通事郎，後增設中書郎，亦稱中書侍郎。掌草擬詔書，外出執行重要使命等。五品。

東海王越、范陽王虓之舉兵也，以輿爲潁川太守。及河間王顒檄劉喬討虓於許昌,[1]矯詔曰："潁川太守劉輿迫脅范陽王虓，距逆詔命，多樹私黨，擅劫郡縣，合聚兵衆。輿兄弟昔因趙王婚親，擅弄權勢，凶狡無道，久應誅夷，以遇赦令，得全首領。小人不忌，爲惡日滋，輒用苟晞爲兖州,[2]斷截王命。鎮南大將軍弘,[3]平南將軍、彭城王釋,[4]征東大將軍準,[5]各勒所領,[6]徑會許昌，與喬并力。今遣右將軍張方爲大都督,[7]督建威將軍吕朗、陽平太守刁默,[8]率步騎十萬，同會許昌，以除輿兄弟。敢有舉兵距違王命，誅及五族。能殺輿兄弟送首者，封三千户縣侯，賜絹五千匹。"

[1]河間王顒：司馬顒，字文載，本書卷五九有傳。

[2]苟晞：字道將，本書卷六一有傳。　兖州：魏晋時期治所在廪丘縣（今山東省鄆城縣西北），晋惠帝末，兖州闔境淪没於石

勒。東晋元帝僑置兖州，治京口（今江蘇省鎮江市）。

[3]鎮南大將軍：官名，三國魏置，職掌與鎮南將軍同，唯資歷深者得任此職，不常置。二品，開府位從公者一品。 弘：劉弘，字和季，本書卷六六有傳。

[4]平南將軍：官名，與平東、平西、平北將軍合稱四平將軍。多持節都督或監某一地區的軍事，有時作爲刺史等地方官員監理軍務的加官。三品，加持節都督者二品。 彭城王釋：司馬釋，彭城王司馬權之孫，本書卷三七有傳。釋，原本、宋本、殿本作“繹”，據中華本校勘記改。

[5]征東大將軍：官名，三國魏文帝黄初三年（222）置，職掌與征東將軍同，但位在其上，多統兵出鎮方面，都督數州軍事，不常置。二品，開府位從公者一品。

[6]各勒所領：勒，宋本作“首”。

[7]右將軍：官名，漢代重號將軍之一，與前、左、後將軍並爲上卿。魏晋時常設，權位漸低，僅爲武官名號，略高於一般雜號將軍。三品。 張方：西晋河間（今河北省獻縣東南）人，本書卷六〇有傳。 大都督：官名，高級軍事長官。三國初作爲加官於戰時臨時設置，後逐漸成爲常設加官官職，地位極高。

[8]建威將軍：官名，領兵征戰，曹魏、孫吴、西晋皆置。四品。 陽平：郡名，治所在元城縣（今河北省大名縣東北）。 刁默：司馬顒部下，任北地太守、陽平太守、建威將軍等職。

虓之敗，輿與之俱奔河北。虓既鎮鄴，以輿爲征虜將軍、魏郡太守。[1]

[1]魏郡：治所在鄴縣（今河北省臨漳縣西南）。

虓薨，東海王越將召之，或曰：“輿猶膩也，近則污人。”及至，越疑而御之。輿密視天下兵簿及倉庫、牛馬、器械、水陸之形，皆默識之。是時軍國多事，每會議，自潘滔以下，[1]莫知所對。輿既見越，應機辯畫，越傾膝酬接，即以爲左長史。[2]越既總録，以輿爲上佐，賓客滿筵，文案盈機，遠近書記日有數千，終日不倦，或以夜繼之，皆人人歡暢，莫不悦附。命議如流，酬對款備，時人服其能，比之陳遵。[3]時稱越府有三才：潘滔大才、劉輿長才、裴邈清才。越誅繆播、王延等，[4]皆輿謀也。[5]延愛妾荆氏有音伎，延尚未殯，輿便娉之。未及迎，又爲太傅從事中郎王儁所争奪。[6]御史中丞傅宣劾奏，[7]越不問輿，而免儁官。輿乃説越，遣琨鎮并州，爲越北面之重。洛陽未敗，病指疽卒，時年四十七。追贈驃騎將軍。[8]先有功封定襄侯，謚曰貞。子演嗣。

[1]潘滔：西晋滎陽（今河南省滎陽市東北）人，任散騎侍郎、黄門郎及司馬越長史、司馬等職。

[2]左長史：官名，東漢末曹操爲丞相時置，與右長史共領相府諸曹。六品。

[3]陳遵：西漢京兆杜陵（今陝西省西安市東南）人，字孟公。平帝時封嘉威侯。爲列侯、近臣、貴戚所敬重。新莽時任河南太守、河内都尉，以列侯歸長安。史稱“諸公之間陳遵爲雄”。

[4]繆播：字宣則，本書卷六〇有傳。

[5]皆輿謀也：謀，殿本作“論”。

[6]太傅：官名，晋爲八公之一。位上公，太宰之下、太保之上。一品。

[7]御史中丞：官名，御史大夫副手，掌監察、執法，爲京師

顯官，職權甚重。四品。　傅宣：字世弘，本書卷四七有傳。

[8]驃騎將軍：官名，西漢時爲重號將軍，東漢以後，居諸名號將軍之首，僅作爲軍府名號加授大臣或重要州郡長官。二品，開府位從公者一品。

演，字始仁。初辟太尉掾，[1]除尚書郎，以父憂去職。服闋，襲爵，太傅、東海王越引爲主簿。[2]遷太子中庶子，出爲陽平太守。自洛奔琨，琨以爲輔國將軍、魏郡太守。[3]琨將討石勒，以演領勇士千人，行北中郎將、兖州刺史，[4]鎮廩丘。演斬王桑，走趙固，得衆七千人。爲石勒所攻，演距戰，勒退。元帝拜爲都督、後將軍，[5]假節。後爲石季龍所圍，求救於邵續、段龕，[6]龕騎救之，季龍走，隨龕屯厭次，被害。

[1]太尉掾：官名，太尉府屬吏。

[2]太傅：傅，原本、宋本作“尉”，殿本作“傅”，據殿本改。　主簿：官名，此爲太傅府屬官。典領文書籍簿，省録衆事，職權甚重。

[3]輔國將軍：官名，屬將軍名號，三國兩晋皆置。三品。

[4]行：兼攝官職。　北中郎將：官名，與東、西、南中郎將並稱四中郎將，統兵征戰，權職甚重。四品。

[5]都督：領兵將帥。

[6]邵續：字嗣祖，本書卷六三有傳。　段龕：即文鴦，段部鮮卑，段務勿塵子，段匹磾弟，武勇有力。

弟胤爲琨引兵，[1]路逢烏桓賊，戰没。胤弟挹初爲太傅、東海王越掾，與琨俱被害。挹弟啓，啓弟述，與琨子群俱在末波中，後並入石季龍。啓爲季龍尚書僕射，後歸國，穆帝拜爲前將軍，[2]加給事中。[3]永和九年，隨中軍將軍殷浩北伐，[4]爲姚襄所敗，[5]啓戰没。述爲季龍侍中，隨啓歸國，拜驍騎將軍。[6]

[1]弟胤爲琨引兵：引，原本、宋本作"領"，殿本作"引"，據殿本改。

[2]前將軍：官名，漢代重號將軍之一，與左、右、後將軍並爲上卿。魏晋時常設，權位較兩漢時漸低，僅爲武官名號，略高於一般雜號將軍，不典禁兵，不與朝政。三品。

[3]給事中：官名，爲加官，所加爲三公、將軍、中書監令、博士、郎等。常侍從皇帝左右，諫諍糾彈，爲中朝要職。五品。

[4]中軍將軍：官名，西晋時統左右衛、前後左右驍騎等宿衛七營禁軍，主管京師及朝廷警衛。泰始四年（268）罷，置北軍中候代其職。後爲將軍名號，與鎮軍將軍、撫軍將軍並爲三名號將軍，不統禁兵。三品。　殷浩：字深源，本書卷七七有傳。

[5]姚襄：字景國，本書卷一一六有載記。

[6]驍騎將軍：官名，三國魏爲内軍將領，統營兵。兩晋與領軍、護軍、左右衛、游擊諸將軍合稱六軍，擔當宿衛之任，是護衛宮廷的主要將領。四品。

祖逖

祖逖，字士稚，范陽遒人也。[1]世吏二千石，爲北州舊姓。父武，晋王掾、上谷太守。逖少孤，兄弟六人。兄該、納等並開爽有才幹。逖性豁蕩，不修儀檢，年十四五猶未知書，諸兄每憂之。然輕財好俠，慷慨有節尚，每至田舍，輒稱兄意，散穀帛以賙貧乏，鄉黨親族以是重之。[2]後乃博覽書記，該涉古今，往來京師，見者謂逖有贊世才具。僑居陽平。年二十四，陽平辟察孝廉，[3]司隸再辟舉秀才，[4]皆不行。與司空劉琨俱爲司州主簿，[5]情好綢繆，共被同寢。中夜聞荒鷄鳴，蹴琨覺曰："此非惡聲也。"因起舞。逖、琨並有英氣，每語世事，或中宵起坐，相謂曰："若四海鼎沸，豪傑並起，[6]吾與足下當相避於中原耳。"

[1]遒：縣名，治所在今河北省容城縣北。

[2]鄉黨親族：親，殿本作"宗"。

[3]孝廉：漢代選拔人才的科目。

[4]司隸：官名，即司隸校尉。三國魏時先治弘農，後治河南，轄司州所屬河南、河東、河内、弘農、平陽五郡。掌監察京師，糾察京都百官。西晋沿置。三品。　秀才：察舉科目，州舉秀才，郡舉孝廉。

[5]司州：治所在洛陽縣（今河南省洛陽市東北）。

[6]豪傑並起：傑，宋本作"桀"。

辟齊王冏大司馬掾、長沙王乂驃騎祭酒，[1]轉主簿，累遷太子中舍人、豫章王從事中郎。[2]從惠帝北伐，王師敗績於蕩陰，[3]遂退還洛。大駕西幸長安，關東諸侯范陽王虓、高密王略、平昌公模等競召之，[4]皆不就。東海王越以逖爲典兵參軍、濟陰太守，[5]母喪不之官。

[1]大司馬：官名，八公之一，位在上公之下、大將軍及三公之上，高級將帥，多爲大臣加官。一品。　長沙王乂：司馬乂，字士度，本書卷五九有傳。　驃騎：官名，驃騎將軍。　祭酒：官

名，此處爲軍師祭酒，亦稱軍咨祭酒、軍諮祭酒、軍謀祭酒、軍祭酒。諸軍府屬官，參謀軍事，位在軍府諸僚佐之上。

[2]太子中舍人：官名，簡稱太子中舍、中舍人、中舍。東宫屬官，其中有才學者與中庶子共掌東宫文翰及奏事文書，侍從規諫太子。位在太子中庶子下、太子洗馬上。六品。　豫章王：晋懷帝司馬熾，本書卷五有紀。

[3]蕩陰：縣名，治所在今河南省湯陰縣。

[4]關東：地區名，指函谷關或潼關以東地區。　高密王略：司馬略，字元簡，本書卷三七有傳。　平昌公模：司馬模，司馬泰之子，字元表，本書卷三七有傳。

[5]典兵參軍：官名，典兵曹長官。隸屬丞相府、公督府。　濟陰：郡名，治所在定陶縣（今山東省菏澤市定陶區）。

及京師大亂，逖率親黨數百家避地淮泗，[1]以所乘車馬載同行老疾，躬自徒步，藥物衣糧與衆共之，又多權略，是以少長咸宗之，推逖爲行主。達泗口，[2]元帝逆用爲徐州刺史，[3]尋徵軍諮祭酒，[4]居丹徒之京口。[5]

[1]淮泗：地區名，淮水和泗水流域。

[2]泗口：古泗水入淮河之口，位於今江蘇省淮安市淮陰區西南。

[3]徐州：治所在彭城縣（今江蘇省徐州市）。

[4]軍諮祭酒：官名，即軍師祭酒，晋朝避司馬師名諱而改。亦稱軍咨祭酒、軍謀祭酒、軍祭酒，諸軍府屬官，參謀軍事，位在軍府諸僚佐之上。

[5]丹徒：縣名，治所在今江蘇省鎮江市東南丹徒鎮。　京口：地名，今江蘇省鎮江市。

逖以社稷傾覆，常懷振復之志。賓客義徒皆暴桀勇士，逖遇之如子弟。時揚土大饑，此輩多爲盗竊，攻剽富室，逖撫慰問之曰："比復南塘一出不?"[1]或爲吏所繩，逖輒擁護救解之。談者以此少逖，然自若也。時帝方拓定江南，未遑北伐，逖進説曰："晋室之亂，非上無道而下怨叛也。由藩王争權，自相誅滅，遂使戎狄乘隙，毒流中原。今遺黎既被殘酷，人有奮擊之志。大王誠能發威命將，使若逖等爲之統主，則郡國豪桀必因風嚮赴，沉溺之士欣於來蘇，庶幾國耻可雪，願大王圖之。"帝乃以逖爲奮威將軍、豫州刺史，[2]給千人廩，布三千匹，不給鎧仗，使自招募。仍將本流徙部曲百餘家渡江，中流擊楫而誓曰："祖逖不能清中原而復濟者，有如大江!"辭色壯烈，衆皆慨嘆。屯于江陰，[3]起鑄冶兵器，[4]得二千餘人而後進。

[1]比復南塘一出不：近來又出南塘了嗎?

[2]奮威將軍：官名，爲雜號將軍。四品。

[3]屯於江陰：中華本校勘記："逖既北渡，不得再屯江陰。《建康實録》五、《通志》一二五及《御覽》三〇七、《册府》四一三皆作'淮陰'，疑是。"

[4]鑄冶：殿本乙作"冶鑄"。

初，北中郎將劉演距于石勒也，流人塢主張平、樊雅等在譙，[1]演署平爲豫州刺史，雅爲譙郡太守。又有董瞻、于武、謝浮等十餘部，衆各數百，皆統屬平。逖誘浮使取平，浮譎平與會，遂斬以獻逖。帝嘉逖勛，使運糧給之，而道遠不至，軍中大饑。進據太丘。[2]樊雅遣衆夜襲逖，遂入壘，拔戟大呼，直趣逖幕，軍士大亂。逖命左右距之，督護董昭與賊戰，[3]走之。逖率衆追討，而張平餘衆助雅攻逖。蓬陂塢主陳川，自號寧朔將軍、陳留太守。[4]逖遣使求救於川，川遣將李頭率衆援之，逖遂克譙城。

[1]張平：西晋人，晋末大亂，乃築塢自保，自稱豫州刺史，聚衆千人。後被祖逖攻殺。　樊雅：西晋人，晋末大亂，乃築塢自保，聚衆千人，自號譙郡太守。後降祖逖。　譙：縣名，治所在今安徽省亳州市。

[2]太丘：縣名，治所在今河南省永城縣東北太丘集。

[3]督護：官名，州郡及出鎮方面將軍府皆設，掌兵事。兩晋時常統軍征伐，衹督一軍。

[4]寧朔將軍：官名，西晋時多駐幽州，爲幽州地區軍政長官，兼管烏丸事務。四品。　陳留：郡國名，治所在小黄縣（今河南省開封市東）。

初，樊雅之據譙也，逖以力弱，求助於南中郎將王含，[1]含遣桓宣領兵助逖。[2]逖既克譙，宣等乃去。石季龍聞而引衆圍譙，含又遣宣救逖，季龍聞宣至而退。宣遂留，助逖討諸屯塢未附者。

[1]南中郎將：官名，與東、西、北中郎將並稱四中郎將，統兵征戰，權職甚重。四品。　王含：字處弘，王敦兄，歷任衛將軍、都督沔南軍事、領南蠻校尉、荆州刺史、征東將軍、都督揚州江西諸軍事等職，王敦兵敗後，被王舒沉江淹死。

［2］桓宣：東晋人，本書卷八一有傳。

李頭之討樊雅也，力戰有勛。逖時獲雅駿馬，頭甚欲之而不敢言，逖知其意，遂與之。頭感逖恩遇，每嘆曰："若得此人爲主，吾死無恨。"川聞而怒，遂殺頭。頭親黨馮寵率其屬四百人歸于逖，川益怒，遣將魏碩掠豫州諸郡，大獲子女車馬。逖遣將軍衛策邀擊於谷水，[1]盡獲所掠者，皆令歸本，軍無私焉。川大懼，遂以衆附石勒。逖率衆伐川，石季龍領兵五萬救川，逖設奇以擊之，季龍大敗，收兵掠豫州，徙陳川還襄國，留桃豹等守川故城，住西臺。[2]逖遣將韓潛等鎮東臺。同一大城，賊從南門出入放牧，逖軍開東門，相守四旬。逖以布囊盛土如米狀，使千餘人運上臺，又令數人擔米，僞爲疲極而息於道，賊果逐之，皆棄擔而走。賊既獲米，謂逖士衆豐飽，而胡戍饑久，益懼，無復膽氣。石勒將劉夜堂以驢千頭運糧以饋桃豹，逖遣韓潛、馮鐵等追擊於汴水，盡獲之。豹宵遁，[3]退據東燕城，[4]逖使潛進屯封丘以逼之。[5]馮鐵據二臺，逖鎮雍丘，[6]數遣軍要截石勒，勒屯戍漸蹙。候騎嘗獲濮陽人，[7]逖厚待遣歸，咸感逖恩德，率鄉里五百家降逖。勒又遣精騎萬人距逖，復爲逖所破，勒鎮戍歸附者甚多。[8]時趙固、上官巳、李矩、郭默等各以詐力相攻擊，[9]逖馳使和解之，示以禍福，遂受逖節度。逖愛人下士，雖疏交賤隸，皆恩禮遇之，由是黄河以南盡爲晋土。河上堡固先有任子在胡者，皆聽兩屬，時遣游軍僞抄之，明其未附。諸塢主感戴，胡中有異謀，輒密以聞。前後克獲，亦由此也。其有微功，賞不逾日。躬自儉約，勸督農桑，克己務施，不畜資産，子弟耕耘，負擔樵薪，又收葬枯骨，爲之祭醊，百姓感悦。嘗置酒大會，耆老中坐流涕曰："吾等老矣！更得父母，死將何恨！"乃歌曰："幸哉遺黎免俘虜，三辰既朗遇慈父。[10]玄酒忘勞甘瓠脯，何以咏恩歌且舞。"其得人心如此。故劉琨與親故書，盛贊逖威德。詔進逖爲鎮西將軍。[11]

[1]谷水：河名，源出河南省羅山縣，東北流至光山縣入淮河。

[2]住西臺：住，宋本作"任"。

[3]豹宵遁：原本、宋本"豹"上有"桃"字，殿本無，據殿本删。

[4]東燕城：東燕縣城，位於今河南省延津縣東北。

[5]封丘：縣名，治所在今河南省封丘縣。

[6]雍丘：縣名，治所在今河南省杞縣。

[7]濮陽：縣名，治所在今河南省濮陽市西南。

[8]歸附者甚多：原本、宋本無"附"字，殿本有，據殿本補。

[9]李矩：字世迴，本書卷六三有傳。　郭默：本書卷六三有傳。

[10]三辰：指日月星。

[11]鎮西將軍：官名，與鎮東、鎮南、鎮北將軍合稱四鎮將軍。多爲持節都督，出鎮方面。曹魏二品。晋改三品，加持節都督者二品。

石勒不敢窺兵河南，使成皋縣修逖母墓，[1]因與逖書，求通使交市。逖不報書，而聽互市，收利十倍，於是公私豐贍，士馬日滋。方當推鋒越河，掃清冀朔，會朝廷將遣戴若思爲都督，[2]逖以若思是吴人，雖有才望，無弘致遠識，且已翦荆棘，收河南地，而若思雍容，一旦來統之，意甚快快。且聞王敦與劉隗等構隙，[3]慮有内難，大功不遂。感激發病，乃致妻孥汝南大木山下。[4]時中原士庶咸謂逖當進據武牢，[5]而反置家險阨，或諫之，不納。逖雖内懷憂憤，而圖進取不輟，營繕武牢城，城北臨黄河，西接成皋，四望甚遠。逖恐南無堅壘，必爲賊所襲，乃使從子汝南太守濟率汝陽太守張敞、新蔡内史周閎率衆築壘。[6]未成，而逖病甚。先是，華譚、庾闡問術人戴洋，[7]洋曰："祖豫州九月當死。"初有妖星見於豫州之分，歷陽陳訓又謂人曰：[8]"今年西北大將當死。"逖亦見星，曰："爲我矣！方平河北，而天欲殺我，此乃不祐國也。"俄卒於雍丘，時年五十六。豫州士女若喪考妣，譙梁百姓爲之立祠。册贈車騎將軍。[9]王敦久懷逆亂，畏逖不敢發，至是始得肆意焉。尋以逖弟約代領其衆。[10]約别有傳。逖兄納。

[1]成皋縣：治所在今河南省滎陽市西北汜水鎮。

[2]戴若思：戴淵，本書卷六九有傳。

[3]劉隗：字大連，本書卷六九有傳。

[4]大木山：《水經注·淮水》："水西出大木山，山即晋車騎將軍祖逖自陳留將家避難所居也。"會貞按：又《隋志》城陽有大木山，《通典》桐柏有大木山，而《元和志》作天木，云俗名天目山，在桐柏縣東北五十五里，山上有池，時人號爲天目。

[5]武牢：即虎牢關，位於今河南省滎陽市西北汜水鎮。

[6]汝陽：郡名，治所在汝陽縣（今河南省商水縣西北）。新蔡：郡名，治所在新蔡縣（今河南省新蔡縣）。　內史：官名，西晋武帝太康十年（289）改諸王國相爲内史，掌管民政。五品。周家禄《晋書校勘記》認爲："晋制，以郡爲國，内史治民事，若郡太守。國除爲郡，復稱太守。然二名往往混淆，史家亦互稱之。"

[7]華譚：字令思，本書卷五二有傳。　庾闡：字仲初，本書卷九二有傳。　戴洋：字國流，本書卷九五有傳。

[8]歷陽：郡名，西晋永興元年（304）置，治所在歷陽縣（今安徽省和縣）。　陳訓：字道元，本書卷九五有傳。

[9]車騎將軍：官名，魏晋南北朝時位次於驃騎將軍，在諸名號將軍之上，多作爲軍府名號，以加授大臣及重要州郡長官。二品，開府位從公者一品。

[10]約：祖約，字士少，祖逖同母弟，本書卷一〇〇有傳。

納，字士言，最有操行，能清言，文義可觀。性至孝，少孤貧，常自炊爨以養母。平北將軍王敦聞之，[1]遺其二婢，辟爲從事中郎。有戲之曰："奴價倍婢。"納曰："百里奚何必輕於五羖皮邪！"[2]轉尚書三公郎，[3]累遷太子中庶子。歷官多所駁正，有補於時。

[1]平北將軍王敦：中華本校勘記："《考異》：敦未嘗爲平北將軍，《世説·德行》注以爲王乂。《王衍傳》，乂爲平北將軍。"

[2]百里奚：亦稱秦奚，春秋時秦國大夫。先爲虞國大夫，晋滅虞後入晋，又作爲晋獻公女兒陪嫁的媵臣入秦。後又逃至楚國。秦穆公聞其賢，用五張羊皮將其贖回，加以重用。

[3]尚書三公郎：官名，省稱三公郎，尚書省三公曹長官。三國魏始置，亦稱郎中，資深者可轉侍郎。六品。

齊王冏建義，趙王倫收冏弟北海王寔及前黄門郎弘農董祚弟艾，[1]與冏俱起，皆將害之，納上疏救焉，並見宥。

[1]北海王寔：司馬寔，字景期，本書卷三八有傳。　黄門郎：官名，黄門侍郎或給事黄門侍郎的省稱。五品。　弘農：郡名，治所在弘農縣（今河南省靈寶市）。

後爲中護軍、太子詹事，[1]封晋昌公。以洛下將亂，乃避地東南。元帝作相，引爲軍諮祭酒。納好弈棋，王隱謂之曰：[2]“禹惜寸陰，不聞數棋。”對曰：“我亦忘憂耳。”隱曰：“蓋聞古人遭逢，則以功達其道，若其不遇，則以言達其道。古必有之，今亦宜然。當晋未有書，而天下大亂，舊事蕩滅，君少長五都，游宦四方，華裔成敗，[3]皆當聞見，何不記述而有裁成？應仲遠作《風俗通》，[4]崔子真作《政論》，[5]蔡伯喈作《勸學篇》，[6]史游作《急就章》，[7]猶皆行於世，便成没而不朽。僕雖無才，非志不立，故疾没世而無聞焉，所以自强不息也。况國史明乎得失之迹，俱取散愁，此可兼濟，何必圍棋然後忘憂也！”納喟然嘆曰：“非不悦子之道，力不足耳。”乃言之於帝曰：“自古小國猶有史官，况於大府，安可不置。”因舉隱，稱：“清純亮直，學思沉敏，《五經》群史多所綜悉，且好學不倦，從善如流。若使修著一代之典，褒貶與奪，誠一時之俊也。”帝以問記室參軍鍾雅，[8]雅曰：“納所舉雖有史才，而今未能立也。”事遂停。然史官之立，自納始也。

［1］中護軍：官名，掌武官選舉，與中領軍同掌禁軍。曹魏四品，晋三品。　太子詹事：官名，東宫屬官，掌管東宫内外事務。兩晋南北朝時東宫地位極重，官署齊備，擬於朝廷。太子詹事任總宫官，堪比朝廷之尚書令、領軍將軍，位權甚重。三品。

［2］王隱：字處叔，本書卷八二有傳。

［3］華裔成敗：裔，殿本作“夷”。

［4］應仲遠：應劭，東漢汝南南頓（今河南省項城市西南）人，字仲遠（一作仲援、仲瑗）。應奉之子。博覽多聞。靈帝初舉孝廉，歷任泰山太守、袁紹軍謀校尉等職。凡朝廷禮制、百官典式多其所立。撰《風俗通》三十卷。

［5］崔子真：崔寔，東漢涿郡安平（今河北省邢臺市西南）人，字子真，一名臺，字元始。桓帝時任議郎、大將軍司馬、尚書。後稱疾免歸，病卒於家。著有《政論》《四民月令》等。

［6］蔡伯喈：蔡邕，東漢陳留圉（今河南省杞縣西南）人，字伯喈。好詞章、數術、天文，善音律，工琴藝。靈帝時任郎中、議郎。董卓擅政時召爲祭酒，遷尚書，拜左中郎將。董卓被誅後，王允將其收付廷尉，死於獄中。

［7］史游：西漢人，元帝時曾任黄門令。編撰《急就篇》，爲童蒙誦習識字讀物。

［8］記室參軍：官名，又稱記室參軍事。西晋始置，爲記室曹長官，掌文書表奏。　鍾雅：字彦胄，本書卷七〇有傳。

初，弟約與逖同母，偏相親愛，納與約異母，頗有不平，乃密以啓帝，稱：“約懷陵上之性，抑而使之可也。今顯侍左右，假其權勢，將爲亂階。”人謂納與約異母，忌其寵貴，乃露其表以示約，約憎納如仇，朝廷因此棄納。納既閑居，但清談、披閲文史而已。及約爲逆，朝野嘆納有鑒裁焉。温嶠以納州里父黨，敬而拜之。嶠既爲時用，盛言納有名理，除光禄大夫。

納嘗問梅陶曰：[1]“君鄉里立月旦評，何如？”陶曰：“善褒惡貶，則佳法也。”納曰：“未益。”時王隱在坐，因曰：“《尚書》稱‘三載考績，三考黜陟幽明’，何得一月便行褒貶！”陶曰：“此官法也。月旦，私法也。”隱曰：“《易》稱‘積善之家必有餘慶，積不善之家必有餘殃’，稱家者豈不是官？必須積久，善惡乃著，公私何異！古人有言，貞良而亡，先人之殃；酷烈而存，先人之勛。累世乃著，豈但一月！若必月旦，則顔回食埃，不免貪污；盗蹠引少，[2]則爲清廉。朝種暮穫，善惡未定矣。”時梅陶及鍾雅數説餘事，納輒困之，因曰：“君汝潁之士，[3]利如錐；我幽冀之士，[4]鈍如槌。持我鈍槌，捶君利錐，皆當摧矣。”陶、雅並稱“有神錐，不可得槌”。納曰：“假有神錐，必有神槌。”雅無以對。卒於家。

[1]納嘗問梅陶曰：梅陶，東晋人，任大將軍諮議參軍、尚書等職。曾因私奏女妓被彈劾。曰，原本、宋本無此字，殿本有，據殿本補。

[2]盗蹠：即盗跖，古代人名。《史記》卷六一《伯夷列傳》：“盗蹠日殺不辜，肝人之肉，暴戾恣睢。”

[3]汝潁：指汝南、潁川地區。

[4]幽冀：指幽州、冀州地區。

史臣曰：劉琨弱齡，本無異操，飛纓賈謐之館，[1]借箸馬倫之幕，[2]當于是日，實佻巧之徒歟！[3]祖逖散穀周貧，聞鷄暗舞，思中原之燎火，幸天步之多艱，原其素懷，抑爲貪亂者矣。及金行中毁，[4]乾維失統，三后流亡，遞縈居彘之禍，[5]六戎横噬，交肆長蛇之毒。於是素絲改色，跅弛易情，各運奇才，並騰英氣，遇時屯而感激，[6]因世亂以驅馳，陳力危邦，犯疾風而表勁，勵其貞操，契寒松而立節，咸能自致三鉉，[7]成名一時。古人有言曰："世亂識忠良。"蓋斯之謂矣。天不祚晋，方啓戎心，越石區區，獨禦鯨鯢之鋭，[8]推心異類，竟終幽圄，痛哉！士稚叶迹中興，克復九州之半，而灾星告釁，笠轂徒招，[9]惜矣！

[1]飛纓：匆忙奔走。

[2]借箸：爲人謀劃。典出《史記》卷五五《留侯世家》："食其未行，張良從外來謁。漢王方食，曰：'子房前！客有爲我計橈楚權者。'具以酈生語告，曰：'於子房何如？'良曰：'誰爲陛下畫此計者？陛下事去矣。'漢王曰：'何哉？'張良對曰：'臣請藉前箸爲大王籌之。'"　馬倫：即趙王司馬倫。

[3]佻巧：輕佻巧佞。

[4]金行：晋朝，因晋朝以金德王，故稱。

[5]遞縈居彘之禍：相繼遭受顛沛流離之禍。《史記》卷三二《齊太公世家》："武公九年，周厲王出奔，居彘。十年，王室亂，大臣行政，號曰'共和'。"

[6]遇時屯：遭遇時事艱難。屯，易經卦名，艱難困厄。《易·屯》："彖曰：'屯，剛柔始交而難生。'"

[7]三鉉：喻三公。鉉，舉鼎器。

[8]鯨鯢之鋭：鯢，殿本作"鯤"。

[9]笠轂：兵車。

贊曰：越石才雄，臨危效忠。枕戈長息，投袂徽功。踦驅汾晋，契闊獯戎。[1]見欺段氏，于嗟道窮！祖生烈烈，夙懷奇節。扣楫中流，誓清凶孽。鄰醜景附，遺萌載悦。天妖是徵，國耻奚雪！

[1]契闊：相交，相約。　獯戎：古代北方少數民族名，此指段氏鮮卑。

晋書　卷六三

列傳第三十三

邵續　李矩　段匹磾　魏浚 族子該　郭默

邵續

邵續，字嗣祖，魏郡安陽人也。[1]父乘，散騎侍郎。[2]續朴素有志烈，博覽經史，善談理義，妙解天文。初爲成都王穎參軍，[3]穎將討長沙王乂，[4]續諫曰："續聞兄弟如左右手，今明公當天下之敵，而欲去一手乎？續竊惑之。"穎不納。後爲茍晞參軍，[5]除沁水令。[6]

[1]魏郡：治所在鄴縣（今河北省臨漳縣西南）。　安陽：縣名，治所在今河南省安陽縣西南。

[2]散騎侍郎：官名，三國魏置。隸屬散騎省，侍從皇帝左右，顧問應對，諫諍拾遺，與散騎常侍、侍中等共平尚書奏事。五品。

[3]成都王穎：司馬穎，字章度，本書卷五九有傳。　參軍：官名，亦作參軍事，謂參謀軍事。兩晋公府、軍府皆置。

[4]長沙王乂：司馬乂，字士度，本書卷五九有傳。

[5]茍晞：字道將，本書卷六一有傳。

[6]沁水：縣名，治所在今河南省濟源市東北。

時天下漸亂，續去縣還家，糾合亡命，得數百人。王浚假續綏集將軍、樂陵太守，[1]屯厭次，以續子乂爲督護。[2]續綏懷流散，多歸附之。石勒既破浚，[3]遣乂還招續，續以孤危無援，權附於勒，勒亦以乂爲督護。既而段匹磾在薊，[4]遺書要續俱歸元帝，[5]續從之。其下諫曰："今棄勒歸匹磾，任子危矣。"[6]續垂泣曰："我出身爲國，豈得顧子而爲叛臣哉！"遂絶於勒，勒乃害乂。續懼勒攻，先求救於匹磾，匹磾遣弟文鴦救續。[7]文鴦未至，勒已率八千騎圍續。勒素畏鮮卑，及聞文鴦至，乃棄攻具東走。續與文鴦追勒至安陵，[8]不及，虜勒所署官，并驅三千餘家，又遣騎入散勒北邊，[9]略常山，[10]亦二千家而還。

[1]王浚：字彭祖，本書卷三九有傳。　假：授予代理官職。　綏集將軍：官名，西晋末王浚及十六國苻洪均設。　樂陵：郡國名，治所在厭次縣（今山東省惠民縣東），西晋末改爲郡。

[2]督護：官名，州郡及出鎮方面將軍府皆設，掌兵事。兩晋時常統軍征伐，衹督一軍。

[3]石勒：字世龍，本書卷一〇四有載記。

[4]薊：縣名，治所在今北京西南。

[5]遺書要續：中華本校勘記："周校：'遺'誤'遣'。按：《通志》一二五作'遺'。"

[6]任子：人質。

[7]文鴦：段部鮮卑，段疾陸眷子，段匹磾弟，武勇有力。

[8]安陵：縣名，治所在今河北省吴橋縣。

［9］又遣騎入散勒北邊：中華本校勘記："《通志》一二五'入散'作'入抄'。"

［10］略常山：略，殿本作"掠"。常山，郡名，治所在真定縣（今河北省石家莊市）。

匹磾既殺劉琨，[1]夷晋多怨叛，遂率其徒依續。[2]勒南和令趙領等率廣川、渤海千餘家背勒歸續。[3]而帝以續爲平原、樂安太守，[4]右將軍，[5]冀州刺史，[6]進平北將軍、假節，[7]封祝阿子。續遣兄子武邑内史存與文鴦率匹磾衆就食平原，[8]爲石季龍所破。[9]續先與曹嶷亟相侵掠，[10]嶷因存等敗，乃破續屯田，又抄其户口。續首尾相救，疲於奔命。太興初，續遣存及文鴦屯濟南黄巾固，[11]因以逼嶷，嶷懼，求和。俄而匹磾率衆攻段末杯，[12]石勒知續孤危，遣季龍乘虚圍續。季龍騎至城下，掠其居人，續率衆出救，季龍伏騎斷其後，遂爲季龍所得，使續降其城。續呼其兄子竺等曰："吾志雪國難，以報所受，不幸至此。汝等努力自勉，便奉匹磾爲主，勿有二心。"

［1］劉琨：字越石，本書卷六二有傳。

［2］遂率其徒依續：率，殿本作"徙"。

［3］南和：縣名，治所在今河北省南和縣。　廣川：郡名，治所在棗强縣（今河北省棗强縣東南）。　渤海：郡名，西漢置，治所在浮陽縣（今河北省滄州市東南舊滄州），西晋治所在南皮縣（今河北省南皮縣東北）。

［4］平原：郡國名，治所在平原縣（今山東省平原縣西南）。　樂安：郡名，治所在高苑縣（今山東省鄒平市長山鎮）。

[5]右將軍：官名，漢代重號將軍之一，與前、左、後將軍並爲上卿。魏晋時常設，權位漸低，僅爲武官名號，略高於一般雜號將軍。三品。

[6]冀州：三國魏治所在信都縣（今河北省衡水市冀州區），西晋移治房子縣（今河北省高邑縣西南）。

[7]平北將軍：官名，與平東、平西、平南將軍合稱四平將軍。多持節都督或監某一地區的軍事，有時作爲刺史等地方官員監理軍務的加官。三品，加持節都督者二品。　假節：假以節杖。指大臣臨時持節出巡，爲權臣掌軍、秉政的地位象徵和政治待遇。

[8]武邑：郡名，治所在武邑縣（今河北省武邑縣）。　内史：官名，西晋武帝太康十年（289）改諸王國相爲内史，掌管民政。五品。周家禄《晋書校勘記》認爲："晋制，以郡爲國，内史治民事，若郡太守。國除爲郡，復稱太守。然二名往往混淆，史家亦互稱之。"

[9]石季龍：即石虎，石勒從子，本書卷一〇六有載記。

[10]曹嶷：西晋人，王彌左長史、鎮東將軍，領青州刺史，與石勒通和，被授以東州大將軍、青州牧，封琅邪公，後爲石勒所殺。

[11]濟南：郡名，治所在歷城縣（今山東省濟南市）。　黄巾固：戍名，亦作黄金固，位於今山東省章丘市西北水寨。

[12]段末杯：又作段末波、末波、段末柸，東部鮮卑。世爲渠帥。隨從兄疾陸眷攻打石勒，被俘。後被石勒釋放。會疾陸眷死，段匹磾奔喪，末波乘機襲擊段匹磾，自立爲單于，稱幽州刺史。

時帝既聞續没，下詔曰："邵續忠烈在公，義誠慷慨，綏集荒餘，憂國亡身。功勛未遂，不幸陷没，朕用悼恨于懷。所統任重，宜時有代。其部曲文武，已共推其息緝爲營主。[1]續之忠誠，著于公私，今立其子，足以安衆，一以續本位即授緝，使總率所統，效節國難，雪其家仇。”

［1］息：兒子。

季龍遣使送續於勒，勒使使徐光讓之曰：[1]“國家應符撥亂，八表宅心，遺晋怖威，遠竄揚越。而續蟻封海阿，[2]跋扈王命，以夷狄不足爲君邪？何無上之甚也！國有常刑，於分甘乎？”[3]續對曰：“晋末饑亂，奔控無所，保合鄉宗，庶全老幼。屬大王龍飛之始，委命納質，精誠無感，不蒙慈恕。言歸遺晋，仍荷寵授，誓盡忠節，實無二心。且受彼厚榮，而復二三其趣者，恐亦不容於明朝矣。周文生于東夷，大禹出於西羌，帝王之興，蓋惟天命所屬，德之所招，當何常邪！伏惟大王聖武自天，道隆虞夏，凡在含生，孰不延首神化，耻隔皇風，而况囚乎！使囚去真即僞，不得早叩天門者，大王負囚，囚不負大王也。釁鼓之刑，囚之恒分，但恨天實爲之，謂之何哉！”勒曰：“其言慨至，孤愧之多矣。夫忠于其君者，乃吾所求也。”命張賓延之于館，[4]厚撫之，尋以爲從事中郎。[5]令自後諸克敵擒俊，皆送之，不得輒害，冀獲如續之流。

［1］勒使使徐光讓之曰：中華本校勘記：“《通志》一二五不重‘使’字。”

［2］蟻封：在螞蟻洞穴里自我封閉。

［3］於分甘乎：甘心於這個結果嗎？

[4]張賓：字孟孫，本書卷一〇五有載記。宋本無"賓"字。

[5]從事中郎：官名，東漢時爲大將軍屬官，地位較高。魏晋時爲將軍府或公府屬官。六品。

初，季龍之攻續也，朝廷有王敦之逼，[1]不遑救恤。續既爲勒所執，身灌園鬻菜，以供衣食。勒屢遣察之，嘆曰："此真高人矣。不如是，安足貴乎！"嘉其清苦，數賜穀帛。每臨朝嗟嘆，以勵群官。

[1]王敦：字處仲，本書卷九八有傳。

續被獲之後，存及竺、緝等與匹磾嬰城距寇，而帝又假存揚武將軍、武邑太守。[1]勒屢遣季龍攻之，戰守疲苦，不能自立。久之，匹磾及其弟文鴦與竺、緝等悉見獲，惟存得潰圍南奔，道爲賊所殺。[2]續竟亦遇害。

[1]揚武將軍：官名，統兵出征。四品。

[2]道爲賊所殺：殿本"道"上有"在"字。

李矩

李矩，字世迴，平陽人也。[1]童齔時，與群兒聚戲，便爲其率，計畫指授，有成人之量。及長，爲吏，送故縣令於長安，征西將軍梁王肜以爲牙門。[2]伐氐齊萬年有殊功，[3]封東明亭侯。還爲本郡督護。太守宋胄欲以所親吴畿代之，矩謝病去。畿恐矩復還，陰使人刺矩，會有人救之，故得免。屬劉元海攻平陽，[4]百姓奔走，矩素爲鄉人所愛，乃推爲塢主，東屯滎陽，[5]後移新鄭。[6]

[1]平陽：郡名，治所在平陽縣（今山西省臨汾市西南）。

[2]征西將軍：官名，東漢永元年間置，地位與雜號將軍、偏將軍、裨將軍等同。建安年間與征東、征南、征北將軍合稱四征將軍，地位提高。三品，加持節都督者二品。　梁王肜：司馬肜，字子徽，本書卷三八有傳。　牙門：官名，牙門將省稱，三國魏晋南北朝皆置，統兵武職，位在裨將軍下、郡守上。五品。

[3]氐：古代生活在西北地區的少數民族。黄烈先生《中國古代民族研究》（人民出版社 1987 年版）對氐人的源流有詳細考證。　齊萬年：西晋時關中人，氐族。元康六年（296）稱帝，元康九年被晋左積弩將軍孟觀擊敗俘獲。

[4]劉元海：劉淵，本書卷一〇一有載記。

[5]滎陽：郡名，治所在滎陽縣（今河南省滎陽市東北）。

[6]新鄭：縣名，治所在今河南省鄭縣。

矩勇毅多權略，志在立功，東海王越以爲汝陰太守。[1]永嘉初，使矩與汝南太守袁孚率衆修洛陽千金堨，[2]以利運漕。及洛陽不守，太尉荀藩奔陽城，[3]衛將軍華薈奔成皋。[4]時大饑，賊帥侯都等每略人而食之，藩、薈部曲多爲所啖。矩討都等滅之，乃營護藩、薈，各爲立屋宇，輸穀以給之。及藩承制，[5]建行臺，[6]假矩滎陽太守。矩招懷離散，遠近多附之。

[1]東海王越：司馬越，字元超，本書卷五九有傳。　汝陰：郡名，治所在汝陰縣（今安徽省阜陽市）。

［2］汝南：郡名，西晋治所在新息縣（今河南省息縣西南），東晋移治懸瓠城（今河南省汝南縣）。　千金堨：古代水利工程名，位於今河南省洛陽市境内。《水經注·穀水》："《河南十二縣境簿》曰：河南縣城東十五里有千金堨。《洛陽記》曰：千金堨舊堰穀水，魏時更修此堰，謂千金堨。"

［3］太尉：官名，曹操爲丞相後，太尉府屬官歸相府，晋時太尉雖爲八公之一、三公之首，實爲名譽宰相，多爲大臣加官。一品。　荀藩：字大堅，本書卷三九有傳。　陽城：縣名，治所在今河南省登封市東南告城鎮。

［4］衛將軍：官名，魏晋時位在名號將軍之上，多爲軍府名號，加給大臣、重要州郡長官。二品，開府位從公者一品。　華薈：字敬叔，華表之孫，本書卷四四有傳。　成皋：縣名，治所在今河南省滎陽市西北汜水鎮。

［5］承制：秉承皇帝旨意便宜行事。

［6］行臺：臺省在外者。將帥出征時隨其所駐之地設立的代表中央的政務機構。

石勒親率大衆襲矩，矩遣老弱入山，令所在散牛馬，因設伏以待之。賊争取牛馬，伏發，齊呼，聲動山谷，遂大破之，斬獲甚衆，勒乃退。藩表元帝，加矩冠軍將軍，[1]軺車幢蓋，[2]進封陽武縣侯，領河東、平陽太守。[3]時饑饉相仍，又多疫癘，矩垂心撫恤，百姓賴焉。會長安群賊東下，[4]所在多虜掠，矩遣部將擊破之，盡得賊所略婦女千餘人。諸將以非矩所部，欲遂留之。矩曰："俱是國家臣妾，焉有彼此！"乃一時遣之。

［1］冠軍將軍：官名，曹魏、孫吴、西晋皆置。西晋時領營兵。

三品。

[2]軺車：用一匹馬駕駛的輕車。　幢蓋：赤幢和曲蓋。

[3]領：以地位較高的官員兼理較低的職務。　河東：郡名，治所在安邑縣（今山西省夏縣西北禹王城）。

[4]長安群賊：賊，殿本作“盜”。

時劉琨所假河内太守郭默爲劉元海所逼，[1]乞歸於矩，矩將使其甥郭誦迎致之，而不敢進。會劉琨遣參軍張肇，率鮮卑范勝等五百餘騎往長安，屬默被圍，道路不通，將還依邵續。行至矩營，矩謂肇曰："默是劉公所授，公家之事，知無不爲。"屠各舊畏鮮卑，[2]遂邀肇爲聲援，肇許之。賊望見鮮卑，不戰而走。誦潛遣輕舟濟河，使勇士夜襲懷城，掩賊留營，又大破之。默遂率其屬歸于矩。後劉聰遣從弟暢步騎三萬討矩，[3]屯于韓王故壘，相去七里，遣使招矩。時暢卒至，矩未暇爲備，遣使奉牛酒詐降于暢，潛匿精勇，見其老弱。暢不以爲虞，大饗渠帥，人皆醉飽。矩謀夜襲之，兵士以賊衆，皆有懼色。矩令郭誦禱鄭子産祠曰：[4]"君昔相鄭，惡鳥不鳴。凶胡臭羯，何得過庭！"使巫揚言："東里有教，當遣神兵相助。"將士聞之，皆踴躍争進。乃使誦及督護楊璋等選勇敢千人，夜掩暢營，獲鎧馬甚多，斬首數千級，暢僅以身免。

[1]時劉琨所假河内太守郭默爲劉元海所逼：中華本校勘記："《舉正》：此時劉元海已死，當云劉曜。按：《通鑑》八九正作'曜'。"

[2]屠各：又稱休屠各、休著屠各等。匈奴部落名。後漢至西晋雜居西北沿邊諸郡。《後漢書》卷七三《公孫瓚傳》："續爲屠各所殺。" 李賢注："屠各，胡號。" 唐長孺先生對此有考論。(參見唐長孺《魏晋南北朝史論叢·魏晋雜胡考》，河北教育出版社 2000 年版）　鮮卑：我國古代北方少數民族，有拓拔、宇文、慕容、秃髮、乞伏、段諸部。

[3]劉聰：字玄明，一名載，本書卷一〇二有載記。

[4]子産：春秋時鄭國人，名僑，字子産，鄭穆公之孫，公子發之子，因又稱公孫僑。鄭簡公時執掌國政，作丘賦、鑄刑書、擇賢能、護鄉校，進行一系列改革。

先是，郭默聞矩被攻，遣弟芝率衆援之。既而聞破暢，芝復馳來赴矩。矩乃與芝馬五百匹，分軍爲三道，夜追賊，復大獲而旋。

先是，聰使其將趙固鎮洛陽，長史周振與固不協，密陳固罪。矩之破暢也，帳中得聰書，敕暢平矩訖，過洛陽，收固斬之，便以振代固。矩送以示固，固即斬振父子，遂率騎一千來降，矩還令守洛。後數月，聰遣其太子粲率劉雅生等步騎十萬屯孟津北岸，[1]分遣雅生攻趙固於洛。固奔陽城山，[2]遣弟告急，矩遣郭誦屯洛口以救之。[3]誦使將張皮簡精卒千人夜渡河。粲候者告有兵至，粲恃其衆，不以爲虞。既而誦等奄至，十道俱攻，粲衆驚擾，一時奔潰，殺傷太半，[4]因據其營，獲其器械軍資不可勝數。及旦，粲見皮等人少，更與雅生悉餘衆攻之，苦戰二十餘日不能下。矩進救之，使壯士三千泛舟迎皮。賊臨河列陣，作長鈎以鈎船，連戰數日不得渡。矩夜遣部將格增潛濟入皮壘，與皮選精騎千餘，而殺所獲牛馬，焚燒器械，夜突圍而出，奔武牢。[5]聰追之，不及而退。聰因憤恚，發病而死。帝嘉其功，除矩都督河南三郡軍事、安西將軍、滎陽太守，[6]封修武縣侯。

[1]粲：即劉粲，字士光，本書卷一〇二有載記。　劉雅生：中華本校勘記："劉聰、劉粲、劉曜《載記》皆作'劉雅'，無'生'字。"　孟津：一作盟津，又名富平津，位於今河南省孟州市西南黄河上。

[2]陽城山：俗名車嶺，位於今河南省登封市東北。

[3]洛口：即洛口城，位於今河南省鞏義市東北洛水入黄河處。

[4]殺傷太半：太，殿本作"大"。

[5]武牢：即虎牢關，位於今河南省滎陽市西北汜水鎮。

[6]都督河南三郡軍事：河南三郡最高軍事行政長官。　安西將軍：官名，東漢建安年間置，與安東、安南、安北將軍合稱四安將軍，爲出鎮某一地區的軍事長官，或作爲刺史等兼理軍務的加官，權任頗重。三品，加持節都督者二品。

及劉粲嗣位，昏虐日甚，其將靳準乃起兵殺粲，[1]并其宗族，發聰冢，斬其尸，遣使歸矩，稱："劉元海屠各小醜，因大晋事故之際，作亂幽并，[2]矯稱天命，至令二帝幽没虜庭。輒率衆扶侍梓宫，[3]因請上聞。"矩馳表于帝，帝遣太常韓胤等奉迎梓宫，[4]未至而準已爲石勒、劉曜所没。[5]矩以衆少不足立功，每慷慨憤嘆。及帝踐阼，以爲都督司州諸軍事、司州刺史，[6]改封平陽縣侯，將軍如故。時弘農太守尹安、振威將軍宋始等四軍並屯洛陽，[7]各相疑阻，莫有固志。矩、默各遣千騎至洛以鎮之。安等乃同謀告石勒，勒遣石生率騎五千至洛陽，[8]矩、默軍皆退還。俄而四將復背勒，遣使乞迎，默又遣步卒五百人入洛。石生以四將相謀，不能自安，乃虜宋始一軍，渡河而南。百姓相率歸矩，於是洛中遂空。[9]矩乃表郭誦爲揚武將軍、陽翟令，[10]阻水築壘，且耕且守，爲滅賊之計。屬趙固死，石生遣騎襲誦，誦多計略，賊至，輒設伏破之，虜掠無所得。生怒，又自率四千餘騎暴掠諸縣，因攻誦壘，接戰須臾，退軍堮坂。[11]誦率勁勇五百追及生於磐脂故亭，又大破之。矩以誦功多，表加赤幢曲蓋，[12]封吉陽亭侯。

[1]靳準：在劉聰政權中任中護軍、大司空、司隸校尉，二女爲劉聰左右貴嬪，大女兒月光爲劉聰皇后。殺劉粲后自號大將軍、漢大王，置百官，遣使稱藩於晋。後被劉聰故將王騰、馬忠等誅殺。

[2]幽：幽州，治所在薊縣（今北京市西南）。　并：并州，治所在晋陽縣（今山西省太原市西南）。

[3]梓宫：皇帝的棺材。

[4]太常：官名，漢代稱奉常，本掌禮樂宗廟、社稷祭祀，魏晋時此職掌歸尚書裁定，太常成爲閑職。三品。

[5]劉曜：字永明，本書卷一〇三有載記。

[6]都督司州諸軍事：司州地區最高軍事行政長官。　司州：司隸校尉部，治所在洛陽縣（今河南省洛陽市東北）。

[7]弘農：郡名，治所在弘農縣（今河南省靈寶市）。　振威將軍：官名，雜號將軍，統兵出征。四品。　宋始：西晋振威將軍，後被俘，任前趙劉曜左中郎將，後降石勒。

[8]石生：石勒司州刺史，封河東王。鎮守關中。後被石虎攻

打，逃亡鷄頭山，被部下殺死。

［9］“乃虜宋始一軍”至“洛中遂空”：中華本校勘記：“《通鑑》九一叙此事云：‘石生虜宋始一軍，北渡河。於是河南之民皆相帥歸矩，洛陽遂空。’較明確。”

［10］揚武將軍：揚，原本、宋本作“楊”，殿本作“揚”，據殿本改。　陽翟：縣名，今河南省禹州市。

［11］塄坂：即轘坂關，位於今河南省登封市東南。

［12］赤幢：車輿上紅色的帷幔。　曲蓋：曲柄傘蓋。

郭默欲侵祖約，矩禁之不可，遂爲約所破。石勒遣其養子悤襲默，默懼後患未已，將降於劉曜，遣參軍鄭雄詣矩謀之，矩距而不許。後勒遣其將石良率精兵五千襲矩，矩逆擊不利。郭誦弟元復爲賊所執，賊遣元以書説矩曰：“去年東平曹嶷，西賓猗盧，[1]矩如牛角，何不歸命？”矩以示誦，誦曰：“昔王陵母在賊，[2]猶不改意，弟當何論！”勒復遺誦麈尾馬鞭，以示殷勤，誦不答。勒將石生屯洛陽，大掠河南，矩、默大饑，默因復説矩降曜。矩既爲石良所破，遂從默計，遣使於曜。曜遣從弟岳軍于河陰，[3]欲與矩謀攻石生。勒使將圍岳，岳閉門不敢出。默後爲石悤所敗，[4]自密南奔建康。[5]矩聞之大怒，遣其將郭誦等賫書與默，又敕誦曰：“汝識脣亡之談不？迎接郭默，皆由於卿，臨難逃走，其必留之。”誦追及襄城，[6]默自知負矩，棄妻子而遁。誦擁其餘衆而歸，矩待其妻子如初。劉岳以外救不至，降于石季龍。[7]

[1]猗盧：拓跋猗盧，十六國時代國創建者。曾出兵助西晋并州刺史劉琨抗擊劉淵、石勒，被封爲代公，後進封代王。北魏建立後追謚爲穆帝。

[2]王陵：秦末泗水沛（今江蘇省沛縣）人，隨劉邦起兵反秦。楚漢相争時，項羽拘留王陵母，欲使王陵叛降。陵母乃自殺。項羽怒，烹陵母。陵卒從漢王定天下。劉邦稱帝後封安國侯。惠帝時爲右丞相。吕后稱制，欲立諸吕爲王，王陵以爲不可，因此爲吕后所惡，奪其相權。王陵乃告病歸家，杜門不朝，七年而卒。

[3]河陰：縣名，治所在今河南省洛陽市東北。

[4]石恖：中華本校勘記："《石勒載記》'恖'作'聰'。下同。"

[5]密：縣名，治所在今河南省新密市東南。　建康：今江蘇省南京市。

[6]襄城：縣名，治所在今河南省許昌市襄城縣。

[7]劉岳以外救不至，降于石季龍：中華本校勘記："石勒、石季龍《載記》及《通鑑》九三俱謂劉岳爲石季龍所擒，非降。疑是。"

矩所統將士有陰欲歸勒者，矩知之而不能討，乃率衆南走，將歸朝廷，衆皆�亡，[1]惟郭誦及參軍郭方，功曹張景，[2]主簿苟遠，[3]將軍騫韜、江霸、梁志、司馬尚、季弘、李瓌、段秀等百餘人棄家送矩。[4]至於魯陽縣，[5]矩墜馬卒，葬襄陽之峴山。[6]

[1]衆皆逌亡：逌，殿本作"道"。

[2]功曹：官名，即功曹史。郡縣屬官，職掌人事，参與郡縣政務。兩晋時，不開府將軍、太子二傅、特進、郡縣皆置。

[3]主簿：官名，公府屬官，典領文書籍簿，省録衆事，職權

甚重。

[4]段秀：原本、宋本作“段禿”，殿本作“段秀”，據殿本改。

[5]魯陽縣：治所在今河南省魯山縣。

[6]襄陽：郡名，東漢建安十三年（208）置，治所在襄陽縣（今湖北省襄陽市），西晉移治宜城縣（今湖北省宜城市南）。　峴山：一名峴首山，位於今湖北省襄陽市南漢江西岸。

段匹磾

段匹磾，東部鮮卑人也。[1]種類勁健，世爲大人。父務勿塵，[2]遣軍助東海王越征討有功，王浚表爲親晉王，封遼西公，嫁女與務勿塵，以結鄰援。懷帝即位，以務勿塵爲大單于，匹磾爲左賢王，率衆助國征討，假撫軍大將軍。[3]務勿塵死，弟涉復辰以務勿塵子疾陸眷襲號。[4]

[1]東部鮮卑人也：東部，原本、宋本、殿本作“東郡”，據中華本改。

[2]務勿塵：亦稱段務勿塵、段務塵、段勿塵。鮮卑段部酋帥，娶西晉都督幽州諸軍事王浚女，八王之亂中助成都王司馬穎。後與王浚將破石勒軍與飛龍山，被西晉朝廷任爲大單于，封遼西郡公。

[3]撫軍大將軍：官名，三國魏文帝始置，皇帝出征，總管留守事。晉二品，開府位從公者一品。

[4]疾陸眷：亦作段就陸眷、段疾陸眷，鮮卑段部酋帥，段務勿塵之子。

劉曜逼洛陽，王浚遣督護王昌等率疾陸眷及弟文鳶、從弟末杯攻石勒於襄國。[1]勒敗還壘，末杯追入壘門，爲勒所獲。勒質末杯，遣使求和於疾陸眷。疾陸眷將許之，文鴦諫曰：“受命討勒，寧以末杯一人，故縱成擒之寇？既失浚意，且有後憂，必不可許。”疾陸眷不聽，以鎧馬二百五十匹、金銀各一簏贖末杯。勒歸之，又厚以金寶彩絹報疾陸眷。疾陸眷令文鴦與石季龍同盟，約爲兄弟，遂引騎還。昌等不能獨守，亦還。

[1]襄國：縣名，治所在今河北省邢臺市。

建武初，匹磾推劉琨爲大都督，結盟討勒，并檄涉復辰、疾陸眷、末杯等三面俱集襄國，琨、匹磾進屯固安，[1]以候衆軍。勒懼，遣間使厚賂末杯。然末杯既思報其舊恩，且因匹磾在外，欲襲奪其國，乃間匹磾於涉復辰、疾陸眷曰：“以父兄而從子弟邪？雖一旦有功，匹磾獨收之矣。”涉復辰等以爲然，引軍而還。匹磾亦止。會疾陸眷病死，匹磾自薊奔喪，[2]至于右北平。[3]末杯宣言匹磾將篡，出軍擊敗之。末杯遂害涉復辰及其子弟黨與二百餘人，自立爲單于。

[1]固安：縣名，治所在今河北省易縣東南。
[2]自薊奔喪：自，殿本作“從”。
[3]右北平：郡名，治所在無終縣（今天津市薊州區）。

及王浚敗，匹磾領幽州刺史，劉琨自并州依之，復與匹磾結盟，俱討石勒。匹磾復爲末杯所敗，士衆離散，懼琨圖己，遂害之，於是晋人離散矣。匹磾不能自固，北依邵續，末杯又攻敗之。匹磾被瘡，謂續曰："吾夷狄，慕義，以至破家，君若不忘舊要，與吾進討，君之惠也。"續曰："賴公威德，續得效節。今公有難，豈敢不俱！"遂并力追末杯，斬獲略盡。又令文鴦北討末杯弟於薊城，及還，去城八十里，聞續已没，衆懼而散，復爲石季龍所遮，文鴦以其親兵數百人力戰破之，[1]始得入城。季龍復抄城下，文鴦登城臨見，欲出擊之，匹磾不許。文鴦曰："我以勇聞，故百姓杖我。見人被略而不救，非丈夫也。令衆失望，誰復爲我致死乎！"遂將壯士數十騎出戰，殺胡甚多。遇馬乏，伏不能起。季龍呼曰："大兄與我俱是戎狄，久望共同。天不違願，今日相見，[2]何故復戰？請釋杖。"文鴦駡曰："汝爲寇虐，久應合死。吾兄不用吾計，故令汝得至此。吾寧死，不爲汝擒。"遂下馬苦戰，槊折，執刀力戰不已。季龍軍四面解馬羅披自鄣，前捉文鴦。文鴦戰自辰至申，[3]力極而後被執。城内大懼。

[1]以其親兵：其，原本、宋本作"新"，殿本作"其"，據殿本改。

[2]今日相見：今，宋本作"令"。

[3]自辰至申：即上午七點鍾至下午五點鍾。

匹磾欲單騎歸朝，續弟樂安内史洎勒兵不許。洎復欲執臺使王英送於季龍，匹磾正色責之曰："卿不能遵兄之志，逼吾不得歸朝，亦以甚矣，復欲執天子使者，我雖胡夷，所未聞也。”因謂英曰：“匹磾世受重恩，不忘忠孝。今日事逼，欲歸罪朝廷，而見逼迫，忠款不遂。若得假息，未死之日，心不忘本。”遂渡黄河南。匹磾著朝服，持節，賓從出見季龍曰：“我受國恩，志在滅汝。不幸吾國自亂，以至於此。既不能死，又不能爲汝敬也。”勒及季龍素與匹磾結爲兄弟，季龍起而拜之。匹磾到襄國，又不爲勒禮，常著朝服，持晋節。經年，國中謀推匹磾爲主，事露，被害。文鴦亦遇酖而死，[1]惟末波存焉。[2]及死，弟牙立。牙死，其後從祖就陸眷之孫遼立。

[1]遇酖而死：殿本作“遇鴆死”。

[2]惟末波存焉：波，殿本作“杯”。本卷下文“末波之子”同。

自務勿塵已後，值晋喪亂，自稱位號，據有遼西之地，而臣御晋人。其地西盡幽州，東界遼水。[1]然所統胡晋可三萬餘家，控弦可四五萬騎，而與石季龍遞相侵掠，連兵不息，竟爲季龍所破，徙其遺黎數萬家於司雍之地。[2]其子蘭復聚兵，與季龍爲患久之。及石氏之亡，末波之子勤鳩集胡羯得萬餘人，保枉人山，[3]自稱趙王，附于慕容儁。[4]俄爲冉閔所敗，[5]徙于繹幕，[6]僭即尊號。儁遣慕容恪擊之，[7]勤懼而降。

[1]遼水：今内蒙古自治區、遼寧省境内的遼河。

[2]雍：雍州，治所在長安（今陝西省西安市西北）。

[3]柽人山：位於今河南省浚縣西北。

[4]慕容儁：字宣英，本書卷一一〇有載記。儁，殿本作“雋”，本卷下文“儁遣慕容恪擊之”同。

[5]冉閔：字永曾，本書卷一〇七有載記。

[6]繹幕：縣名，治所在今山東省平原縣西北。

[7]慕容恪：字玄恭，本書卷一一一有載記。

魏浚

魏浚，東郡東阿人也，[1]寓居關中。[2]初爲雍州小吏，[3]河間王顒敗亂之際，[4]以爲武威將軍。[5]後爲度支校尉，[6]有幹用。永嘉末，與流人數百家東保河陰之硤石。[7]時京邑荒儉，浚劫掠得穀麥，獻之懷帝，帝以爲揚威將軍、平陽太守，度支如故。以亂不之官。

[1]東郡：治所在濮陽縣（今河南省濮陽市西南）。　東阿：縣名，治所在今山東省陽穀縣東北阿城鎮。

[2]關中：地區名，函谷關以西秦國故地，包括今河南省靈寶市以西及陝西省、甘肅省東部和四川省部分地區。

[3]雍州小吏：吏，殿本作“史”。

[4]河間王顒：司馬顒，字文載，本書卷五九有傳。　敗亂之際：際，殿本作“俊”。

[5]武威將軍：官名，統兵出征。東漢建安初置，西晋沿置。

[6]度支校尉：官名，三國曹魏置，掌諸軍兵田。職與典農校尉相通。隸大司農。兩晋時置於諸郡，掌財賦、會計、漕運，常簡稱度支。六品。

[7]硤石：地名，在今河南省孟津縣西。

及洛陽陷，屯于洛北石梁塢，[1]撫養遺衆，漸修軍器。其附賊者，皆先解喻，説大晋運數靈長，行已建立，歸之者甚衆。其有恃遠不從命者，遣將討之，服從而已，不加侵暴。於是遠近咸悦，[2]襁負至者漸衆。[3]

[1]石梁塢：位於今河南省洛陽市東北漢魏洛陽城東。

[2]遠近咸悦：咸，殿本作“感”。

[3]至者漸衆：漸，殿本作“甚”。

劉琨承制，假浚河南尹。[1]時太尉荀藩建行臺在密縣，浚詣藩諮謀軍事，藩甚悦，要李矩同會。矩將夜赴之，矩官屬以浚不可信，不宜夜往。矩曰：“忠臣同心，將何疑乎！”及會，客主盡歡，浚因與矩相結而去。

[1]河南尹：官名，京都洛陽所在河南郡長官，主管京都事務。三品。

劉曜忌浚得衆，率衆軍圍之。劉演、郭默遣軍來救，曜分兵逆於河北，乃伏兵深隱處，以邀演、默軍，大破之，盡虜演等騎。浚夜遁走，爲曜所得，遂死之。追贈平西將軍。族子該領其衆。

該，一名亥，本僑居京兆陰磐。[1]河間王顒之伐趙王倫，以該爲將兵都尉。[2]及劉曜攻洛陽，隨浚赴難，先領兵守金墉城，[3]故得無他。曜引去，餘衆依之。

[1]陰磐：中華本校勘記：“周校：《地理志》作‘陰般’。”陰

般，縣名，治所在今陝西省西安市臨潼區東北陰盤城。

[2]將兵都尉：官名，晋朝置，領兵。多爲戰時臨時設置，故未假以名號。

[3]金墉城：三國魏明帝時築。位於今河南省洛陽市東北漢魏洛陽城故址西北角。三面開門，南曰乾光門，東曰含春門，北曰暹門。城内又置西宫，西晋改爲永昌宫。魏晋時被廢的皇帝及后妃都安置於此。城小而固，爲攻占戍守要地。

時杜預子尹爲弘農太守，[1]屯宜陽界一泉塢，[2]數爲諸賊所抄掠。尹要該共距之，該遣其將馬瞻將三百人赴尹。瞻知其無備，夜襲尹殺之，迎該據塢。塢人震懼，並服從之。乃與李矩、郭默相結以距賊。荀藩即以該爲武威將軍，統城西雍涼人，使討劉曜。元帝承制，加冠軍將軍、河東太守，督護河東、河南、平陽三郡。[3]

[1]杜預：字元凱，本書卷三四有傳。

[2]宜陽：縣名，治所在今河南省宜陽縣西。　一泉塢：又名一合塢、一全塢，位於今河南省洛寧縣東北洛河北岸。

[3]河南：郡名，治所在洛陽縣（今河南省洛陽市東北）。

曜嘗攻李矩，該破之。及矩將迎郭默，該遣軍助之，又與河南尹任愔相連結。後漸饑弊，曜寇日至，欲率衆南徙，衆不從，該遂單騎走至南陽。[1]帝又以爲前鋒都督、平北將軍、雍州刺史。[2]馬瞻率該餘衆降曜。曜徵發既苦，瞻又驕虐，部曲遣使呼該，該密往赴之，其衆殺瞻而納該。該還於新野，[3]率衆助周訪討平杜曾，[4]詔以該爲順陽太守。[5]

[1]南陽：郡名，治所在宛縣（今河南省南陽市）。

[2]前鋒都督：前鋒部隊的統帥。

[3]新野：縣名，治所在今河南省新野縣。

[4]周訪：字士達，本書卷五八有傳。　杜曾：西晋新野（今河南省新野縣）人，始爲新野王司馬歆鎮南參軍，有勇力。永嘉之亂中任胡亢竟陵太守，後殺胡亢，併其衆，自號南中郎將。後被周訪打敗，被殺。

[5]順陽：郡名，治所在南鄉縣（今河南省淅川縣）。

王敦之反也，梁州刺史甘卓不從，[1]欲觀該去就，試以敦旨動之。該曰："我本去賊，惟忠於國。今王公舉兵向天子，非吾所宜與也。"遂距而不應。及蘇峻反，[2]率衆救臺，軍次石頭，[3]受陶侃節度。[4]峻未平，該病篤還屯，卒於道，葬于武陵。[5]從子雄統其衆。

[1]梁州：三國曹魏治所在沔陽縣（今陝西省勉縣東），西晋移治南鄭縣（今陝西省漢中市東）。　甘卓：字季思，本書卷七〇有傳。

[2]蘇峻：字子高，本書卷一〇〇有傳。

[3]石頭：石頭城，故址位於今江蘇省南京市清涼山。

[4]陶侃：字士行，本書卷六六有傳。

[5]武陵：郡名，治所在臨沅縣（今湖南省常德市）。

郭默

郭默，河内懷人。[1]少微賤，以壯勇事太守裴整，爲督將。永嘉之亂，默率遺衆自爲塢主，以漁舟抄東歸行旅，積年遂致巨富，流人依附者漸衆。撫循將士，甚得其歡心。

[1]河内：郡名，治所在野王縣（今河南省沁陽市）。 懷：縣名，治所在今河南省武陟縣西南。

默婦兄同郡陸嘉取官米數石餉妹，默以爲違制，將殺嘉，嘉懼，奔石勒。默乃自射殺婦，以明無私。遣使謁劉琨，琨加默河内太守。劉元海遣從子曜討默，[1]曜列三屯圍之，欲使餓死。默送妻子爲質，并請糴焉。糴畢，設守。曜怒，沉默妻子于河而攻之。默遣弟芝求救於劉琨，琨知默狡猾，留之而緩其救。[2]默更遣人告急。會芝出城浴馬，使强與俱歸。默乃遣芝質於石勒，[3]勒以默多詐，封默書與劉曜。默使人伺得勒書，便突圍投李矩。後與矩并力距劉、石，事見《矩傳》。

[1]遣從子曜討默：宋本無“默”字。
[2]留之而緩其救：之，殿本作“芝”。
[3]默乃遣芝：殿本無“默”字。

太興初，除潁川太守。[1]默與石恩戰敗，矩轉蹙弱，默深憂懼，解印授其參軍殷嶠，[2]謂之曰：“李使君遇吾甚厚，今遂棄去，無顔謝之，三日可白吾去也。”乃奔陽翟。矩聞之，大怒，遣其將郭誦追默，至襄城，及之。默棄家人，單馬馳去。默至京都，明帝授征虜將軍。劉遐卒，以默爲北中郎將、監淮北軍事、假節。[3]遐故部曲李龍等謀反，詔默與右衛將軍趙胤討平之。[4]

[1]潁川：郡名，治所在許昌縣（今河南省許昌市東）。

[2]解印授其參軍：授，原本、宋本作“綬”，殿本作“授”，據殿本改。

[3]北中郎將：官名，與東、西、南中郎將並稱四中郎將，統兵征戰，權職甚重。四品。　監淮北軍事：淮北地區的軍事行政長官，位次於都督。

[4]右衛將軍：官名，三國魏咸熙二年（265），司馬炎即晋王位，分中衛將軍爲左、右衛將軍。掌佽飛虎賁及前驅、由基、强弩三部司馬，屬下還有虎賁、羽林、上騎、異力、命中共五部督，負責宮禁侍衛。西晋屬中軍將軍，後屬領軍將軍。爲禁衛軍主要統帥之一，權任很重。四品。　趙胤：東晋人，歷任冠軍將軍、建威將軍、護軍將軍等職。

朝廷將徵蘇峻，懼其爲亂，召默拜後將軍，[1]領屯騎校尉。[2]初戰有功，及六軍敗績，南奔。郗鑒議於曲阿北大業里作壘，[3]以分賊勢，使默守之。峻遣韓晃等攻默甚急，壘中頗乏水，默懼，分人馬出外，乃潛從南門遁出，留人堅守。會峻死，圍解，徵爲右軍將軍。[4]

[1]後將軍：官名，漢代爲重號將軍，與前、左、右將軍並爲上卿。魏晋以後權位漸低，僅爲將軍名號，略高於一般雜號將軍。三品。

[2]屯騎校尉：官名，北軍五校尉之一，隸屬中領軍，掌本營騎士，戍衛京師。四品。

[3]郗鑒：字道徽，本書卷六七有傳。郗，殿本作“郄”。　曲阿：縣名，治所在今江蘇省丹陽市。

[4]右軍將軍：官名，與前軍、後軍、左軍將軍合稱四軍將軍，領營兵千人，掌宿衛。初屬中軍將軍，後屬領軍將軍。四品。

默樂爲邊將，不願宿衛，及赴召，謂平南將軍劉胤曰：[1]“我能禦胡而不見用。右軍主禁兵，若疆埸有虞，被使出征，方始配給，將卒無素，恩信不著，以此臨敵，少有不敗矣。時當爲官擇才，若人臣自擇官，安得不亂乎！”胤曰：“所論事雖然，非小人所及也。”當發，求賢於胤。[2]時胤被詔免官，不即歸罪，方自申理，而驕侈更甚，遠近怪之。

[1]平南將軍：官名，與平東、平西、平北將軍合稱四平將軍。多持節都督或監某一地區的軍事，有時作爲刺史等地方官員監理軍務的加官。三品，加持節都督者二品。　劉胤：字承胤，本書卷八一有傳。

[2]求賢於胤：賢，殿本作“資”。

初，默之被徵距蘇峻也，下次尋陽，[1]見胤，胤參佐張滿等輕默，[2]裸露視之，默常切齒。至是，胤臘日餉默酒一器，肫一頭，[3]默對信投之水中，忿憤益甚。又僑人蓋肫先略取祖煥所殺孔煒女爲妻，煒家求之，張滿等使還其家，肫不與，因與胤、滿有隙。至是，肫謂默曰：“劉江州不受免，密有異圖，與長史司馬張滿、荀楷等日夜計謀，反逆已形，惟忌郭侯一人，云當先除郭侯而後起事。禍將至矣，宜深備之。”默既懷恨，便率其徒候旦門開襲胤。胤將吏欲距默，默呴之曰：“我被詔有所討，動者誅及三族。”遂入至内寢。胤尚與妾卧，默牽下斬之。出取胤僚佐張滿、荀楷等，誣以大逆。傳胤首于京師，詐作詔書，宣視内外。掠胤女及諸妾，并金寶還船。初云下都，俄而遂停胤故府，招桓宣、王愆期。[4]愆期懼逼，勸默爲平南、江州，[5]默從之。愆期因逃廬山，[6]桓宣固守不應。

[1]尋陽：縣名，治所在今湖北省黄梅縣西南。

[2]見胤，胤参佐張滿等輕默：原本、宋本作“見胤参佐張滿等輕默”，闕一“胤”字，殿本有，據殿本補。

[3]肫一頭：肫，殿本作“豘”。

[4]桓宣：東晋人，本書卷八一有傳。　王愆期：東晋人，歷任都護、南郡太守、陶侃右司馬等職。

[5]平南：官名，平南將軍省稱。　江州：此處江州爲江州刺史省稱。

[6]廬山：又名匡山、匡廬山、南嶂山，即今江西廬山。

司徒王導懼不可制，乃大赦天下，梟胤首于大航，以默爲西中郎將、豫州刺史。[1]武昌太守鄧嶽馳白太尉陶侃，[2]侃聞之，投袂起曰：“此必詐也。”即日率衆討默，上疏陳默罪惡。導聞之，乃收胤首，詔庾亮助侃討默。[3]默欲南據豫章，[4]而侃已至城下，築土山以臨之。諸軍大集，圍之數重。侃惜默驍勇，欲活之，遣郭誦見默，默許降，而默將張丑、宋侯等恐爲侃所殺，[5]故致進退，不時得出。攻之轉急，宋侯遂縛默求降，[6]即斬于軍門，同黨死者四十人，傳首京師。

[1]西中郎將：官名，東漢末所置東、南、西、北四中郎將之一。帥師征伐或鎮守。魏、西晋多兼涼州刺史，東晋多兼豫州刺史。四品。　豫州刺史：中華本校勘記：“《舉正》：‘豫’當爲

'江'，時庾亮爲豫州刺史。按：《陶侃傳》及《通鑑》九四並作'江州'。"

[2]武昌：郡名，治所在武昌縣（今湖北省鄂州市鄂城區）。鄧嶽：字伯山，本書卷八一有傳。　武昌太守鄧嶽：中華本校勘記："《舉正》：《桓宣傳》嶽乃西陽太守，武昌則劉詡。按：《通鑑》九四、《建康實録》七同《宣傳》。"

[3]庾亮：字元規，本書卷七三有傳。

[4]豫章：郡名，治所在南昌縣（今江西省南昌市）。

[5]宋侯：中華本校勘記："勞校：《陶侃傳》作'宗侯'。"

[6]求降：求，殿本作"來"。

史臣曰：邵、李、魏、郭等諸將，契闊喪亂之辰，驅馳戎馬之際，威懷足以容衆，勇略足以制人，乃保據危城，折衝千里，[1]招集義勇，抗禦仇讎，雖艱阻備嘗，皆乃心王室。而矩能以少擊衆，戰勝獲多，遂使玄明憤恚，世龍挫衄。[2]惜其寡弱，功虧一簣。方之數子，其最優乎！默既拔迹危亡，參陪朝伍，忿因眦睚，[3]禍及誅夷，非夫狂悖，豈宜至此！段匹磾本自遐方，而係心朝廷，始則盡忠國難，終乃抗節虜廷，自蘇子卿以來，[4]一人而已。越石之見誅段氏，實以威名；匹磾之取戮世龍，亦由衆望：禍福之應，何其速哉！詩云："無言不酬，無德不報"，此之謂也。

[1]折衝千里：千里征戰，制敵取勝。

[2]世龍挫衄：宋本無"世"字。

[3]眦睚：微小的怨憤。

[4]蘇子卿：即蘇武，西漢京兆杜陵（今陝西省西安市東南）

人，字子卿，蘇建之子。武帝天漢元年（前 100）爲中郎將出使匈奴，因副使張勝與匈奴緱王圖謀劫持單于母閼氏歸漢事受牽連，被匈奴扣押，遠徙北海以牧羊爲生。前後十九年，持漢節不投降。昭帝即位後與匈奴和親，使其返回漢朝。

贊曰：邵李諸將，實惟忠壯。蒙犯艱危，驅馳亭鄣。力小任重，功虧身喪。匹磾勁烈，隕身全節。默實凶殘，自貽罪戾。

晋書　卷六四

列傳第三十四

武十三王　元四王　簡文三子

武十三王

武帝二十六男：楊元后生毗陵悼王軌、惠帝、秦獻王柬。[2]審美人生城陽懷王景、楚隱王瑋、長沙厲王乂。徐才人生城陽殤王憲。[3]匱才人生東海沖王祗。趙才人生始平哀王裕。趙美人生代哀王演。李夫人生淮南忠壯王允、吴孝王晏。嚴保林生新都懷王該。陳美人生清河康王遐。諸姬生汝陰哀王謨。程才人生成都王穎。王才人生孝懷帝。楊悼后生渤海殤王恢。[4]餘八子不顯母氏，並早夭，又無封國及追謚，今並略之。其瑋、乂、穎自有傳。[5]

［1］原本、宋本、殿本總目録及卷首目録均未列具體人名，據中華本目録及正文補。

［2］楊元后：楊艷，字瓊芝，本書卷三一有傳。

［3］城陽殤王憲：武帝子司馬憲泰始七年（271）五月封爲城陽王，八月死。在“武十三王”中無傳文。

［4］楊悼后：楊芷，字季蘭，本書卷三一有傳。楊，原本、宋本作“揚”，殿本作“楊”，據殿本改。

［5］瑋：司馬瑋，字彦度，本書卷五九有傳。　乂：司馬乂，字士度，本書卷五九有傳。　穎：司馬穎，字章度，本書卷五九有傳。

毗陵悼王軌，字正則，初拜騎都尉，[1]年二歲而夭。太康十年，追加封謚，以楚王瑋子義嗣。[2]

［1］騎都尉：官名，最高位領騎兵之武職，不領兵時爲侍衛武官。因親近皇帝，多以侍中兼任。與駙馬都尉、奉車都尉並爲三都尉。六品。

［2］以楚王瑋子義嗣：中華本校勘記：“《武紀》‘義’作‘儀’。義，與扶風王義同名，《武紀》作‘儀’，蓋是。”

秦獻王柬，字弘度，沉敏有識量。泰始六年，封汝南王。咸寧初，徙封南陽王，拜左將軍、領右軍將軍、散騎常侍。[1]武帝嘗幸宣武場，以三十六軍兵簿令柬料校之，柬一省便擿脱謬，帝異之，於諸子中尤見寵愛。以左將軍居齊獻王故府，[2]甚貴寵，爲天下所屬目。性仁訥，無譏辯之譽。[3]太康十年，徙封於秦，邑八萬户。于時諸王封中土者皆五萬户，以柬與太子同産，故特加之。轉鎮西將軍、西戎校尉、假節，[4]與楚、淮南王俱之國。

[1]左將軍：官名，漢代爲重號將軍，與前、後、右將軍並爲上卿。魏晋時爲常設官職，權位較兩漢漸低，僅爲武官名號，略高於一般雜號將軍，不典禁兵。三品。　領：以地位較高的官員兼理較低的職務。　右軍將軍：官名，與前軍、後軍、左軍將軍合稱四軍將軍，領營兵千人，掌宿衛。初屬中軍將軍，後屬領軍將軍。四品。　散騎常侍：官名，三國魏文帝黄初年間置，侍從皇帝左右，諫諍得失，顧問應對，與侍中等共平尚書奏事。也用作宰相、諸公等加官，入宫議政。三品。

[2]齊獻王：司馬攸，字大猷，本書卷三八有傳。

[3]譏辯之譽：譏，殿本作“機”。

[4]鎮西將軍：官名，與鎮東、鎮南、鎮北將軍合稱四鎮將軍。多爲持節都督，出鎮方面。曹魏二品。晋改三品，加持節都督者二品。　西戎校尉：官名，亦稱護西戎校尉，西晋初治長治，掌雍州少數民族事務，領兵，多以征西、鎮西將軍兼任。四品。　假節：假以節杖。指大臣臨時持節出巡，爲權臣掌軍、秉政的地位象徵和政治待遇。

及惠帝即位，來朝，拜驃騎將軍、開府儀同三司，[1]加侍中、録尚書事，[2]進位大將軍。[3]時楊駿伏誅，[4]柬既痛舅氏覆滅，甚有憂危之慮，屢述武帝旨，請還藩，而汝南王亮留柬輔政。[5]及亮與楚王瑋被誅，時人謂柬有先識。

[1]驃騎將軍：官名，西漢時爲重號將軍，東漢以後，居諸名號將軍之首，僅作爲軍府名號加授大臣或重要州郡長官。二品，開府位從公者一品。　開府儀同三司：官名，三國魏始置。爲大臣加號，意謂與太尉、司徒、司空三司待遇相同，許開設府署，任命僚屬。

[2]侍中：官名，東漢建安中與給事黄門侍郎出入禁中，省尚書事。曹魏時爲門下之侍中省長官，常侍衛皇帝左右，掌顧問應對、諫諍糾察、平議奏事、駁奏異議等，權力甚重。三品。　録尚書事：官名，初爲職銜名，重臣加此名義始得總知國事，綜理政務，成爲真宰相。魏晋多以公卿權重者居之，總領尚書省政務，凡重號將軍、刺史皆得命曹授用，位在三公之上。

[3]大將軍：官名，高級軍事統帥。曹魏時多以之屯駐長安，對付蜀漢，蜀漢以其爲最高軍事長官，孫吴則别置上大將軍居其上。西晋時爲八公之一，位居上公、大司馬下，三公之上。東晋時常專擅軍政事務。一品。

[4]楊駿：字文長，本書卷四〇有傳

[5]汝南王亮：司馬亮，字子翼，本書卷五九有傳。

元康元年薨，時年三十，朝野痛惜之。葬禮如齊獻文王攸故事，[1]廟設軒懸之樂。無子，以淮南王允子郁爲嗣，與允俱被害。永寧二年，追謚曰悼。又以吴王晏子鄴嗣。懷帝崩，鄴入纂帝位，國絶。

[1]齊獻文王攸故事：中華本校勘記："周校：'文'衍文。"

城陽懷王景，字景度，出繼叔父城陽哀王兆後。泰始五年受封，六年薨。

東海冲王祇，字敬度，泰始九年五月受封。[1]殤王薨，復以祇繼兆，[2]其年薨，時年三歲。

[1]九年五月：五，宋本作“王”。

[2]復以祇繼兆：祇，宋本作“冲”。

始平哀王裕，字濬度，咸寧三年受封，其年薨，年七歲。無子，以淮南王允子迪爲嗣。太康十年，改封漢王，爲趙王倫所害。[1]

[1]趙王倫：司馬倫，字子彝，本書卷五九有傳。

淮南忠壯王允，字欽度，咸寧三年，[1]封濮陽王，拜越騎校尉。[2]太康十年，徙封淮南，仍之國，都督揚江二州諸軍事、鎮東大將軍、假節。[3]元康九年入朝。

[1]咸寧三年：三，殿本作“二”。

[2]越騎校尉：官名，西漢北軍八校尉之一，東漢五校尉之一，隸屬北軍中候。魏晋以後隸屬中領軍（領軍將軍）。四品。

[3]都督揚江二州諸軍事：上述二州最高軍事行政長官。　鎮東大將軍：官名，三國魏置，職掌與鎮東將軍同，唯資歷深者得任此職。二品，開府位從公者一品。

初，愍懷之廢，議者將立允爲太弟。會趙王倫廢賈后，[1]詔遂以允爲驃騎將軍、開府儀同三司、侍中，都督如故，領中護軍。[2]允性沉毅，宿衛將士皆敬服之。

[1]賈后：惠帝皇后賈南風，本書卷三一有傳。

[2]中護軍：官名，掌武官選舉，與中領軍同掌禁軍。曹魏四品，晋三品。

倫既有僭逆志，[1]允陰知之，稱疾不朝，密養死士，潛謀誅倫。倫甚憚之，轉爲太尉，[2]外示優崇，實奪其兵也。允稱疾不拜。倫遣御史逼允，[3]收官屬以下，劾以大逆。允恚，視詔，乃孫秀手書也。[4]大怒，便收御史，將斬之，御史走而獲免，斬其令史二人。[5]厲色謂左右曰："趙王欲破我家！"遂率國兵及帳下七百人直出，大呼曰："趙王反，我將攻之，佐淮南王者左袒。"於是歸之者甚衆。允將赴宫，尚書左丞王輿閉東掖門，[6]允不得入，遂圍相府。允所將兵，皆淮南奇才劍客也。與戰，頻敗之，倫兵死者千餘人。太子左率陳徽勒東宫兵鼓譟於内以應，[7]允結陳於承華門前，[8]弓弩齊發，射倫，飛矢雨下。主書司馬眭秘以身蔽倫，[9]箭中其背而死。倫官屬皆隱樹而立，[10]每樹輒中數百箭，自辰至未。[11]徽兄淮時爲中書令，[12]遣麾騶虞幡以解鬥。[13]倫子虔爲侍中，在門下省，[14]密要壯士，約以富貴。於是遣司馬督護伏胤領騎四百從宫中出，[15]舉空版，詐言有詔助淮南王允。允不之覺，開陳内之，[16]下車受詔，爲胤所害，時年二十九。初，倫兵敗，皆相傳曰："已擒倫矣。"百姓大悦。既而聞允死，莫不嘆息。

允三子皆被害，坐允夷滅者數千人。

[1]有僭逆志：僭，殿本作“篡”。

[2]太尉：官名，曹操爲丞相後，太尉府屬官歸相府，晋時太尉雖爲八公之一、三公之首，實爲名譽宰相，多爲大臣加官。一品。

[3]御史：官名，魏晋時爲侍御史、治書侍御史、督軍糧侍御史、殿中侍御史、監國侍御史等官的簡稱。原本、宋本無“史”字，殿本有，據殿本補。

[4]孫秀：西晋琅邪臨沂（今山東省臨沂市）人，趙王倫心腹。趙王倫執政後任中書令，威震朝廷。趙王倫稱帝，任侍中、中書監、驃騎將軍。趙王倫失敗後被殺。

[5]令史：官名，尚書臺、蘭臺以及諸公、開府、位從公府屬諸曹皆置的屬官，掌管文書圖籍。九品。

[6]尚書左丞：官名，尚書省佐官，位次尚書，居尚書右丞上。與右丞共掌尚書都省庶務，率諸都令史監督稽核諸尚書曹、郎曹政務。左丞又掌督録近道文書章奏，監察糾彈尚書令、僕射、尚書等文武百官，號稱“監司”，權勢甚重。六品。　王輿：趙王倫左衛將軍，後反戈。趙王倫敗後，王輿以功免誅，後與東萊王蕤謀殺冏，又伏法。　東掖門：宫東旁小門。《初學記》卷二四《居處部·門》引《洛陽故宫記》：洛陽有南掖門、北掖門、東掖門、西掖門。

[7]太子左率：官名，即太子左衛率。領精兵萬人，宿衛東宫，亦任征戰，地位頗重。五品。　陳徽：陳準弟，歷任太子左衛率、揚州刺史等職。

[8]承華門：《資治通鑑》卷八三《晋紀》元康九年：“太子改服出，拜受詔，步出承華門。”胡三省注：“承華門，東宫門也。陸機詩所謂‘振纓承華’是也。”

［9］主書司馬：官名，西晋置，屬丞相府。　畦秘：中華本校勘記："《斠注》：王應麟《姓氏急就篇注》曰晋眭秘，是宋本作'眭'，不作'畦'。按：《通鑑》八三、《姓觿》'畦'並作'眭'。"

［10］倫官屬皆隱樹而立：官，原本、宋本作"宫"，殿本作"官"，據殿本改。

［11］自辰至未：早晨七點鍾至下午三點鍾。

［12］徽兄淮：中華本校勘記："勞校：'淮'當作'準'，即廣陵公陳準也。"　中書令：官名，掌收納尚書奏事，傳達皇帝詔旨。三國魏文帝初年分秘書置中書省，設中書監和中書令，職權甚重。三品。

［13］騶虞幡：一種繪有騶虞圖形的旗幟，用以傳旨解兵。趙翼《廿二史劄記》卷八："晋制最重騶虞幡，每至危險時，或用以傳旨，或用以止兵，見之者輒慑伏而不敢動，亦一朝之令甲也。"

［14］門下省：官署名，魏、晋、南朝初期爲門下諸省的泛稱。掌顧問應對、拾遺補闕、諫諍糾察、儐贊威儀，管理門下衆事，侍奉皇帝生活起居。與散騎省共平尚書奏事，有異議則駁奏之。與散騎省、侍中省共稱門下三省。

［15］司馬：官名，府署高級幕僚。掌参讚軍務、管理府内武職，位僅次於長史。魏晋南北朝時王府、公府、軍府、邊郡均置。八至六品。　督護：官名，州郡及出鎮方面將軍府皆設，掌兵事。兩晋時常統軍征伐，衹督一軍。

［16］開陳内之：内，殿本作"納"。

及倫誅，齊王冏上表理允曰：[1]"故淮南王允忠孝篤誠，憂國忘身，討亂奮發，幾於克捷。遭大凶運，[2]奄至隕没，逆黨讒惡，并害三子，冤魂酷毒，莫不悲酸。洎興義兵，淮南國人自相率領，衆過萬人，人懷慷愾，愍國統滅絶，發言流涕。臣輒以息超繼允後，[3]以慰存亡。”有詔改葬，賜以殊禮，追贈司徒。[4]冏敗，超被幽金墉城。[5]後更以吴王晏子祥爲嗣，拜散騎常侍。洛京傾覆，爲劉聰所害。[6]

[1]齊王冏：司馬冏，字景治，本書卷五九有傳。　理：申訴，辯白。

[2]遭大凶運：大，殿本作“天”。

[3]息：兒子。

[4]司徒：官名，西漢哀帝元壽二年（前1）改丞相爲大司徒，東漢光武帝時改名爲司徒，東漢末又改爲丞相。三國魏恢復三公制，改丞相爲司徒，管理民政。兩晋沿制，爲八公之一，在太尉之下、司空之上。與丞相通職，一般不並置，爲名譽宰相。一品。

[5]金墉城：三國魏明帝時築。位於今河南省洛陽市東北漢魏洛陽城故址西北角。三面開門，南曰乾光門，東曰含春門，北曰遲門。城内又置西宫，西晋改爲永昌宫。魏晋時被廢的皇帝及后妃都安置於此。城小而固，爲攻占戍守要地。

[6]劉聰：字玄明，一名載，本書卷一〇二有載記。

代哀王演，字宏度，太康十年受封。少有廢疾，不之國，演常止于宫中。薨，無子，以成都王穎子廓爲嗣，改封中都王，後與穎俱死。

新都王該，字玄度，咸寧三年受封，太康四年薨，時年十二。無子，國除。

清河康王遐，字深度，美容儀，有精彩，武帝愛之。既受封，出繼叔父城陽哀王兆。[1]太康十年，增封渤海郡，[2]歷右將軍、散騎常侍、前將軍。[3]元康初，進撫軍將軍，[4]加侍中。遐長而懦弱，無所是非。性好内，不能接士大夫。及楚王瑋之舉兵也，使遐收衛瓘，而瓘故吏榮晦遂盡殺瓘子孫，遐不能禁，爲世所尤。永康元年薨，時年二十八。四子：覃、籥、銓、端。[5]覃嗣立。

[1]城陽哀王兆：司馬兆，字千秋，本書卷三八有傳。

[2]渤海郡：西漢置，治所在浮陽縣（今河北省滄州市東南舊滄州），西晉治所在南皮縣（今河北省南皮縣東北）。

[3]右將軍：官名，漢代重號將軍之一，與前、左、後將軍並爲上卿。魏晉時常設，權位漸低，僅爲武官名號，略高於一般雜號將軍。三品。　前將軍：官名，漢代重號將軍之一，與左、右、後將軍並爲上卿。魏晉時常設，權位較兩漢時漸低，僅爲武官名號，略高於一般雜號將軍，不典禁兵，不與朝政。三品。

[4]撫軍將軍：官名，三國蜀漢、孫吴皆置，爲加官，以示權重。晉沿置，與中軍將軍、鎮軍將軍並爲三名號將軍。三品。

[5]覃、籥、銓、端：中華本校勘記："《考異》：《懷紀》'立豫章王詮爲皇太子'，即銓。按：《元紀》《王彌傳》均作'詮'。"

及冲太孫薨，齊王冏表曰："東宫曠然，冢嗣莫繼。天下大業，帝王神器，必建儲副，以固洪基。今者後宫未有孕育，不可庶幸將來而虚天緒，非祖宗之遺志，社稷之長計也。禮，兄弟之子猶子，故漢成無嗣，繼由定陶；[1]孝和之絶，安以紹興。[2]此先王之令典，往代之成式也。清河王覃神姿岐嶷，[3]慧智早成，康王正妃周氏所生，先帝衆孫之中，於今爲嫡。昔薄姬賢明，文則承位。覃外祖恢世載名德，[4]覃宜奉宗廟之重，統無窮之祚，以寧四海顒顒之望。覃兄弟雖並出紹，可簡令淑還爲國胤，不替其嗣。輒諮大將軍穎及群公卿士，咸同大願。請具禮儀，擇日迎拜。”遂立覃爲皇太子。既而河間王顒脅遷大駕，[5]表成都王穎爲皇太弟，廢覃復爲清河王。初，覃爲清河世子，所佩金鈴欻生隱起如麻粟，祖母陳太妃以爲不祥，毁而賣之。占者以金是晋行大興之祥，覃爲皇胤，是其瑞也。毁而賣之，象覃見廢不終之驗也。永嘉初，前北軍中候任城吕雍、度支校尉陳顔等謀立覃爲太子，[6]事覺，幽於金墉城。未幾，被害，時年十四，葬以庶人禮。

[1]定陶：西漢哀帝劉欣，字喜，漢元帝庶孫，定陶恭王之子。三歲嗣立爲定陶王。由於漢成帝無子，十七歲被立爲皇太子。成帝死後繼位，是爲漢哀帝。

[2]安以紹興：安指東漢安帝劉祜。東漢和帝死後，其子剛百餘日後繼位，八個月後夭亡。漢章帝孫、清河王劉慶子劉祜繼位，鄧太后臨朝稱制。十五年後鄧太后去世，安帝親政，與宦官誅滅鄧氏宗族，自此寵信宦官。

[3]岐嶷：幼年聰慧。

[4]覃外祖恢：司馬覃外祖父周恢，西晋汝南人，任散騎常侍，賈謐“二十四友”之一。

[5]河間王顒：司馬顒，字文載，本書卷五九有傳。

[6]北軍中候：官名，掌監屯騎校尉、越騎校尉、步兵校尉、長水校尉、射聲校尉所領北軍五營。魏晋時增設禁軍兵力，由地位更高的中領軍統轄，北軍五營作用漸輕，北軍中候置省無常，常與中領軍並置。五品。　任城：封國名，治所在任城縣（今山東省微

山縣西北）。　度支校尉：官名，三國曹魏置，掌諸軍兵田。職與典農校尉相通。隸大司農。兩晋時置於諸郡，掌財賦、會計、漕運，常簡稱度支。六品。

籥，初封新蔡王，覃薨，還封清河王。

銓，初封上庸王，懷帝即位，更封豫章王。二年，立爲皇太子。洛京傾覆，没于劉聰。

端，初封廣川王，銓之爲皇太子也，轉封豫章，禮秩如皇子，拜散騎常侍、平南將軍、都督江州諸軍事、假節。[1]當之國，會洛陽陷没，端東奔苟晞於蒙。[2]晞立爲皇太子，七十日，爲石勒所没。[3]

[1]平南將軍：官名，與平東、平西、平北將軍合稱四平將軍。多持節都督或監某一地區的軍事，有時作爲刺史等地方官員監理軍務的加官。三品，加持節都督者二品。　都督江州諸軍事：江州地區最高軍事行政長官。

[2]苟晞：字道將，本書卷六一有傳。　蒙：縣名，治所在今河南省商丘市東北。

[3]石勒：字世龍，本書卷一〇四有載記。

汝陰哀王謨，字令度，太康七年薨，時年十一。無後，國除。

吴敬王晏，[1]字平度，太康十年受封，食丹楊、吴興并吴三郡，[2]歷射聲校尉、後軍將軍。[3]與兄淮南王允共攻趙王倫，允敗，收晏付廷尉，[4]欲殺之。傅祗於朝堂正色而争，[5]於是群官並諫，倫乃貶爲賓徒縣王。後徙封代王。倫誅，詔復晏本封，拜上軍大將軍、開府，[6]加侍中。長沙王乂、成都王穎之相攻也，乂以晏爲前鋒都督，[7]數交戰。永嘉中，爲太尉、大將軍。

[1]吴敬王晏：中華本校勘記："勞校：上文'李夫人生吴孝王晏'，《愍紀》亦作'孝王'，《傳》云'敬王'，疑誤。"

[2]丹楊：郡名，治所在建業縣（今江蘇省南京市）。楊，殿本作"陽"。　吴興：郡名，治所在烏程縣（今浙江省湖州市南）。　吴：郡國名，治所在吴縣（今江蘇省蘇州市）。

[3]射聲校尉：官名，統宿衛兵，魏晋時隸屬中領軍。四品。

[4]廷尉：官名，中央最高司法審判機構長官，負責會審朝中有罪文武大臣，覆核審决郡國疑獄等。三品。

[5]傅祗：字子莊，本書卷四七有傳。

[6]上軍大將軍：官名，三國魏文帝黄初三年（222）置，屬將軍名號。二品，不常設。晋沿置，官品同，開府位從公者一品。　開府：開設府署，辟置僚屬。魏晋時常以此作爲對高級官員的寵待。

[7]乂以晏爲前鋒都督：乂，宋本作"叉"。

晏爲人恭愿，才不及中人，於武帝諸子中最劣。又少有風疾，視瞻不端，後轉增劇，不堪朝覲。及洛京傾覆，晏亦遇害，時年三十一。愍帝即位，追贈太保。五子，長子不顯名，與晏同没。餘四子：祥、鄴、固、衍。[1]祥嗣淮南王允。鄴即愍帝。固初封漢王，改封濟南。衍初封新都王，改封濟陰，爲散騎常侍。皆没于賊。

[1]祥、鄴、固、衍：中華本校勘記："勞校：《惠紀》'固'作'國'。"

渤海殤王恢，字思度，太康五年薨，時年二歲，追加封謚。

元四王

元帝六男：宫人荀氏生明帝及琅邪孝王裒。石婕妤生東海哀王冲。王才人生武陵威王晞。鄭夫人生琅邪悼王焕及簡文帝。

琅邪孝王裒，字道成，母荀氏，以微賤入宫，元帝命虞妃養之。裒初繼叔父長樂亭侯渾，後徙封宣城郡公，拜後將軍。[1]及帝爲晋王，有司奏立太子，帝以裒有成人之量，過於明帝，從容謂王導曰：[2]"立子以德不以年。"導曰："世子、宣城俱有朗儁之目，固當以年。"於是太子位遂定。更封裒琅邪，嗣恭王後，改食會稽、宣城邑五萬二千户，[3]拜散騎常侍、使持節、都督青徐兖三州諸軍事、車騎將軍，[4]徵還京師。建武元年薨，年十八，贈車騎大將軍，[5]加侍中。及妃山氏薨，祔葬，穆帝更贈裒太保。子哀王安國立，未逾年薨。

[1]後將軍：官名，漢代爲重號將軍，與前、左、右將軍並爲上卿。魏晋以後權位漸低，僅爲將軍名號，略高於一般雜號將軍。

三品。

[2]王導：字茂弘，本書卷六五有傳。

[3]會稽：郡名，治所在山陰縣（今浙江省紹興市）。　宣城：郡名，治所在宛陵縣（今安徽省宣城市）。

[4]使持節：漢朝官吏奉使外出時，或由皇帝授予節杖，以提高其權力。魏晋以後，凡重要軍事長官出征或出鎮，加使持節，可誅殺二千石以下官員。　都督青徐兗三州諸軍事：上述三州最高軍事行政長官。　車騎將軍：官名，魏晋南北朝時位次於驃騎將軍，在諸名號將軍之上，多作爲軍府名號，以加授大臣及重要州郡長官。二品，開府位從公者一品。

[5]車騎大將軍：官名，西晋置，位在車騎將軍之上，多授予元老重臣，以示尊崇。開府置僚屬，一般不領兵。二品，開府位從公者一品。

東海哀王冲，字道讓。元帝以東海王越世子毗没于石勒，不知存亡，乃以冲繼毗後，稱東海世子，以毗陵郡增本封邑萬户，又改食下邳、蘭陵，[1]以越妃裴氏爲太妃，拜長水校尉。高選寮佐，以沛國劉耽爲司馬，[2]潁川庾懌爲功曹，[3]吴郡顧和爲主簿。[4]永昌初，遷中軍將軍，[5]加散騎常侍。及東海太妃薨，因發毗喪。冲即王位，以滎陽益東海國，[6]轉車騎將軍，徙驃騎將軍。咸康七年薨，年三十一，贈侍中、驃騎大將軍、儀同三司，[7]無子。

[1]下邳：縣名，治所在今江蘇省睢寧縣古邳鎮東。　蘭陵：縣名，治所在今山東省蘭陵縣。

[2]沛國：三國魏治所在沛縣（今江蘇省沛縣），西晋時治所

在相縣（今安徽省濉溪縣西北）。　劉耽：歷任吏部郎、兼太保、校尉司馬等職。

[3]潁川：郡名，治所在許昌縣（今河南省許昌市東）。潁，原本、宋本作“穎”，殿本作“潁”，據殿本改。　庾懌：字叔預，本書卷七三有傳。　功曹：官名，即功曹史。郡縣屬官，職掌人事，參與郡縣政務。兩晋時，不開府將軍、太子二傅、特進、郡縣皆置。

[4]顧和：字君孝，本書卷八三有傳。　主簿：官名，開府屬官，典領文書籍簿，省録衆事，職權甚重。

[5]中軍將軍：官名，西晋時統左右衛、前後左右驍騎等宿衛七營禁軍，主管京師及朝廷警衛。泰始四年（268）罷，置北軍中候代其職。後爲將軍名號，與鎮軍將軍、撫軍將軍並爲三名號將軍，不統禁兵。三品。

[6]滎陽：郡名，治所在滎陽縣（今河南省滎陽市東北）。滎，宋本作“榮”。　東海國：治所在郯縣（今山東省郯城縣北）。

[7]驃騎大將軍：官名，魏晋制度，驃騎將軍爲重號將軍，僅次於大將軍，高於諸名號將軍，本不需加“大”字。然兩晋時將軍名號越授越濫，遂又增置此號，居諸名號將軍之首。多加於權臣元老，以示尊崇。開府置僚屬，不領兵。二品，開府位從公者一品。

成帝臨崩，詔曰：“哀王無嗣，國統將絶，朕所哀怛。其以小晚生奕繼哀王爲東海王。”[1]以道遠，罷滎陽，更以臨川郡益東海。[2]及哀帝以琅邪王即尊位，徙奕爲琅邪王，東海國闕，無嗣。奕後入纂大業，桓温廢之，[3]復爲東海王，既而貶爲海西公，東海國又闕嗣。隆安三年，安帝詔以會稽忠王次子彦璋爲東海王，[4]繼哀王爲曾孫，改食吴興郡。爲桓玄所害，[5]國除。

[1]奕：即司馬奕，奕，原本、宋本、殿本作“弈”，據中華本改。本卷下文此人名同。

[2]臨川郡：治所在臨汝縣（今江西省撫州市臨川區西）。

[3]桓温：字元子，本書卷九八有傳。

[4]會稽忠王次子彦璋：中華本校勘記：“《何無忌傳》《魏書·司馬叡傳》‘璋’並作‘章’。”

[5]桓玄：字敬道，本書卷九九有傳。

武陵威王晞，字道叔，出繼武陵王喆後，太興元年受封。咸和初，拜散騎常侍。後以湘東增武陵國，除左將軍，遷鎮軍將軍，[1]加散騎常侍。康帝即位，加侍中、特進。[2]建元初，領秘書監。[3]穆帝即位，轉鎮軍大將軍，[4]遷太宰。[5]太和初，加羽葆鼓吹，[6]入朝不趨，贊拜不名，劍履上殿。固讓。

[1]鎮軍將軍：官名，三國始置，西晋罷又復置。位在鎮軍大將軍下，與中軍將軍、撫軍將軍並爲三名號將軍，位比四鎮將軍。三品。

[2]特進：官名，三國兩晋時表示有特殊地位，或用作安置閑退大臣。二品。

[3]秘書監：官名，秘書省長官，掌管藝文圖籍、課試署吏，統著作局，掌國史修撰並管理中外三閣圖書。三品。

[4]鎮軍大將軍：官名，高級軍事長官，權任甚重。兩晋二品，開府位從公者一品。

[5]太宰：官名，即太師，因避司馬師名諱而改名太宰。八公之一，居上公之首，爲宰相之任。一品。

[6]羽葆：帝王儀仗中以鳥羽聯綴爲飾的華蓋。　鼓吹：帝王及高級官員儀仗中的樂隊，由管樂和打擊樂器組成，常用來賜予有

軍功的高級武官。

晞無學術而有武幹，爲桓温所忌。及簡文帝即位，温乃表晞曰："晞體自皇極，故寵靈光世，不能率由王度，修己慎行，而聚納輕剽，苞藏亡命。又息綜矜忍，[1]虐加于人。袁真叛逆，[2]事相連染。頃自猜懼，將成亂階。請免晞官，以王歸藩，免其世子綜官，解子遵散騎常侍。"遵以梁王隨晞，晞既見黜，送馬八十五匹、三百人杖以歸温。温又逼新蔡王晃使自誣與晞、綜及著作郎殷涓、太宰長史庾倩、掾曹秀、舍人劉彊等謀逆，[3]遂收付廷尉，請誅之。簡文帝不許，温於是奏徙新安郡，[4]家屬悉從之，而族誅殷涓等，廢晃徙衡陽郡。

[1]息綜：中華本校勘記："《簡文紀》'綜'作'總'。《世説·黜免》注引《司馬晞傳》作'琮'。"

[2]袁真：東晋人。歷任廬江太守、龍驤將軍、西中郎將、豫州刺史等職。桓温北伐失利，歸罪袁真，將其廢黜。因懷恨叛降前燕。

[3]新蔡王晃：司馬晃，字子明，本書卷三七有傳。　著作郎：官名，三國時爲著作局長官。隸屬中書省。西晋時著作局别自置省，長官仍爲著作郎，改隸屬秘書省。西晋後亦稱大著作郎、大著作、著作，掌國史及起居注的修撰。兩晋南北朝時爲清要之官，多由有名望的文學之士擔任，也用司空、侍中、尚書等官典領。職閑位重，南朝時多爲貴族起家官。六品。　殷涓：東晋陳郡長平（今河南省西華縣東北）人，殷浩之子。　長史：官名，掌顧問參謀，爲所在官署掾屬之長。魏晋南北朝時王府、公府、軍府、邊郡均置。此爲太宰府長史，六品。　庾倩：倩，原本作"蒨"，宋本、

殿本作“籍”，據中華本校勘記改。　舍人：官名，魏晋時太子府、王國、公府、將軍府、王妃及公主府皆設舍人，掌文檄之事。此爲太宰府舍人。

[4]新安郡：治所在始新縣（今浙江省淳安縣西北新安江北岸，現已没入千島湖）。

太元六年，晞卒于新安，時年六十六。孝武帝三日臨于西堂，[1]詔曰：“感惟摧慟，便奉迎靈柩，并改移妃應氏及故世子梁王諸喪，家屬悉還。”復下詔曰：“故前武陵王體自皇極，克己思愆。仰惟先朝仁宥之旨，豈可情禮靡寄！其追封新寧郡王，邑千户。”晞三子：綜、璲、遵。以遵嗣。追贈綜給事中，[2]璲散騎郎。[3]十二年，追復晞武陵國，綜、璲各復先官，璲還繼梁國。

[1]西堂：太極殿西堂。《景定建康志》卷二一《城闕志·古宫殿》：“太極殿，建康宫内正殿也。晋初造以十二間，象十二月。至梁武帝改製十三間，象閏焉。高八丈，長二十七丈，廣十丈，内外並以錦石爲砌次。東有太極東堂七間，西有太極西堂七間。”

[2]給事中：官名，爲加官，所加爲三公、將軍、中書監令、博士、郎等。常侍從皇帝左右，諫諍糾彈，爲中朝要職。五品。

[3]散騎郎：官名，散騎侍郎的省稱。五品。

梁王璲，字賢明，出繼梁王翹，官至永安太僕，[1]與父晞俱廢。薨，子龢嗣。太元中復國。薨，子珍之嗣。桓玄篡位，國人孔樸奉珍之奔于壽陽。[2]桓玄敗，珍之歸朝廷。大將軍武陵王令曰：“梁王珍之理悟貞立，蒙險違難，撫義懷順，載奔闕庭。值壽陽擾亂，在危克固，且可通直散騎郎。”[3]累遷游擊將軍、左衛、太常。[4]劉裕伐姚泓，[5]請爲諮議參軍。[6]裕將弱王室，誣其罪害之。

[1]永安太僕：官名，三國魏置，魏明帝文德郭太后永安宮三卿之一。掌太后宮車馬，職比太僕。

[2]國人孔樸：樸，原本作“撲”，宋本、殿本作“僕”，據中華本改。中華本校勘記：“《梁王肜傳》‘國人’作‘國臣’，‘孔樸’作‘孔璞’，《世説·豪爽》注引《中興書》亦作‘孔璞’。”

[3]通直散騎郎：官名，簡稱通直郎，東晋元帝大興元年（318）使員外散騎侍郎二人與散騎侍郎通員當值，故名。後增至四人，屬散騎省，職同散騎侍郎，參平尚書奏事，兼掌侍從、諷諫，地位較高。五品。

[4]游擊將軍：官名，禁軍將領，與驍騎將軍分領命中虎賁，掌宿衛之任，隸屬中領軍（領軍將軍）。四品。　左衛：官名，即左衛將軍。三國魏咸熙二年（265），司馬炎即晋王位，分中衛將軍爲左、右衛將軍。掌佽飛虎賁及前驅、由基、强弩三部司馬，屬下還有虎賁、羽林、上騎、異力、命中共五部督，負責宫禁侍衛。西晋屬中軍將軍，後屬領軍將軍。爲禁衛軍主要統帥之一，權任很重。四品。　太常：官名，漢代稱奉常，本掌禮樂宗廟、社稷祭祀，魏晋時此職掌歸尚書裁定，太常成爲閑職。三品。

[5]劉裕：字德輿，小名寄奴，彭城（今江蘇省徐州市）人，南朝宋開國皇帝。世居京口，初爲東晋冠軍司馬，後被劉牢之任爲參軍。歷任鎮軍將軍、都督十六州諸軍事，官至相國，受封宋王。元熙二年（420）代晋稱帝。卒謚武皇帝，廟號高祖。　姚泓：字元子，本書卷一一九有載記。

[6]諮議參軍：官名，兩晋時大將軍府、丞相府、公府、位從公府、州軍府均有置者，掌顧問謀議。

忠敬王遵，字茂遠。初襲封新寧，時年十二，受拜流涕，哀感左右。右將軍桓伊嘗詣遵，[1]遵曰："門何爲通桓氏?"左右曰："伊與桓温疏宗，相見無嫌。"遵曰："我聞人姓木邊，便欲殺之，况諸桓乎!"由是少稱聰惠。[2]

[1]桓伊：字叔夏，本書卷八一有傳。

[2]少稱聰惠：惠，殿本作"慧"。

及晞追復封武陵王，以遵嗣，歷位散騎常侍、秘書監、太常、中領軍。[1]桓玄用事，[2]拜金紫光禄大夫。[3]玄篡，貶爲彭澤侯，遣之國。行次石頭，[4]夜濤水入淮，船破，未得發。會義旗興，復還國第。朝廷稱受密詔，使遵總攝萬機，加侍中、大將軍，移入東宫，内外畢敬。遷轉百官，稱制書；又教稱令書。安帝反正，更拜太保，加班劍二十人。義熙四年薨，時年三十五，詔賜東園温明、秘器，[5]朝服一具、衣一襲、錢百萬、布千匹，策贈太傅，[6]葬加殊禮。子定王季度立，拜散騎侍郎。[7]薨，子球之立。宋興，國除。

[1]中領軍：官名，東漢建安中曹操改領軍置。與中護軍皆典禁兵，屬丞相府。三品。

[2]桓玄用事：桓，宋本作"温"。

[3]金紫光禄大夫：官名，對光禄大夫加金章紫綬。禄賜、班位、車服、佩玉等皆與特進同。二品。

[4]石頭：石頭城，故址在今江蘇省南京市清凉山。

[5]東園：官署名。秦漢置。掌管陵墓内器物、葬具的製造與供應，屬少府。　温明：東園所制温明。《漢書》卷六八《霍光傳》注引服虔曰：“東園處此器，形如方漆桶，開一面，漆畫之，以鏡置其中，以懸屍上，大斂并蓋之。”　秘器：棺材。《漢書》卷九三《佞幸·董賢傳》：“及至東園秘器，珠襦玉柙，豫以賜賢，無不備具。”顔師古注引《漢舊儀》：“東園秘器作棺梓，素木長二丈，崇廣四尺。”

[6]太傅：官名，晋爲八公之一。位上公，太宰之下、太保之上。一品。

[7]散騎侍郎：官名，三國魏置。隸屬散騎省，侍從皇帝左右，顧問應對，諫諍拾遺，與散騎常侍、侍中等共平尚書奏事。五品。

琅邪悼王焕，字耀祖。母有寵，元帝特所鍾愛。初繼帝弟長樂亭侯渾，後封顯義亭侯。尚書令刁協奏：[1]“昔魏臨淄侯以邢顒爲家丞，[2]劉楨爲庶子。[3]今侯幼弱，宜選明德。”帝令曰：“臨淄萬户封，又植少有美才，能同游田蘇者。[4]今晚生矇弱，何論於此！間封此兒，不以寵稚子也。亡弟當應繼嗣，不獲已耳。家丞、庶子，足以攝祠祭而已，豈宜屈賢才以受無用乎！”及焕疾篤，帝爲之徹膳，乃下詔封爲琅邪王，嗣恭王後。俄而薨，年二歲。

[1]尚書令：官名，秦漢時爲尚書署長官。秩位雖低，權力甚重。魏晋時沿置，爲尚書省長官，綜理全國政務，參議大政，爲高級政務長官。三品。　刁協：字玄亮，本書卷六九有傳。

[2]魏臨淄侯：即曹植，三國時沛國譙縣（今安徽省亳州市）人，字子建，曹操第三子。東漢建安十九年（215）封臨淄侯。後

封陳王，謚號思，故稱陳思王。善辭賦，建安文學領袖。　邢顒：字子昂，河間鄚（今河北省任丘市北）人。從田疇游，積五年。曹操辟爲冀州從事，後任曹植家丞。以後又任太子少傅，遷太傅。文帝踐阼，爲侍中、尚書僕射，賜爵關内侯，出爲司隸校尉，徙太常。　家丞：官名，王國、侯國屬官。

[3]劉楨：東漢東平寧陽（今山東省東平縣東）人，字公幹。“建安七子”之一。建安中任曹操丞相掾屬、曹植中庶子。因平視曹丕夫人甄氏被罰輸作部，後免爲吏。　庶子：官名，王國、侯國屬官。

[4]同游田蘇：《左傳·襄公七年》：春秋時，晋王欲立韓無忌爲卿，無忌推辭説：“無忌不才，讓，其可乎？請立起也。與田蘇游，而曰‘好仁’。”杜預注：“田蘇，晋賢人。蘇言起好仁。”

帝悼念無已，將葬，以焕既封列國，加以成人之禮，詔立凶門柏歷，[1]備吉凶儀服，營起陵園，功役甚衆。琅邪國右常侍會稽孫霄上疏諫曰：[2]

臣聞法度典制，先王所重，吉凶之禮，事貴不過。是以世豐不使奢放，凶荒必務約殺。朝聘嘉會，足以展庠序之儀；[3]殯葬送終，務以稱哀榮之情。上無奢泰之謬，下無匱竭之困。故華元厚葬，君子謂之不臣；[4]嬴博至儉，仲尼稱其合禮。[5]明傷財害時，古人之所譏；節省簡約，聖賢之所嘉也。語曰：上之化下，如風靡草。京邑翼翼，四方所則，明教化法制，不可不慎也。陛下龍飛踐阼，興微濟弊，聖懷勞謙，務從簡儉，憲章舊制，猶欲節省，禮典所無，而反尚飾，此臣愚情竊所不安也。棺椁輿服旒翣之屬，[6]禮典舊制，不可廢闕。凶門柏歷，禮典所無，天晴可不用，遇雨則無益，此至宜節省者也。若琅邪一國一時所用，不爲大費，臣在機近，義所不言。今天臺所居，王公百寮聚在都輦，凡有喪事，皆當供給材木百數、竹薄千計，凶門兩表，衣以細竹及材，價直既貴，又非表凶哀之宜，如此過飾，宜從粗簡。

[1]凶門：舊時辦喪事在門外用白絹或白布結扎成門形，稱“凶門”。　柏歷：古時人始死，立木於庭中，上横一木如門，叫“重”。横木下懸鬲，即“歷”，中盛粥，謂爲死者神所憑依，葬後始改用木主。魏晋以來又有凶門柏歷置於門外以表喪，略似後世的喪事牌樓。

[2]琅邪國：封國名，東晋僑置於江蘇省南京市栖霞區。　右常侍：王國、公國屬官。掌侍從左右，贊相禮儀，獻替諫諍，員額依國之大小不等。

[3]庠序：學校。

[4]“華元厚葬”句：《左傳·成公二年》：“八月，宋文公卒。始厚葬，用蜃炭，益車馬，始用殉。重器備，椁有四阿，棺有翰檜。”君子謂：“華元、樂舉於是乎不臣。”

[5]“嬴博至儉”句：《禮記·檀弓下》：“延陵季子適齊，於其反也，其長子死，葬於嬴、博之間。”“其坎深不至於泉，其斂以時服，既葬而封，廣輪揜坎，其高可隱也。”孔子曰：“延陵季子之於禮也，其合矣乎。”

[6]旒翣：喪葬時用的銘旌與翣柳。

又案《禮記》，國君之葬，棺椁之間容柷，[1]大夫容壺，士容甒。[2]以壺甒爲差，則柷財大於壺明矣，椁周於棺，椁不甚大也。語曰：葬者藏也，藏欲其深而固也。椁大則難爲堅固，無益於送終，而有損於財力。凶荒殺禮，經國常典，既減殺而猶過舊，此爲國之所厚惜也。又《禮》，將葬，遷柩于廟祖而行，及墓即窆，[3]葬之日即反哭而虞。[4]如此，則柩不宿於墓上也。聖人非不哀親之在土而無情於丘墓，蓋以墓非安神之所，故修虞於殯宫。始則營草宫於山陵，遷神柩於墓側，又非典也。非禮之事，不可以訓萬國。

[1]柷：古樂器名。木制，形如方斗。奏樂開始時擊之。

[2]甀：陶制容器，多用以盛酒。

[3]及墓即窆：到墓地即埋葬。

[4]反哭：古代喪葬儀式之一。安葬后，喪主捧神主歸而哭。虞：虞祭，既葬而祭。

臣至愚至賤，忽求革前之非，可謂狂瞽不知忌諱。然今天下至弊，自古所希，宗廟社稷，遠託江表半州之地，[1]凋殘以甚。加之荒旱，百姓困瘁，非但不足，死亡是懼。此乃陛下至仁之所矜愍，可憂之至重也。正是匡矯末俗，改張易調之時，而猶當竭已罷之人，營無益之事，殫已困之財，修無用之費，此固臣之所不敢安也。今琅邪之於天下，國之最大，若割損非禮之事，務遵古典，上以彰聖朝簡易之至化，下以表萬世無窮之規則，此芻蕘之言有補萬一，塵露之微有增山海。

表寢不報。

[1]江表：江外，指長江以南地區。

永昌元年，立焕母弟昱爲琅邪王，即簡文帝也。咸和二年，徙封會稽，以康帝爲琅邪王。康帝即位，哀帝爲琅邪王。哀帝即位，廢帝爲琅邪王。廢帝即位，又以簡文帝攝行琅邪王國祀。簡文登阼，[1]國遂無嗣。帝臨崩，封少子道子爲琅邪王。太元十七年，[2]道子爲會稽王，更以恭帝爲琅邪王。恭帝即位，於是琅邪國除。

[1]簡文登阼：阼，殿本作“祚”。
[2]太元十七年：太，宋本作“大”。

簡文三子

簡文帝七子：王皇后生會稽思世子道生、皇子俞生。[1]胡淑儀生臨川獻王郁、皇子朱生。王淑儀生皇子天流。李夫人生孝武帝、會稽文孝王道子。俞生、朱生、天流並早夭，今並略之。

[1]王皇后：王簡姬，本書卷三二有傳。

會稽思世子道生，字延長。帝爲會稽王，立道生爲世子，拜散騎侍郎、給事中。性疏躁，不修行業，多失禮度，竟以幽廢而卒，時年二十四，無後。及孝武帝即位，嘗晝日見道生及臨川獻王郁，郁曰：“大郎饑乏辛苦。”言竟不見。帝傷感，因以西陽王羕玄孫珣之爲後。[1]珣之歷吴興太守。劉裕之伐關中，[2]以爲諮議參軍。時帝道方謝，珣之爲宗室之美，與梁王珍之俱被害。

[1]西陽王羕：司馬羕，字延年，本書卷五九有傳。

[2]關中：地區名，函谷關以西秦國故地，包括今河南省靈寶市以西及陝西省、甘肅省東部和四川省部分地區。

臨川獻王郁，字深仁，幼而敏慧。道生初以無禮失旨，郁數勸以敬慎之道。道生不納，郁爲之涕泣，[1]簡文帝深器異之。年十七而薨。久之，追謚獻世子。寧康初，贈左將軍，加散騎常侍，追封郡王，以武陵威王曾孫寶爲嗣，[2]追尊其母胡淑儀爲臨川太妃。

[1]涕泣：殿本作“流涕”。

[2]以武陵威王曾孫寶爲嗣：中華本校勘記：“《周校》：《孝武紀》作‘武陵王孫寶’。簡文、武陵兄弟，不當以武陵曾孫嗣簡文子。按：周校是。疑‘曾’字衍文。”

寶，字弘文，歷秘書監、太常、左將軍、散騎常侍、護軍將軍。[1]宋興，以爲金紫光禄大夫，降爲西豐侯，食邑千户。

[1]護軍將軍：官名，東漢建安十二年（207）曹操改丞相府護軍爲中護軍，資重者可遷護軍將軍，典武官選舉，與中領軍同掌禁軍。曹魏時四品，西晉時三品。

會稽文孝王道子，字道子。出後琅邪孝王，少以清澹爲謝安所稱。[1]年十歲，封琅邪王，食邑一萬七千六百五十一户，攝會稽國五萬九千一百四十户。太元初，拜散騎常侍、中軍將軍，進驃騎將軍。後公卿奏："道子親賢莫二，宜正位司徒。"固讓不拜。使録尚書六條事，[2]尋加開府，領司徒。及謝安薨，詔曰："新喪哲輔，華戎未一，自非明賢懋德，莫能綏御内外。司徒、琅邪王道子體道自然，神識穎遠，實當旦奭之重，[3]宜總二南之任，[4]可領揚州刺史、録尚書、假節、都督中外諸軍事。[5]衛府文武，一以配驃騎府。"讓不受。數年，領徐州刺史、太子太傅。[6]公卿又奏："宜進位丞相、揚州牧，假黄鉞，[7]羽葆、鼓吹。"並讓不受。

[1]謝安：字安石，本書卷七九有傳。

[2]録尚書六條事：參録、分録尚書事。《宋書》卷三九《百官志上》："晋康帝世，何充讓録表曰：'咸康中，分置三録，王導録其一，荀崧、陸曄各録六條事。'然則似有二十四條，若止有十二條，則荀、陸各録六條，導又何所司乎？若導總録，荀、陸分掌，則不得復云導録其一也。其後每置二録，輒云各掌六條事，又是止有十二條也。十二條者，不知悉何條。晋江右有四録，則四人參録也。"

[3]旦：即周公旦，亦稱文公、叔旦。周武王弟，與吕尚同爲西周開國元勛。以魯公封於曲阜。武王去世，輔佐成王，平定叛亂，營建洛邑，制禮作樂，功勛卓著。　奭：召公奭，姬姓，成王時三公之一。自陜以西，召公主之；自陜以東，周公主之。召公治西方，甚得民和。召公卒，民思其政。

[4]二南：指周公、召公及其管轄的地區。

[5]揚州：三國魏、吴各置揚州，魏治所在壽春縣（今安徽省壽縣），吴治所在建業縣（今江蘇省南京市）。西晋統一後復合，治所在建鄴縣（今江蘇省南京市）。揚，宋本作“楊”。　録尚書：官名，即録尚書事。　都督中外諸軍事：官名，亦稱都督中外諸軍。全國最高軍事統帥，總統中央地方的内外諸軍，權力極大。

[6]徐州：治所在彭城縣（今江蘇省徐州市）。　太子太傅：官名，與太子少傅並稱二傅，三國時並攝東宫事務，與尚書、東曹並掌太子、諸侯官署選舉。西晋時下設丞、功曹、主簿等屬官。三品。

[7]丞相：官名，原爲最高國務長官，魏晋時省置無常，或分置左、右，或稱大丞相，多用來安置權臣。　揚州牧：揚，原本、宋本作“楊”，殿本作“揚”，據殿本改。　假黄鉞：假以黄鉞。黄鉞即飾以黄金的斧鉞，爲皇帝儀仗。賜予出征重臣，以示威重，令其專主征伐。

于時孝武帝不親萬機，但與道子酣歌爲務，姏姆尼僧，[1]尤爲親暱，並竊弄其權。凡所幸接，皆出自小豎。郡守長吏，多爲道子所樹立。既爲揚州總録，勢傾天下，由是朝野奔湊。中書令王國寶性卑佞，[2]特爲道子所寵昵。官以賄遷，政刑謬亂。又崇信浮屠之學，用度奢侈，下不堪命。太元以後，爲長夜之宴，蓬首昏目，政事多闕。桓玄嘗候道子，正遇其醉，賓客滿坐，道子張目謂人曰：“桓温晚塗欲作賊，云何？”玄伏地流汗不得起。長史謝重舉板答曰：“故宣武公黜昏登聖，功超伊霍，[3]紛紜之議，宜裁之聽覽。”道子頷曰：“儂知儂知。”因舉酒屬玄，玄乃得起。由是玄益不自安，切齒於道子。

[1]姏姆：乳媼；老年仆婦。

[2]王國寶：王坦之第三子，本書卷七五有傳。

[3]伊霍：伊尹和霍光。伊尹是輔佐商湯及其後代外丙、仲壬、太甲的賢臣。霍光是西漢人，字子孟，爲武帝所親信。武帝死後輔佐少主昭帝。期間輕徭薄賦，與民休息，社會較安定。

于時朝政既紊，左衛領營將軍會稽許榮上疏曰：[1]“今臺府局吏、直衛武官及僕隸婢兒取母之姓者，本臧獲之徒，[2]無鄉邑品第，皆得命議，用爲郡守縣令，並帶職在内，委事於小吏手中；僧尼乳母，競進親黨，又受貨賂，輒臨官領衆。無衛霍之才，[3]而比方古人，爲患一也。臣聞佛者清遠玄虚之神，以五誡爲教，[4]絶酒不淫。而今之奉者，穢慢阿尼，酒色是耽，其違二矣。夫致人於死，未必手刃害之。若政教不均，暴濫無罪，必夭天命，其違三矣。盗者未必躬竊人財，江乙母失布，罪由令尹。[5]今禁令不明，劫盗公行，其違四矣。在上化下，必信爲本。昔年下書，敕使盡規，而衆議兼集，無所采用，其違五矣。尼僧成群，依傍法服。五誡粗法，尚不能遵，況精妙乎！而流惑之徒，競加敬事，又侵漁百姓，取財爲惠，亦未合布施之道也。”又陳“太子宜出臨東宫，克奨德業”。疏奏，並不省。中書郎范寧亦深陳得失，[6]帝由是漸不平於道子，然外每優崇之。國寶即寧之甥，以諂事道子，寧奏請黜之。國寶懼，使陳郡袁悦之因尼妙音致書與太子母陳淑媛，[7]説國寶忠謹，宜見親信。帝因發怒，斬悦之。國寶甚懼，復譖寧於帝。帝不獲已，流涕出寧爲豫章太守。[8]道子由是專恣。

[1]左衛領營將軍：官名，即以左衛將軍領營兵。

[2]臧獲：奴婢。

[3]衛：衛青，西漢河東平陽（今山西省臨汾市西南）人，字仲卿。本姓鄭，因父以縣吏給事平陽侯家，與主家婢女衛氏私通，生青，遂冒衛姓。少爲平陽侯家騎從，後因姊衛子夫受漢武帝寵幸，因得爲侍中。後任車騎將軍擊匈奴有功，官至大將軍、大司馬。　霍：霍去病，西漢河東平陽（今山西省臨汾市西南）人。漢武帝衛皇后姊少兒之子。初爲侍中，從大將軍衛青擊匈奴有功，封冠軍侯。後任驃騎將軍、大司馬，寵信在衛青之上。卒謚景桓侯。

[4]五誡：佛教指在家信徒終身應遵守的五條戒律。即不殺生、不偷盜、不邪淫、不妄語、不飲酒。

[5]“江乙母失布”句：事出《列女傳》：楚國大夫江乙被罷官，原因是有人盜宫中物品，令尹判斷江乙有責任。江乙的母親稱丢失了布匹，告訴楚王是令尹偷的。楚王説令尹一直陪着他，怎麽會偷盜？江乙母説：“昔孫叔敖之爲令尹也，道不拾遺，門不閉關，而盜賊自息。今令尹之治也，耳目不明，盜賊公行，是故使盜得盜妾之布，是與使人盜何以异也？”王曰：“令尹在上，寇盜在下，令尹不知有何罪焉？”母曰：“大王之言過也！昔日妾之子爲郢大夫，有盜王宫中之物者，妾子坐而絀，妾子亦豈知之哉！然終坐之，令尹獨何人，而不以是爲過也？昔者周武王有言曰：‘百姓有過，在予一人。’上不明則下不治，相不賢則國不寧。所謂國無人者，非無人也，無理人者也。王其察之。”王曰：“善。非徒譏令尹，又譏寡人。”江乙，宋本作“江一”。

[6]中書郎：官名，隸屬中書令。掌草擬詔書、外出執行重要使命等。亦作爲中書通事郎、中書侍郎的省稱。五品。　范寧：字武子，本書卷七五有傳。

[7]陳郡：治所在陳縣（今河南省周口市淮陽區）。　袁悦之：字元禮，本書卷七五有傳。　尼妙音：中華本校勘記："《王國寶傳》作'支妙音'。"

[8]豫章：郡名，治所在南昌縣（今江西省南昌市）。

嬖人趙牙出自優倡，[1]茹千秋本錢塘捕賊吏，[2]因賂諂進，道子以牙爲魏郡太守，[3]千秋驃騎諮議參軍。[4]牙爲道子開東第，築山穿池，列樹竹木，功用鉅萬。道子使宫人爲酒肆，沽賣於水側，與親昵乘船就之飲宴，以爲笑樂。帝嘗幸其宅，謂道子曰："府内有山，因得游矚，甚善也。然修飾太過，非示天下以儉。"道子無以對，唯唯而已，左右侍臣莫敢有言。帝還宫，道子謂牙曰："上若知山是板築所作，爾必死矣。"牙曰："公在，牙何敢死！"營造彌甚。千秋賣官販爵，聚資貨累億。

[1]優倡：古代藝人，從事表演歌舞雜技。

[2]茹千秋：東晋人，本爲錢塘捕賊吏，因善於賄賂諂媚，被司馬道子提拔爲驃騎諮議參軍。其子壽齡爲樂安令，贓私狼藉，畏法奔逃，竟無罪罰，傲然還縣。　錢塘：縣名，治所在今浙江省杭州市。

[3]魏郡：東晋僑置郡，寄居京邑（今江蘇省南京市附近）。

[4]驃騎諮議參軍：官名，驃騎將軍府屬官，掌咨詢謀議軍事，位在諸參軍之上。

又道子既爲皇太妃所愛，親遇同家人之禮，遂恃寵乘酒，時失禮敬。帝益不能平，然以太妃之故，加崇禮秩。博平令吴興聞人奭上疏曰：[1]"驃騎諮議參軍茹千秋協附宰相，起自微賤，竊弄威權，衒賣天官。其子壽齡爲樂安令，[2]贓私狼藉，畏法奔逃，竟無罪罰，傲然還縣。又尼姏屬類，傾動亂時。穀賤人饑，流殣不絶，由百姓單貧，役調深刻。又振武將軍庾恒鳴角京邑，[3]主簿戴良夫苦諫被囚，殆至没命。而恒以醉酒見怒，良夫以執忠廢棄。又權寵之臣，各開小府，施置吏佐，無益於官，有損於國。”疏奏，帝益不平，而逼於太妃，無所廢黜，乃出王恭爲兗州，[4]殷仲堪爲荆州，[5]王珣爲僕射，[6]王雅爲太子少傅，[7]以張王室，而潛制道子也。道子復委任王緒，[8]由是朋黨競扇，友愛道盡。太妃每和解之，而道子不能改。

[1]博平：縣名，治所在今山東省聊城市茌平區博平鎮西北。

[2]樂安：縣名，治所在今江西省德興市東北。

[3]振武將軍：官名，屬常設將軍名號，統兵。四品。

[4]王恭：字孝伯，本書卷八四有傳。　兗州：魏晋時期治所在廩丘縣（今山東省鄆城縣西北），晋惠帝末，兗州闔境淪没於石勒。東晋元帝僑置兗州，治京口（今江蘇省鎮江市）。

[5]殷仲堪：本書卷八四有傳。　荆州：三國時曹魏治所在新野縣（今河南省新野縣），孫吴所在治江陵縣（今湖北省江陵縣），西晋統一後治所在江陵縣（今湖北省江陵縣）。

[6]王珣：字元琳，本書卷六五有傳。　僕射：官名，即尚書僕射。秦漢爲尚書令副貳，東漢建安四年（199）分置左、右，爲尚書省次官。三品。

[7]王雅：字茂達，本書卷八三有傳。　太子少傅：官名，與太子太傅並稱二傅，三國時並攝東宫事務，與尚書、東曹並掌太子、諸侯官署選舉。西晋時下設丞、功曹、主簿等屬官。三品。

[8]王緒：王國寶從祖弟，任琅邪内史，以佞邪見知。

中書郎徐邈以國之至親，[1]唯道子而已，宜在敦穆，從容言於帝曰："昔漢文明主，猶悔淮南；[2]世祖聰達，負愧齊王。[3]兄弟之際，實宜深慎。"帝納之，復委任道子如初。

[1]徐邈：字仙民，本書卷九一有傳。

[2]"昔漢文明主"句：西漢淮南王劉長，漢高祖劉邦少子，漢文帝之弟。自以爲最親，驕奢僭越，擅殺大臣，自作法令。文帝六年（前 174），計議謀反。丞相張蒼、御史大夫馮敬等主張以法棄市。文帝以其所親，免其死罪，廢其王位，並用輜車送往蜀郡嚴道。爰盎諫曰："上素驕淮南王，不爲置嚴相傅，以故至此。且淮南王爲人剛，今暴摧折之，臣恐其逢霧露病死，陛下有殺弟之名，奈何！"文帝聽後便下令赦免劉長，然而赦令未到，劉長已絕食而死。文帝後悔不已。事見《史記》卷一一八《淮南衡山列傳》、《漢書》卷四四《淮南衡山濟北王傳》。

[3]"世祖聰達"句：西晋齊王司馬攸，司馬昭之子，武帝之弟。武帝晚年，諸子並弱，而太子司馬衷愚鈍，内外朝臣，皆屬意於司馬攸。中書監荀勖、侍中馮紞皆諂諛自進，被司馬攸所疾恨。荀勖等以朝望在司馬攸，恐其嗣帝位，禍及己身，便進讒言勸武帝令司馬攸至封國。司馬攸氣病交加，不久身亡。晋武帝哭之慟。

時有人爲雲中詩以指斥朝廷曰："相王沉醉，輕出教命。捕賊千秋，干豫朝政。王愷守常，[1]國寶馳競。荆州大度，散誕難名；盛德之流，法護、王寧；仲堪、仙民，特有言咏；東山安道，[2]執操高抗，何不徵之，以爲朝匠？”荆州，謂王忱也；[3]法護，即王珣；寧，即王恭；仙民，即徐邈字；安道，戴逵字也。

[1]王愷：字君夫，本書卷九三有傳。

[2]安道：戴逵，字安道，本書卷九四有傳。

[3]王忱，字元達，本書卷七五有傳。

及恭帝爲琅邪王，道子受封會稽國，并宣城爲五萬九千户。安帝踐阼，有司奏：“道子宜進位太傅、揚州牧、中書監、假黄鉞，[1]備殊禮。”固辭不拜，又解徐州。詔内外衆事，動静諮之。帝既冠，道子稽首歸政，王國寶始總國權，勢傾朝廷。王恭乃舉兵討之。道子懼，收國寶付廷尉，并其從弟琅邪内史緒悉斬之，以謝於恭，恭即罷兵。道子乞解中外都督、録尚書以謝方岳，詔不許。

[1]中書監：官名，中書省長官之一。三國魏文帝初年分秘書置中書省，長官爲中書監、中書令。掌收納奏章、草擬詔令。平常不分高下，入朝時監略高於令。三品。

道子世子元顯，時年十六，爲侍中，心惡恭，請道子討之。乃拜元顯爲征虜將軍，其先衛府及徐州文武悉配之。屬道子妃薨，帝下詔曰：“會稽王妃尊賢莫二，朕義同所親。今葬加殊禮，一依琅邪穆太妃故事。元顯夙令光懋，乃心所寄，誠孝性蒸蒸，至痛難奪。然不以家事辭王事，《陽秋》之明義；[1]不以私限違公制，中代之變禮。故閔子腰絰，[2]山王逼屈。[3]良以至戚由中，軌容著外，[4]有禮無時，賢哲斯順。須妃葬畢，可居職如故。”

[1]《陽秋》：即《春秋》。東晋時因避簡文帝母鄭太后阿春諱，改“春”爲“陽”。

[2]閔子腰絰：《公羊傳·宣公元年》：“古者臣有大喪，則君三年不呼其門。已練可以弁冕，服金革之事。君使之，非也；臣行之，禮也。閔子要絰而服事，既而曰：‘若此乎！古之道不即人心。’退而致仕。孔子蓋善之也。”

[3]山王：山濤和王戎。二人居喪逼屈之事各見本傳。

[4]著外：著，原本作“者”，宋本、殿本作“著”，據宋本、殿本、中華本校勘記改。

于時王恭威振内外，道子甚懼，復引譙王尚之以爲腹心。[1]尚之説道子曰：“藩伯强盛，宰相權輕，宜密樹置，以自藩衛。”道子深以爲然，乃以其司馬王愉爲江州刺史以備恭，[2]與尚之等日夜謀議，以伺四方之隙。王恭知之，復舉兵以討尚之爲名。荆州刺史殷仲堪、豫州刺史庾楷、廣州刺史桓玄並應之。[3]道子使人説楷曰：“本情相與，可謂斷金。往年帳中之飲，結帶之言，寧可忘邪！卿今棄舊交，結新援，忘王恭疇昔陵侮之耻乎，若乃欲委體而臣之。若恭得志，以卿爲反覆之人，必不相信，何富貴可保，禍敗亦旋及矣！”楷怒曰：“王恭昔赴山陵，相王憂懼無計，我知事急，即勒兵而至。去年之事，亦俟命而奮。我事相王，無相負者。既不能距恭，反殺國寶。自爾已來，誰復敢攘袂於君之事乎！庾楷實不能以百口助人屠滅，當與天下同舉，誅鉏奸臣，何憂府不開，爵不至乎！”時楷已應恭檄，正徵士馬。信反，朝廷憂懼，於是内外戒嚴。元顯攘袂慷慨謂道子曰：“去年不討王恭，致有今役。今若復從其欲，則太宰之禍至矣。”道子日飲醇酒，而委事於元顯。元顯雖年少，而聰明多涉，志氣果鋭，以安危爲己任。尚之爲之羽翼。時相傳會者，皆謂元顯有明帝神武之風。於是以爲征討都督、假節，[4]統前將軍王珣、左將軍謝琰及將軍桓之才、毛泰、高素等伐恭，[5]滅之。

[1]譙王尚之：司馬尚之，字伯道，本書卷三七有傳。

[2]王愉：字茂和，本書卷七五有傳。　江州：治所在南昌縣（今江西省南昌市）。

[3]豫州：曹魏時治所在安城縣（今河南省正陽縣東北），西晋移治陳縣（今河南省周口市淮陽區）。　庾楷：庾亮之孫，本書卷八四有傳。　廣州：治所在番禺縣（今廣東省廣州市）。

[4]征討都督：即都督征討諸軍事。

[5]謝琰：字瑗度，本書卷七九有傳。　桓之才：中華本校勘記：“張森楷云：《桓伊傳》有弟不才，討孫恩有功，疑即此人。‘之’疑‘不’之訛。按：桓不才亦見《朱序傳》及《通鑑》一一一。”

既而楊佺期、桓玄、殷仲堪等復至石頭，[1]元顯於竹里馳還京師，[2]遣丹楊尹王愷、鄱陽太守桓放之、新蔡内史何嗣、潁川太守温詳、新安太守孫泰等，[3]發京邑士庶數萬人，據石頭以距之。道子將出頓中堂，[4]忽有驚馬蹂藉軍中，因而擾亂，赴江而死者甚衆。仲堪既知王恭敗死，狼狽西走，與桓玄屯于尋陽。[5]朝廷嚴兵相距，内外騷然。詔元顯甲杖百人入殿，尋加散騎常侍、中書令，又領中領軍，[6]持節、都督如故。

[1]楊佺期：本書卷八四有傳。

[2]竹里：地名，在今江蘇省句容市北。

[3]丹楊尹：官名，東晋京城所在郡府長官，掌京城行政諸務並詔獄，亦稱"京尹"。三品。楊，原本、宋本、殿本作"陽"，據中華本改。　鄱陽：郡名，治所在廣晋縣（今江西省鄱陽縣東北）。　新蔡：郡名，治所在新蔡縣（今河南省新蔡縣）。　内史：官名，西晋武帝太康十年（289）改諸王國相爲内史，掌管民政。五品。周家禄《晋書校勘記》認爲："晋制，以郡爲國，内史治民事，若郡太守。國除爲郡，復稱太守。然二名往往混淆，史家亦互稱之。"　新安：治所在始新縣（今浙江省淳安縣西北新安江北岸，現已没入千島湖）。

[4]中堂：又稱南皇堂。《江南通志》卷三〇《輿地志・江寧府》載，中堂在上元縣古都城宣陽門外，或謂之南皇堂。六朝時建康有警，多以親貴出頓中堂。

[5]尋陽：縣名，治所在今湖北省黄梅縣西南。

[6]又領中領軍：宋本無"中"字。

會道子有疾，加以昏醉，元顯知朝望去之，謀奪其權，諷天子解道子揚州、司徒，[1]而道子不之覺。元顯自以少年頓居權重，慮有譏議，於是以琅邪王領司徒，元顯自爲揚州刺史。既而道子酒醒，方知去職，[2]於是大怒，而無如之何。廬江太守會稽張法順以刀筆之才，[3]爲元顯謀主，交結朋援，多樹親黨，自桓謙以下，[4]諸貴游皆斂衽請交。元顯性苛刻，生殺自己，法順屢諫，不納。又發東土諸郡免奴爲客者，號曰“樂屬”，移置京師，以充兵役，東土囂然，人不堪命，天下苦之矣。既而孫恩乘釁作亂，[5]加道子黄鉞，元顯爲中軍以討之。又加元顯録尚書事。然道子更爲長夜之飲，政無大小，一委元顯。時謂道子爲東録，元顯爲西録。西府車騎填凑，東第門下可設雀羅矣。元顯無良師友，正言弗聞，諂譽日至，或以爲一時英傑，或謂爲風流名士，由是自謂無敵天下，故驕侈日增。帝又以元顯有翼亮之功，加其所生母劉氏爲會稽王夫人，金章紫綬。[6]會洛陽覆没，道子以山陵幽辱，上疏送章綬，請歸藩，不許。及太皇太后崩，詔道子乘輿入殿。元顯因諷禮官下議，稱己德隆望重，既録百揆，[7]内外群僚皆應盡敬。於是公卿皆拜。于時軍旅薦興，國用虚竭，自司徒已下，日廩七升，而元顯聚斂不已，富過帝室。及謝琰爲孫恩所害，元顯求領徐州刺史，加侍中、後將軍、開府儀同三司、都督十六州諸軍事，[8]封其子彦璋爲東海王。尋以星變，元顯解録，復加尚書令。

[1]揚州：揚，宋本作“楊”。

[2]方知去職：去，宋本作“其”。

[3]廬江：郡名，三國魏、吴於境内各置廬江郡，魏治所在六安縣（今安徽省六安市），吴治所在皖縣（今安徽省潛山市）。西晋合爲一，治所在舒縣（今安徽省廬江縣西南）。

[4]桓謙：字敬祖，本書卷七四有傳。

[5]孫恩：字靈秀，本書卷一〇〇有傳。

[6]金章紫綬：黄金印章、紫色綬帶。

[7]百揆：各種政務。

[8]都督十六州諸軍事：十六州最高軍事行政長官。

會孫恩至京口，[1]元顯栅斷石頭，率兵距戰，頻不利。道子無他謀略，唯日禱蔣侯廟爲厭勝之術。[2]既而孫恩遁于北海，[3]桓玄復據上流，致箋於道子曰："賊造近郊，以風不得進，以雨不致火，食盡故去耳，非力屈也。昔國寶卒後，王恭不乘此威入統朝政，足見其心非侮於明公也，而謂之非忠。今之貴要腹心，有時流清望者誰乎？豈可云無佳勝，直是不能信之耳。用理之人，然後可以信義相期，求利之徒，豈有所惜而更委信邪？爾來一朝一夕，遂成今日之禍矣。[4]阿衡之重，[5]言何容易，求福則立至，干忤或致禍。在朝君子，豈不有懷，但懼害及身耳。玄忝任在遠，是以披寫事實。"元顯覽而大懼。張法順謂之曰："桓玄承籍門資，[6]素有豪氣，既并殷楊，[7]專有荆楚。然桓氏世在西藩，人或爲用，而第下之所控引，[8]止三吴耳。[9]孫恩爲亂，東土塗地，編户饑饉，公私不贍，玄必乘此縱其奸凶，竊用憂之。"元顯曰："爲之奈何？"法順曰："玄始據荆州，人情未輯，方就綏撫，未遑他計。及其如此，發兵誅之，使劉牢之爲前鋒，[10]而第下以大軍繼進，桓玄之首必懸於麾下矣。"元顯以爲然，遣法順至京口，謀於牢之，而牢之有疑色。法順還，説元顯曰："觀牢之顔色，必貳於我，未若召入殺之。不爾，敗人大事。"元顯不從。

[1]京口：地名，即今江蘇省鎮江市。

[2]蔣侯：蔣子文，東漢末人，任秣陵尉，後戰死，葬於鐘山。死後被尊爲神，封侯封王，六朝時影響很大。　厭勝：古代巫术，通過詛咒方式，壓服人或物，以達取勝目的。

[3]北海：郡名，治所在劇縣（今山東省昌樂縣西）。

[4]遂成今日之禍：遂，宋本作“送”。

[5]阿衡：商代官名。師保之官。後引申爲任國家輔弼之任，宰相之職。

[6]承籍門資：籍，殿本作“藉”。

[7]既并殷楊：楊，原本、宋本作“揚”，殿本作“楊”，據殿本改。

[8]而第下之所控引：第，宋本作“弟”，本卷下文“而第下以大軍繼進”同。

[9]止：宋本作“上”。　三吴：地區名，一説指吴、吴興、會稽三郡；一説指吴、吴興、丹楊三郡；一説指吴、吴興、義興三郡。

[10]劉牢之：字道堅，本書卷八四有傳。

道子尋拜侍中、太傅，置左右長史、司馬、從事中郎四人，[1]崇異之儀，備盡盛典。其驃騎將軍僚佐文武，即配太傅府。加元顯侍中、驃騎大將軍、開府、征討大都督、十八州諸軍事、儀同三司，[2]加黄鉞，班劍二十人，以伐桓玄，竟以牢之爲前鋒。法順又言於元顯曰：“自舉大事，未有威斷，桓謙兄弟每爲上流耳目，斬之，以孤荆楚之望。且事之濟不，繼在前軍，而牢之反覆，萬一有變，則禍敗立至。可令牢之殺謙兄弟，以示不貳。若不受命，當逆爲其所。”元顯曰：“非牢之無以當桓玄。且始事而誅大將，人情必動，二三不可。”于時揚土饑虚，運漕不繼，玄斷江路，商旅遂絶。於是公私匱乏，士卒唯給粰橡。

[1]左右長史：官名，此指太傅府置長史，分左、右，領府中各曹。六品。　司馬：官名，此爲太傅府司馬，府署高級幕僚。掌參讚軍務、管理府内武職，位僅次於長史。六品。　從事中郎：官名，東漢時爲大將軍屬官，地位較高。魏晋時爲將軍府或公府屬官。六品。此爲太傅府從事中郎。

[2]征討大都督：官名，掌統率外出征伐之軍，名位在征討都督之上。討，原本、宋本作“伐”，殿本作“討”，據殿本改。　十八州諸軍事：中華本校勘記：“‘十’上當有‘督’字。”

大軍將發，[1]玄從兄驃騎長史石生馳使告玄。[2]玄進次尋陽，傳檄京師，罪狀元顯。俄而玄至西陽，[3]帝戎服餞元顯于西池，[4]始登舟而玄至新亭。[5]元顯棄船退屯國子學堂。明日，列陣于宣陽門外，[6]元顯佐吏多散走。或言玄已至大桁，[7]劉牢之遂降于玄。元顯回入宣陽門，牢之參軍張暢之率衆逐之，[8]衆潰。元顯奔入相府，唯張法順隨之。問計於道子，道子對之泣。玄遣太傅從事中郎毛泰收元顯送于新亭，[9]縛於舫前而數之。元顯答曰：“爲王誕、張法順所誤。”於是送付廷尉，并其六子皆害之。玄又奏：“道子酣縱不孝，當棄市。”詔徙安成郡，使御史杜竹林防衛，竟承玄旨酖殺之，時年三十九。帝三日哭於西堂。

[1]大軍將發：宋本作“大將軍發”。

[2]驃騎長史：官名，驃騎將軍府屬官，將軍府幕僚之長，協助將軍署理相府諸曹。六品。

[3]西陽：郡名，治所在西陽縣（今湖北省黄岡市東）。

[4]西池：位於今江蘇省南京市城内。

[5]新亭：又名中興亭，位於今江蘇省南京市西南。

[6]宣陽門：東晋、南朝都城建康南面正門，約位於今南京市中山路以南的淮海路一帶。又稱白門。

[7]大桁：又稱朱雀桁，六朝都城建康南城門朱雀門外的浮橋，横跨秦淮河上。三國吴時稱南津橋，晋改名朱雀桁。桁爲連船而成，長九十步，廣六丈。因在臺城南，又稱“南航”。秦淮河上二十四航，此爲最大，又稱“大航”。

[8]參軍：官名，亦作參軍事，謂參謀軍事。兩晋公府、軍府皆置。　張暢之：東晋人，歷任寧朔將軍、劉牢之參軍、江夏相等職。

[9]太傅從事中郎：太，原本、宋本作“大”，殿本作“太”，據殿本改。

及玄敗，大將軍、武陵王遵承旨下令曰：[1]“故太傅公阿衡二世，[2]契闊皇家，[3]親賢之重，[4]地無與二。驃騎大將軍内總朝維，外宣威略，志蕩世難，以寧國祚。天未静亂，禍酷備鍾，悲動區宇，痛貫人鬼，感惟永往，心情崩隕。今皇祚反正，幽顯式叙，宜崇明國體，以述舊典。[5]便可追崇太傅爲丞相，加殊禮，一依安平獻王故事。追贈驃騎爲太尉，加羽葆鼓吹。丞相墳塋翳然，飄薄非所，須南道清通，便奉迎神柩。太尉宜便遷改。可下太史詳吉日，[6]定宅兆。”於是遣通直常侍司馬珣之迎道子柩于安成。[7]時寇賊未平，喪不時達。義熙元年，合葬于王妃陵。追謚元顯曰忠。以臨川王寶子脩之爲道子嗣，尊妃王氏爲太妃。義熙中，有稱元顯子秀熙避難蠻中而至者，太妃請以爲嗣，於是脩之歸于別第。劉裕意其詐而案驗之，果散騎郎滕羡奴勺藥也，竟坐棄市。太妃不悟，哭之甚慟。脩之復爲嗣。薨，謚悼王，無子，國除。

[1]承旨下令：旨，原本、宋本作"制"，殿本作"旨"，據殿本改。

[2]阿衡二世：二，宋本作"一"。

[3]契闊：勤苦，勞苦。

[4]親賢之重：之，宋本作"三"。

[5]以述舊典：以述，殿本作"述以"。

[6]太史：官名，即太史令，屬太常。掌天時、星曆、歲終奏新年曆。記録瑞應、灾異等。七品。

[7]通直常侍：官名，即通直散騎常侍，晋武帝泰始十年(274)使員外散騎常侍二人與散騎常侍通員當值，故名。東晋曾至四員，屬散騎省。職同散騎常侍，參平尚書奏事，並掌諷諫、侍從，職位頗重。三品。

史臣曰：泰始之受終也，乃憲章往昔，[1]稽古前王，[2]廣誓山河，大開藩屏。文昭武穆，方駕於魯、衛、應、韓；磐石犬牙，連衡於吴、楚、齊、代。然而作法於亂，付託非才，何曾嘆經國之無謀，[3]郭欽識危亡之有兆。[4]及宫車晏駕，[5]墳土未乾，國難薦臻，[6]朝章弛廢。重以八王繼亂，九服沸騰，戎羯交馳，乘輿幽逼。

瑶枝瓊蕚，隨鋒鏑而消亡；朱芾緑車，[7]與波塵而殄瘁。遂使茫茫禹迹，咸窟穴於豺狼；慄慄周餘，竟沉淪於塗炭。嗚呼！運極數窮，一至於此！詳觀載籍，未或前聞。道子地則親賢，任惟元輔，耽荒麴蘖，信惑讒諛。遂使尼媪竊朝權，奸邪制國命，始則彝倫攸斁，[8]終則宗社淪亡。[9]元顯以童丱之年，受棟梁之寄，專制朝廷，陵蔑君親，奮庸瑣之常材，抗奸凶之巨寇，喪師殄國，不亦宜乎！斯則元顯爲安帝之孫强，道子實晋朝之宰嚭者也。[10]列代之崇建維城，用藩王室；有晋之分封子弟，實樹亂階。《詩》云："懷德惟寧，宗子維城。無俾城壞，無獨斯畏。"[11]城既壞矣，畏也宜哉！典午之喪亂弘多，[12]實此之由矣。

[1]憲章：效法。

[2]稽古：考察古昔。

[3]何曾：字穎考，本書卷三三有傳。

[4]郭欽：西晋人，武帝時曾上書建議把内遷的胡人遷徙出去。

[5]宫車晏駕：指皇帝死。晏，殿本作"宴"。

[6]國難薦臻：國難接連而至。

[7]朱芾：紅色蔽膝。古代禮服上的一種裝飾物，縫於長衣之前。《詩·小雅·斯干》："其泣喤喤，朱芾斯皇，室家君王。"鄭玄箋："芾者，天子純朱，諸侯黄朱。室家，一家之内，宣王所生之子，或其爲諸侯，或其爲天子，皆將佩朱芾煌煌然。"

[8]彝倫攸斁：倫常敗壞。

[9]終則宗社淪亡：則，原本、宋本作"乃"，殿本作"則"，據殿本改。

[10]宰嚭：春秋時吴國人，任太宰。性貪，吴越之戰，接受越

國的賄賂，勸吴王不要滅掉越國。結果越國得以休養生息，反過手來將吴國滅掉。越王滅吴后，認爲宰嚭不忠，將其殺掉。

[11]“懷德惟寧”句：語出《詩·大雅·板》。

[12]典午：典爲司，午爲馬。指司馬氏。

贊曰：帝子分封，嬰此鞠凶。札瘥繼及，[1]禍難仍鍾。秦獻聰悟，[2]清河内顧。淮南忠勇，宣城識度。道子昏凶，遂傾國祚。

[1]札瘥（cuó）：因疫癘、疾病而死。《左傳·昭公十九年》：“鄭國不天，寡君之二三臣札瘥夭昏，今又喪我先大夫偃。”杜預注：“大死曰札，小疫曰瘥。”孔穎達疏：“（札、瘥、夭、昏）總説諸死，連言之耳。”

[2]秦獻聰悟：秦，原本、宋本作“泰”，殿本作“秦”，據殿本改。

晉書　卷六五

列傳第三十五

王導 子悦 恬 洽 洽子珣 珣弟珉 洽弟協 劭子謐 協弟劭 劭弟薈 薈子廞[1]

王導

王導，字茂弘，光禄大夫覽之孫也。[2]父裁，鎮軍司馬。[3]導少有風鑒，識量清遠。年十四，陳留高士張公見而奇之，[4]謂其從兄敦曰：[5]“此兒容貌志氣，將相之器也。”初襲祖爵即丘子。司空劉寔尋引爲東閣祭酒，[6]遷秘書郎、太子舍人、尚書郎，[7]並不行。後參東海王越軍事。[8]

[1]原本總目録及卷首目録附傳人名爲：子悦，恬，洽，協，劭，薈，洽子珣，珉，劭子謐。與正文叙事順序不符且人物關係不清。據正文及中華本目録改。

[2]光禄大夫：官名，三公等大臣告老回家即拜此職，或作爲在朝顯職的加官。三品，開府位從公者一品。　覽：王覽，字玄通，本書卷三三有傳。

[3]鎮軍司馬：官名，鎮軍將軍府高級幕僚。掌参讚軍務、管理府内武職，位僅次於長史。七品。

[4]陳留：郡國名，治所在小黄縣（今河南省開封市東）。

[5]敦：王敦，字處仲，本書卷九八有傳。

[6]司空：官名，魏晋南北朝爲名譽宰相，多爲大臣加官。晋八公之一，位在三公之末。一品。　劉寔：字子真，本書卷四一有傳。　東閤祭酒：官名，王府、公府、丞相府、將軍府僚屬。曹操時置。晋朝東、西置兩閤祭酒，西晋時西閤爲上，東晋時東閤爲上。

[7]秘書郎：官名，秘書令屬官，掌管文書機要，亦掌整理典籍、考核舊文。六品。　太子舍人：官名，掌行書令、表啓等。初隸太子太傅、太子少傅，後隸太子詹事。七品。　尚書郎：官名。東漢之制，取孝廉中之有才能者入尚書臺，在皇帝左右處理政務，初入臺稱守尚書郎中，滿一年稱尚書郎，滿三年稱侍郎。魏晋以後尚書各曹有侍郎、郎中等官，綜理職務，通稱爲尚書郎。六品。

[8]東海王越：司馬越，字元超，本書卷五九有傳。

時元帝爲琅邪王，與導素相親善。導知天下已亂，遂傾心推奉，潛有興復之志。帝亦雅相器重，契同友執。帝之在洛陽也，導每勸令之國。會帝出鎮下邳，[1]請導爲安東司馬，[2]軍謀密策，知無不爲。及徙鎮建康，[3]吴人不附，居月餘，士庶莫有至者，導患之。會敦來朝，導謂之曰："琅邪王仁德雖厚，而名論猶輕。兄威風已振，宜有以匡濟者。"會三月上巳，[4]帝親觀禊，乘肩轝，具威儀，敦、導及諸名勝皆騎從。吴人紀瞻、顧榮，[5]皆江南之望，竊覘之，見其如此，咸驚懼，乃相率拜於道左。導因進計曰："古之王者，莫不賓禮故老，存問風俗，虚己傾心，[6]以招俊乂。况天下喪亂，九州分裂，大業草創，急於得人者乎！顧榮、賀循，[7]此土之望，未若引之以結人心。二子既至，則無不來矣。”帝乃使導躬造循、榮，二人皆應命而至，由是吴會風靡，百姓歸心焉。自此之後，漸相崇奉，君臣之禮始定。

[1]下邳：縣名，治所在今江蘇省睢寧縣古邳鎮東。

[2]安東司馬：官名，安東將軍府高級幕僚。掌参讃軍務、管理府内武職，位僅次於長史。八品。

[3]建康：地名，今江蘇省南京市。

[4]上巳：舊時節日名。漢以前以農曆三月上旬巳日爲“上巳”；魏晋以後，定爲三月三日，不必取巳日。

[5]紀瞻：字思遠，本書卷六八有傳。　顧榮：字彦先，本書卷六八有傳。

[6]虚己傾心：傾，原本作“順”，宋本、殿本作“傾”，據宋本、殿本改。

[7]賀循：字彦先，本書卷六八有傳。

俄而洛京傾覆，中州士女避亂江左者十六七，[1]導勸帝收其賢人君子，與之圖事。荆揚晏安，[2]户口殷實，導爲政務在清静，每勸帝克己勵節，匡主寧邦。於是尤見委杖，情好日隆，朝野傾心，號爲“仲父”。帝嘗從容謂導曰：[3]“卿，吾之蕭何也。”[4]對曰：“昔秦爲無道，百姓厭亂，巨猾陵暴，人懷漢德，革命反正，易以爲功。自魏氏以來，迄于太康之際，公卿世族，豪侈相高，政教陵遲，不遵法度，群公卿士，皆饜於安息，[5]

遂使奸人乘釁，有虧至道。然否終斯泰，天道之常。大王方立命世之勛，一匡九合，[6]管仲、樂毅，[7]於是乎在，豈區區國臣所可擬議！願深弘神慮，[8]廣擇良能。顧榮、賀循、紀瞻、周玘，[9]皆南土之秀，願盡優禮，則天下安矣。”帝納焉。

[1]江左：江東。因自北方視之，江東在左，江西在右，故稱。

[2]荆：荆州，三國時曹魏治所在新野縣（今河南省新野縣），孫吴治所在江陵縣（今湖北省江陵縣），西晋統一後治所在江陵縣（今湖北省江陵縣）。　揚：揚州，三國魏、吴各置揚州，魏治所在壽春縣（今安徽省壽縣），吴治所在建業縣（今江蘇省南京市）。西晋統一後復合，治所在建鄴縣（今江蘇省南京市）。

[3]帝嘗從容謂導曰：嘗，原本、宋本、殿本作“常”，通“嘗”，此據中華本改。

[4]蕭何：秦末泗水沛縣豐邑（今江蘇省豐縣）人。隨劉邦起兵反秦。楚漢戰争中，留守關中，爲前綫籌集糧草。劉邦稱帝後，因功高封酇侯。助吕后誅除韓信，封相國。劉邦死後復事惠帝，死前推薦曹參繼任。

[5]饜於安息：滿足於安逸。饜，宋本分作“厭食”二字。

[6]一匡九合：原指春秋時期齊桓公匡扶天子九合諸侯之功。此指建立齊桓公那樣的功勛。

[7]管仲：春秋初潁上（今安徽省潁水之濱）人，名夷吾。齊桓公時任卿相，進行一系列改革，使齊國國力大增，齊桓公成爲春秋五霸之首。　樂毅：戰國時靈壽（今河北省靈壽縣西北）人，魏將樂羊後代，燕昭王時入燕，帥聯軍大敗齊國，攻下齊國城邑七十多座。後因燕惠王中反間計，樂毅遂離開燕國入趙國。

[8]深弘神慮：深弘，殿本乙作“弘深”。

[9]周玘：字宣佩，本書卷五八有傳。

永嘉末，遷丹楊太守，[1]加輔國將軍。[2]導上箋曰："昔魏武，達政之主也；荀文若，[3]功臣之最也，封不過亭侯。倉舒，[4]愛子之寵，贈不過别部司馬。[5]以此格萬物，[6]得不局迹乎！今者臨郡，不問賢愚豪賤，皆加重號，輒有鼓蓋，動見相準。時有不得者，或爲耻辱。天官混雜，[7]朝望頽毁。導忝荷重任，不能崇浚山海，而開創亂源，[8]饕竊名位，取紊彜典，謹送鼓蓋加崇之物，請從導始。庶令雅俗區别，群望無惑。"帝下令曰："導德重勛高，孤所深倚，誠宜表彰殊禮。而更約己冲心，進思盡誠，以身率衆，宜順其雅志，式允開塞之機。"拜寧遠將軍，[9]尋加振威將軍。[10]愍帝即位，徵吏部郎，[11]不拜。

[1]丹楊：郡名，治所在建鄴縣（今江蘇省南京市）。楊，原本、宋本作"揚"，殿本作"陽"，據中華本改。

[2]輔國將軍：官名，屬將軍名號，三國兩晋皆置。三品。

[3]荀文若：荀彧，東漢末潁川潁陰（今河南省許昌市）人，字文若。曹操重要謀士，歷任奮武司馬、鎮東司馬、侍中、光禄大夫、參丞相軍事。因反對曹操進爵國公，爲曹操忌恨，被迫自殺。

[4]倉舒：曹冲，曹操之子，自幼聰明，深得曹操喜愛。十三歲病亡，後追謚爲鄧哀侯。

[5]别部司馬：官名，統兵將領。大將軍五部營之外有别部營，其别營領屬爲别部司馬，其兵多少各隨時宜。

[6]格萬物：推究萬物。

[7]天官：官，原本作"宫"，宋本、殿本作"官"，據宋本、殿本改。

[8]開創亂源：創，殿本作"導"。

[9]寧遠將軍：官名，屬名號將軍。五品。

[10]振威將軍：官名，雜號將軍，統兵出征。四品。

[11]吏部郎：官名，尚書省吏部曹長官通稱。亦稱郎中，資深者可轉侍郎。屬吏部尚書，主管官吏選任、銓敘、調動事務，對五品以下官吏之任免有建議權。六品。

晋國既建，以導爲丞相軍諮祭酒。[1]桓彝初過江，[2]見朝廷微弱，謂周顗曰：[3]"我以中州多故，來此欲求全活，而寡弱如此，將何以濟！"憂懼不樂。往見導，極談世事，還，謂顗曰："向見管夷吾，[4]無復憂矣。"過江人士，每至暇日，相要出新亭飲宴。[5]周顗中坐而嘆曰："風景不殊，舉目有江河之異。"[6]皆相視流涕。惟導愀然變色曰："當共戮力王室，克復神州，何至作楚囚相對泣邪！"[7]衆收淚而謝之。俄拜右將軍、揚州刺史、監江南諸軍事，[8]遷驃騎將軍，[9]加散騎常侍、都督中外諸軍、領中書監、録尚書事、假節，[10]刺史如故。導以敦統六州，固辭中外都督。後坐事除節。

[1]丞相：官名，原爲最高國務長官，魏晋時省置無常，或分置左、右，或稱大丞相，多用來安置權臣。　軍諮祭酒：官名，即軍師祭酒，晋朝避司馬師名諱而改。亦稱軍咨祭酒、軍謀祭酒、軍祭酒，諸軍府屬官，參謀軍事，位在軍府諸僚佐之上。

[2]桓彝：字茂倫，本書卷七四有傳。

[3]周顗：字伯仁，本書卷六九有傳。

[4]管夷吾：即管仲。輔佐齊桓公的賢臣。

[5]新亭：又名中興亭，位於今江蘇省南京市西南。

[6]有江河之異：河，殿本作"山"。

[7]何至：豈有，豈能。

[8]右將軍：官名，漢代重號將軍之一，與前、左、後將軍並爲上卿。魏晋時常設，權位漸低，僅爲武官名號，略高於一般雜號將軍。三品。　揚州：三國魏吴各置揚州，魏治所在壽春縣（今安徽省壽縣），吴治所在建業縣（今江蘇省南京市）。西晋統一後復合，治所在建鄴縣（今江蘇省南京市）。　監江南諸軍事：江南地區軍事行政長官，位次於都督。

[9]驃騎將軍：官名，西漢時爲重號將軍，東漢以後，居諸名號將軍之首，僅作爲軍府名號加授大臣或重要州郡長官。二品，開府位從公者一品。

[10]散騎常侍：官名，三國魏文帝黄初年間置，侍從皇帝左右，諫諍得失，顧問應對，與侍中等共平尚書奏事。也用作宰相、諸公等加官，入宫議政。三品。　都督中外諸軍：官名，亦稱都督中外諸軍事。全國最高軍事統帥，總統中央地方的内外諸軍，權力極大。　領：以地位較高的官員兼理較低的職務。　中書監：官名，中書省長官之一。三國魏文帝初年分秘書置中書省，長官爲中書監、中書令。掌收納奏章、草擬詔令。平常不分高下，入朝時監略高於令。三品。　録尚書事：官名，初爲職銜名，重臣加此名義始得總知國事，綜理政務，成爲真宰相。魏晋多以公卿權重者居之，總領尚書省政務，凡重號將軍、刺史皆得命曹授用，位在三公之上。　假節：假以節杖。指大臣臨時持節出巡，爲權臣掌軍、秉政的地位象徵和政治待遇。

于時軍旅不息，學校未修，導上書曰：

夫風化之本在於正人倫，人倫之政存乎設庠序。[1]庠序設，五教明，[2]德禮洽通，彝倫攸叙，[3]而有耻且格，[4]父子、兄弟、夫婦、長幼之序順，而君臣之義固矣。《易》所謂“正家而天下定”者也。故聖王蒙以養正，少而教之，使化霑肌骨，[5]習以成性，遷善遠罪而不自知，行成德立，然後裁之以位。雖王之世子，猶與國子齒，使知道而後貴。其取才用士，咸先本之於學。故《周禮》，卿大夫獻賢能之書于王，[6]王拜而受之，所以尊道而貴士也。人知士之貴由道存，則退而修其身以及家，正其家以及鄉，學於鄉以登朝，反本復始，各求諸己，敦樸之業著，浮僞之競息，教使然也。故以之事君則忠，用之莅下則仁。孟軻所謂“未有仁而遺其親，義而後其君者也”。[7]

[1]人倫之政存乎設庠序：政，原本、宋本、殿本皆作“政”，中華本作“正”。庠序，學校。

[2]五教：五常之教。指父義、母慈、兄友、弟恭、子孝五種倫理道德的教育。

[3]彝倫攸叙：常理恒常不變。

[4]有耻且格：知耻愧而自修。

[5]化霑肌骨：霑，原本作“露”，宋本、殿本作“霑”，據宋本、殿本改。

[6]卿大夫獻賢能之書于王：宋本無“能”字。中華本校勘記：“周校：‘鄉’誤‘卿’。按：此用《周禮·地官》文，周説是。”

[7]“未有仁而遺其親”句：語見《孟子·梁惠王上》。

自頃皇綱失統，頌聲不興，于今將二紀矣。《傳》曰“三年不爲禮，禮必壞；三年不爲樂，樂必崩”，[1]而况如此之久乎！先進忘揖讓之容，後生惟金鼓是聞，干戈日尋，[2]俎豆不設，先王之道彌遠，華僞之俗遂滋，非所以端本靖末之謂也。殿下以命世之資，屬陽九之運，[3]禮樂征伐，翼成中興。誠宜經綸稽古，建明學業，以訓後生，漸之教義，使文武之道墜而復興，俎豆之儀幽而更彰。方今戎虜扇熾，國耻未雪，忠臣義夫所以扼腕拊心。苟禮儀膠固，淳風漸著，則化之所感者深而德之所被者大。使帝典闕而復補，皇綱弛而更張，獸心革面，饕餮檢情，揖讓而服四夷，緩帶而天下從。得乎其道，豈難也哉！故有虞舞干戚而化三苗，魯僖作泮宮而服淮夷。[4]桓文之霸，[5]皆先教而後戰。今若聿遵前典，興復道教，擇朝之子弟並入于學，選明博修禮之士而爲之師，化成俗定，莫尚於斯。

帝甚納之。

[1]“三年不爲禮”句：語見《論語·陽貨》。

[2]干戈日尋：干，宋本作“十”。

[3]陽九之運：指灾難或厄運。

[4]魯僖：魯僖公，春秋時魯國國君，名申，魯莊公少子，公元前 659 至前 627 年在位。魯國慶父之亂後，被季友從邾國迎回來即位。　泮宮：西周諸侯所設大學。《漢書》卷二五《郊祀志上》：“周公相成王，王道大洽，制禮作樂，天子曰明堂辟雍，諸侯曰泮宮。”

[5]桓：齊桓公，春秋時齊國國君，名小白。即位後任用管仲，改革内政，國勢强盛。奉行“尊王攘夷”政策，因九合諸侯而成爲春秋五霸之首。　文：晋文公，春秋時晋國國君，名重耳。爲公子時，因獻公欲立寵妾之子奚齊而遭迫害，流亡於外十九年。後由秦

軍護送返晋登王位。在位期間改革内政，擴建軍隊，幫助周王室平叛，大敗楚軍於城濮，主持踐土之盟，成爲齊桓公之後的又一霸主。

及帝登尊號，百官陪列，命導升御床共坐。導固辭，至于三四，曰："若太陽下同萬物，蒼生何由仰照！"帝乃止。進驃騎大將軍、儀同三司。[1]以討華軼功，[2]封武岡侯。進位侍中、司空、假節、録尚書，[3]領中書監。會太山太守徐龕反，[4]帝訪可以鎮撫河南者，[5]導舉太子左衛率羊鑒。[6]既而鑒敗，抵罪。導上疏曰："徐龕叛戾，久稽天誅，臣創議征討，調舉羊鑒。鑒暗懦覆師，有司極法。聖恩降天地之施，全其首領。然臣受重任，總録機衡，[7]使三軍挫衄，臣之責也。乞自貶黜，以穆朝倫。"詔不許。尋代賀循領太子太傅。[8]時中興草創，未置史官，導始啓立，於是典籍頗具。時孝懷太子爲胡所害，始奉諱，有司奏天子三朝舉哀，群臣一哭而已。導以爲皇太子副貳宸極，[9]普天有情，宜同三朝之哀。從之。及劉隗用事，[10]導漸見疏遠，任真推分，澹如也。有識咸稱導善處興廢焉。

[1]驃騎大將軍：官名，魏晋制度，驃騎將軍爲重號將軍，僅次於大將軍，高於諸名號將軍，本不需加"大"字。然兩晋時將軍名號越授越濫，遂又增置此號，居諸名號將軍之首。多加於權臣元老，以示尊崇。開府置僚屬，不領兵。二品，開府位從公者一品。

儀同三司：官名，即開府儀同三司，三國魏始置。爲大臣加號，意謂與太尉、司徒、司空三司待遇相同，許開設府署，任命僚屬。

[2]華軼：字彦夏，本書卷六一有傳。

［3］侍中：官名，東漢建安中與給事黄門侍郎出入禁中，省尚書事。曹魏時爲門下之侍中省長官，常侍衛皇帝左右，掌顧問應對、諫諍糾察、平議奏事、駁奏異議等，權力甚重。三品。　録尚書：官名，即録尚書事。初爲職銜名，重臣加此名義始得總知國事，綜理政務，成爲真宰相。魏晋多以公卿權重者居之，總領尚書省政務，凡重號將軍、刺史皆得命曹授用，位在三公之上。

［4］太山：郡名，治所在奉高縣（今山東省泰安市東）。

［5］河南：郡名，治所在洛陽縣（今河南省洛陽市東北）。

［6］太子左衛率：官名，又稱太子左率，領精兵萬人，宿衛東宫，亦任征戰，地位頗重。五品。　羊鑒：字景期，本書卷八一有傳。

［7］總録機衡：統管國家部門。

［8］太子太傅：官名，與太子少傅並稱二傅，三國時並攝東宫事務，與尚書、東曹並掌太子、諸侯官署選舉。西晋時下設丞、功曹、主簿等屬官。三品。

［9］副貳宸極：輔佐帝王。

［10］劉隗：字大連，本書卷六九有傳。

王敦之反也，劉隗勸帝悉誅王氏，論者爲之危心。導率群從昆弟子侄二十餘人，每旦詣臺待罪。帝以導忠節有素，特還朝服，召見之。導稽首謝曰："逆臣賊子，何世無之，豈意今者近出臣族！"帝跣而執之曰："茂弘，方託百里之命於卿，是何言邪！"乃詔曰："導以大義滅親，可以吾爲安東時節假之。"[1]及敦得志，加導守尚書令。[2]初，西都覆没，海内思主，群臣及四方並勸進於帝。時王氏强盛，有專天下之心，敦憚帝賢明，欲更議所立，導固争乃止。及此役也，敦謂導曰："不從吾言，幾致覆族。”導猶執正議，敦無以能奪。

[1]安東：官名，即安東將軍，東漢建安年間置，與安西、安南、安北將軍合稱四安將軍，爲出鎮某一地區的軍事長官，或作爲刺史等兼理軍務的加官，權任頗重。三品，加持節都督者二品。

[2]守：暫時署理職務。多指官階低而署理較高的官職。　尚書令：官名，秦漢時爲尚書署長官。秩位雖低，權力甚重。魏晋時沿置，爲尚書省長官，綜理全國政務，參議大政，爲高級政務長官。三品。

自漢魏已來，賜謚多由封爵，雖位通德重，先無爵者，例不加謚。導乃上疏，稱“武官有爵必謚，卿校常伯無爵不謚，[1]甚失制度之本意也”。從之。自後公卿無爵而謚，導所議也。

[1]常伯：皇帝近臣泛稱。《尚書·主政》：“王左右常伯、常任。”孔穎達疏：“王之親近左右，常所長事，謂三公也。”

初，帝愛琅邪王裒，[1]將有奪嫡之議，以問導。導曰：“夫立子以長，且紹又賢，[2]不宜改革。”帝猶疑之。導日夕陳諫，故太子卒定。

[1]琅邪王裒：司馬裒，字道成，本書卷六四有傳。

[2]紹：司馬紹，字道畿，本書卷六有紀。

及明帝即位，導受遺詔輔政，解揚州，遷司徒，[1]一依陳群輔魏故事。[2]王敦又舉兵内向。時敦始寢疾，導便率子弟發哀，衆聞，謂敦死，咸有奮志。及帝伐敦，假導節，都督諸軍，領揚州刺史。敦平，進封始興郡公，邑三千户，賜絹九千匹，進位太保，[3]司徒如故，劍履上殿，入朝不趨，讚拜不名。固讓。帝崩，導復與庾亮等同受遺詔，[4]共輔幼主，是爲成帝。加羽葆鼓吹，[5]班劍二十人。及石勒侵阜陵，[6]詔加導大司馬、假黄鉞，[7]出討之。軍次江寧，[8]帝親餞于郊。俄而賊退，解大司馬。[9]

[1]司徒：官名，西漢哀帝元壽二年（前1）改丞相爲大司徒，東漢光武帝時改名爲司徒，東漢末又改爲丞相。三國魏恢復三公制，改丞相爲司徒，管理民政。兩晋沿制，爲八公之一，在太尉之下、司空之上。與丞相通職，一般不並置，爲名譽宰相。一品。

[2]陳群：三國潁川（今河南省許昌市東）人，歷任曹魏要職，官至司空。九品官人法的倡建者。

[3]太保：官名，史上屢次廢置，三國魏末年復置。晋爲八公之一，位上公，在太宰、太傅之下。安置元老重臣，無職掌。一品。

[4]庾亮：字元規，本書卷七三有傳。

[5]羽葆：帝王儀仗中以鳥羽聯綴爲飾的華蓋。　鼓吹：帝王及高級官員儀仗中的樂隊，由管樂和打擊樂器組成，常用來賜予有軍功的高級武官。

[6]石勒：字世龍，本書卷一〇四有傳。　阜陵：縣名，治所在今安徽省全椒縣東。

[7]大司馬：官名，八公之一，位在上公之下、大將軍及三公之上，高級將帥，多爲大臣加官。一品。　假黄鉞：假以黄鉞。黄鉞即飾以黄金的斧鉞，爲皇帝儀仗。賜予出征重臣，以示威重，令

其專主征伐。

[8]江寧：縣名，治所在今江蘇省南京市江寧區。

[9]大司馬：馬，宋本作“焉”。

庾亮將徵蘇峻，[1]訪之於導。導曰：“峻猜險，必不奉詔。且山藪藏疾，宜包容之。”固争不從。亮遂召峻。既而難作，六軍敗績，導入宫侍帝。峻以導德望，不敢加害，猶以本官居己之右。峻又逼乘輿幸石頭，[2]導争之不得。峻日來帝前肆醜言，導深懼有不測之禍。時路永、匡術、賈寧並説峻，令殺導，盡誅大臣，更樹腹心。峻敬導，不納，故永等貳於峻。導使參軍袁耽潜諷誘永等，謀奉帝出奔義軍。而峻衛禦甚嚴，事遂不果。導乃携二子隨永奔于白石。[3]

[1]蘇峻：字子高，本書卷一〇〇有傳。

[2]乘輿：皇帝所乘之車。此代指皇帝。　石頭：石頭城，故址在今江蘇省南京市清涼山。

[3]白石：即白石陂，又名蘇峻湖，位於今江蘇省南京市城區西北。

及賊平，宗廟宫室並爲灰燼，温嶠議遷都豫章，[1]三吴之豪請都會稽，[2]二論紛紜，未有所適。導曰：“建康，古之金陵，舊爲帝里，又孫仲謀、劉玄德俱言王者之宅。古之帝王不必以豐儉移都，苟弘衛文大帛之冠，[3]則無往不可。若不績其麻，則樂土爲虚矣。且北寇游魂，伺我之隙，一旦示弱，竄於蠻越，求之望實，懼非良計。今特宜鎮之以静，群情自安。”由是嶠等謀並不行。

［1］温嶠：字太真，本書卷六七有傳。　豫章：郡名，治所在南昌縣（今江西省南昌市）。

［2］三吴：地區名，一説指吴、吴興、會稽三郡；一説指吴、吴興、丹楊三郡；一説指吴、吴興、義興三郡。　會稽：郡名，治所在山陰縣（今浙江省紹興市）。

［3］苟弘衛文大帛之冠：如果能發揚衛文公强國精神。衛文公，春秋時衛國國君，名辟疆，公元前659至前635年在位。衛懿公當政時荒淫腐敗，末年衛國大亂，衛懿公被殺，新繼位的戴公不久也去世。衛文公被立爲國君，在位時能“輕賦平罪，身自勞，與百姓同苦”，使國力大增。《左傳·閔公二年》載：“衛文公大布之衣，大帛之冠，務材訓農，通商惠工，敬教勸學，授方任能。元年革車三十乘，季年乃三百乘。”

導善於因事，雖無日用之益，而歲計有餘。時帑藏空竭，庫中惟有練數千端，[1]鬻之不售，而國用不給。導患之，乃與朝賢俱制練布單衣，於是士人翕然競服之，練遂踴貴。乃令主者出賣，端至一金。其爲時所慕如此。

［1］練（shū）數千端：練，稀疏織物，殿本作“練”，本段下文同。

六年冬，蒸，[1]詔歸胙於導，曰：“無下拜。”導辭疾不敢當。初，帝幼冲，見導，每拜。又嘗與導書手詔，[2]則云“惶恐言”，中書作詔，[3]則曰“敬問”，於是以爲定制。自後元正，導入，帝猶爲之興焉。[4]

[1]蒸：冬祭名。《國語·魯語上》：“夏父弗忌爲宗，蒸將躋僖公。”韋昭注：“凡祭祀，秋曰嘗，冬曰蒸。”殿本作“烝”。

[2]又嘗與導書手詔：嘗，原本、宋本、殿本作“常”，通“嘗”，此據中華本改。

[3]中書：中書省，官署名。三國魏文帝初年分秘書省置，爲掌管機要、出納政令章奏的宫廷政治機構，收納群臣奏疏，草擬皇帝詔令，兼領修史、記録皇帝起居。以中書監、令爲長官，下設通事郎、著作郎等官。

[4]帝猶爲之興焉：皇帝爲之起身，表示尊敬。

時大旱，導上疏遜位。詔曰：“夫聖王御世，動合至道，運無不周，故能人倫攸叙，萬物獲宜。朕荷祖宗之重，託於王公之上，不能仰陶玄風，俯洽宇宙，亢陽逾時，兆庶胥怨，邦之不臧，[1]惟予一人。公體道明哲，弘猶深遠，[2]勛格四海，翼亮三世，國典之不墜，實仲山甫補之。[3]而猥崇謙光，引咎克讓，元首之愆，寄責宰輔，祇增其闕，[4]博綜萬機，[5]不可一日有曠。公宜遺履謙之近節，[6]遵經國之遠略。門下速遣侍中以下敦喻。”導固讓。詔累逼之，然後視事。

[1]邦之不臧：國家不好。

[2]弘猶：弘大的謀略。

[3]仲山甫：周宣王大臣，又稱樊仲、樊穆仲。

[4]祇增其闕：祇，原本作“秖”，宋本作“秪”，通“祇”，

殿本作“衹”，據殿本改。

［5］萬機：機，殿本作“幾”。

［6］履謙之近節：踐行“謙”的訓導。謙，《易經》六十四卦之一。謙卦《彖辭》：“謙亨。天道下濟而光明，地道卑而上行；天道虧盈而益謙，地道變盈而流謙，鬼神害盈而福謙，人道惡盈而好謙，謙尊而光，卑而不可逾，君子之終也。”

導簡素寡欲，倉無儲穀，衣不重帛。帝知之，給布萬匹，以供私費。導有羸疾，不堪朝會，帝幸其府，縱酒作樂，後令輿車入殿，其見敬如此。

石季龍掠騎至歷陽，[1]導請出討之。加大司馬、假黄鉞、中外諸軍事，[2]置左右長史、司馬，[3]給布萬匹。俄而賊退，解大司馬，復轉中外大都督，[4]進位太傅，[5]又拜丞相，依漢制罷司徒官以并之。册曰：“朕夙罹不造，[6]肆陟帝位，未堪多難，禍亂旁興。公文貫九功，[7]武經七德，[8]外緝四海，内齊八政，[9]天地以平，人神以和，業同伊尹，[10]道隆姬旦。[11]仰思唐虞，登庸雋乂，[12]申令群官，[13]允釐庶績。朕思憑高謨，弘濟遠猷，維稽古建爾于上公，永爲晋輔。往踐厥職，敬敷道訓，以亮天工。不亦休哉！公其戒之！”

［1］石季龍：即石虎，石勒從子，本書卷一〇六有載記。　歷陽：縣名，治所在今安徽省和縣。

［2］中外諸軍事：中華本校勘記：“據《成紀》、《通鑑》九五，‘中外諸軍事’上當脱‘都督’二字。”

［3］左右長史：官名，此爲司徒府長史，分左、右，領府中各曹。六品。　司馬：官名，此爲司徒府司馬。府署高級幕僚，掌參

讚軍務、管理府内武職，位僅次於長史。六品。

[4]中外大都督：官名，指揮全國軍隊，地位極高。

[5]太傅：官名，晋爲八公之一。位上公，太宰之下、太保之上。一品。

[6]夙罹不造：早年遭遇不幸。

[7]九功：《左傳·文公七年》："六府、三事，謂之九功。水、火、金、木、土、穀，謂之六府。正德、利用、厚生，謂之三事。"

[8]七德：指七种品德。分爲文七德和武七德。文七德爲：尊貴、明賢、庸勛、長老、愛親、禮新、親舊。武七德爲：禁暴、戢兵、保大、定功、安民、和衆、豐財。

[9]八政：一曰食，二曰貨，三曰祀，四曰司空，五曰司徒，六曰司寇，七曰賓，八曰師。見《尚書·洪範》。

[10]伊尹：輔佐商湯及其後代外丙、仲壬、太甲的賢臣。

[11]姬旦：即周公旦，亦稱文公、叔旦。周武王弟，與吕尚同爲西周開國元勛。以魯公封於曲阜。武王去世後，輔佐成王，平定叛亂，營建洛邑，制禮作樂，功勛卓著。

[12]登庸雋乂：雋，殿本作"儁"。

[13]申令群官：令，殿本作"命"。

是歲，妻曹氏卒，贈金章紫綬。[1]初，曹氏性妒，導甚憚之，乃密營别館，以處衆妾。曹氏知，將往焉。導恐妾被辱，遽令命駕，猶恐遲之，以所執麈尾柄驅牛而進。司徒蔡謨聞之，[2]戲導曰："朝廷欲加公九錫。"導弗之覺，但謙退而已。謨曰："不聞餘物，惟有短轅犢車，長柄麈尾。"導大怒，謂人曰："吾往與群賢共游洛中，何曾聞有蔡克兒也。"

[1]金章紫綬：黄金印章、紫色綬帶。

[2]蔡謨：字道明，本書卷七七有傳。

于時庾亮以望重地逼，出鎮於外。南蠻校尉陶稱間説亮當舉兵内向，[1]或勸導密爲之防。導曰："吾與元規休戚是同，悠悠之談，宜絶智者之口。則如君言，元規若來，吾便角巾還第，復何懼哉！"又與稱書，以爲庾公帝之元舅，宜善事之。於是讒間遂息。時亮雖居外鎮，而執朝廷之權，既據上流，擁强兵，趣向者多歸之。導内不能平，常遇西風塵起，舉扇自蔽，徐曰："元規塵污人。"

[1]陶稱：陶侃子，本書卷六六有傳。

自漢魏以來，群臣不拜山陵。導以元帝眷同布衣，匪惟君臣而已，每一崇進，皆就拜，不勝哀戚。由是詔百官拜陵，自導始也。

咸康五年薨，[1]時年六十四。帝舉哀於朝堂三日，遣大鴻臚持節監護喪事，[2]賵襚之禮，[3]一依漢博陸侯及安平獻王故事。[4]及葬，給九游輼輬車、黄屋左纛、前後羽葆鼓吹、武賁班劍百人，[5]中興名臣莫與爲比。册曰："蓋高位以酬明德，厚爵以答懋勛；至乎闔棺標迹，[6]莫尚號謚，風流百代，於是乎在。惟公邁達沖虚，[7]玄鑒劭邈；[8]夷淡以約其心，體仁以流其惠；栖遲務外，則名雋中夏，應期濯纓，則潛算獨運。昔我中宗、肅祖之基中興也，下帷委誠而策定江左，拱己宅心而庶績咸熙。故能威之所振，寇虐改心，化之所鼓，檮杌易質；[9]調陰陽之和，通彝倫之紀；遼隴承風，丹穴景附。隆高世之功，復宣武之績，舊物不失，公協其猷。若乃荷負顧命，保朕冲人，遭遇艱圮，夷險委順；拯其淪墜而濟之以道，扶其顛傾而弘之以仁，經緯三朝而藴道彌曠。方賴高謨，以穆四海，昊天不吊，奄忽薨殂，朕用震慟于心。雖有殷之殞保衡，[10]有周之喪二南，[11]曷諭兹懷！今遣使持節、謁者僕射任瞻錫謚曰文獻，[12]祠以太牢。[13]魂而有靈，嘉兹榮寵！”

[1]咸康五年薨：咸康，原本、宋本、殿本作“咸和”，據中華本校勘記改。

[2]大鴻臚：官名，九卿之一，掌賓客迎送接待，贊襄引導朝會百官等。三品。　持節：官員外出持有皇帝授予的節杖，代表高等權威，常用於軍事長官出征。

[3]賵襚：贈給喪家的車馬衣物。

[4]博陸侯：即霍光，西漢河東平陽（今山西省臨汾市西南）人，字子孟，霍去病異母弟。爲武帝所親信，武帝臨終，任其爲大司馬大將軍，封博陸侯，與金日磾等人輔佐少主。昭帝繼位後，誅除上官桀，先立後廢昌邑王劉賀，專擅朝政前後長達二十年。期間輕徭薄賦，與民休息，社會較安定。　安平獻王：司馬孚，字叔達，宣帝次弟，本書卷三七有傳。

[5]九游轀輬車：即九旒轀輬車。轀輬車，古代卧車。《史記》卷八七《李斯列傳》裴駰集解引孟康曰：“如衣車，有窗牖，閉之則温，開之則凉，故名之‘轀輬車’也。”漢以後多用作喪車。《漢書》卷六八《霍光傳》顏師古注：“轀輬本安車也，可以卧息。後因載喪，飾以柳翣，故遂爲喪車耳。轀者密閉，輬者旁開窗牖，各别一乘，隨事爲名。後人既專以載喪，又去其一，總爲藩飾，而

合二名呼之耳。”　黃屋：皇帝的車乘。青蓋，黃裏，謂之黃屋。　左纛：古代皇帝乘輿上的飾物，以犛牛尾或雉尾制成，設在車衡左邊或左騑上。《史記》卷七《項羽本紀》：“紀信乘黃屋，傅左纛。”裴駰集解：“李斐曰：‘纛，毛羽幢也，在乘輿車衡左方上注之。’蔡邕曰：‘以犛牛尾爲之，如斗，或在騑頭，或在衡上也。’”　武賁：即虎賁，護衛武士。

[6]闔棺標迹：標，宋本作“摽”。

[7]邁達冲虚：超逸曠達，寡欲謙虚。

[8]玄鑒劭邈：目光敏鋭深遠。

[9]檮（táo）杌（wù）易質：使惡人有本質的改變。檮杌，傳説中的四凶之一。

[10]保衡：商代伊尹的尊號。又稱“阿衡”。《尚書·説命下》：“昔先正保衡，作我先王。”孔安國傳：“保衡，伊尹也。”孔穎達疏：“保衡、阿衡，俱伊尹也。《君奭》傳曰：‘伊尹爲保衡’言天下所取安、所取平也。”

[11]二南：指周公和召公。

[12]使持節：漢朝官吏奉使外出時，或由皇帝授予節杖，以提高其權力。魏晋以後，凡重要軍事長官出征或出鎮，加使持節，可誅殺二千石以下官員。　謁者僕射：官名，謁者臺長官，名義上屬光禄勛。統領諸謁者，掌朝會司儀，傳達策書，護衛皇帝出行。五品。

[13]太牢：用牛羊豕三牲祭祀稱太牢。《莊子·至樂》：“具太牢以爲膳。”成玄英疏：“太牢，牛羊豕也。”

二弟：穎、敞，[1]少與導俱知名，時人以穎方温太真，以敞比鄧伯道，[2]並早卒。導六子：悦、恬、洽、協、劭、薈。

[1]穎、敞：穎，殿本作“潁”；敞，殿本作“敞”。本段下文同。

[2]鄧伯道：鄧攸，字伯道，本書卷九〇有傳。

悦，字長豫，弱冠有高名，[1]事親色養，導甚愛之。導嘗共悦弈棋，[2]争道，導笑曰："相與有瓜葛，那得爲爾邪！"[3]導性儉節，帳下甘果爛敗，令棄之，云："勿使大郎知。"

[1]弱冠：指男子二十歲時。《禮記·曲禮上》："二十曰弱，冠。"年少爲弱，待至二十，即爲成年，舉行冠禮。

[2]導嘗共悦弈棋：嘗，原本、宋本作"常"，通"嘗"，殿本作"嘗"，據殿本改。

[3]那得爲爾邪：怎麼能够這樣。那，同"那"。

悦少侍講東宫，歷吴王友、中書侍郎，[1]先導卒，謚貞世子。先是，導夢人以百萬錢買悦，潛爲祈禱者備矣。[2]尋掘地，得錢百萬，意甚惡之，一皆藏閉。及悦疾篤，導憂念特至，不食積日。忽見一人形狀甚偉，被甲持刀，導問："君是何人？"曰："僕是蔣侯也。[3]公兒不佳，欲爲請命，故來耳。公勿復憂。"因求食，遂啖數升。食畢，勃然謂導曰："中書患，非可救者。"言訖不見，悦亦殞絶。悦與導語，恒以慎密爲端。導還臺，及行，悦未嘗不送至車後，又恒爲母曹氏襞斂箱篋中物。悦亡後，導還臺，自悦常所送處哭至臺門，其母長封作篋，不忍復開。

[1]友：王、公國的屬官，掌陪侍規諷。六品。　中書侍郎：官名，三國魏文帝黄初初年設中書省，在長官中書監、中書令以下有通事郎，後增設中書郎，亦稱中書侍郎。掌草擬詔書，外出執行重要使命等。五品。

[2]潛爲祈禱者備矣：祈，宋本作“所”。

[3]蔣侯：蔣子文，東漢末人，任秣陵尉，後戰死，葬於鐘山。死後被尊爲神，封侯封王，六朝時影響很大。

悦無子，以弟恬子琨爲嗣，[1]襲導爵丹楊尹，[2]卒，贈太常。[3]子嘏嗣，尚鄱陽公主，歷中領軍、尚書。[4]卒，子恢嗣，義熙末，爲游擊將軍。[5]

[1]弟恬子琨：琨，宋本作“混”。

[2]丹楊尹：楊，殿本作“陽”。

[3]太常：官名，漢代稱奉常，本掌禮樂宗廟、社稷祭祀，魏晋時此職掌歸尚書裁定，太常成爲閑職。三品。

[4]中領軍：官名，東漢建安中曹操改領軍置。與中護軍皆典禁兵，屬丞相府。三品。　尚書：官名，東漢尚書臺六曹各置尚書，魏晋出爲朝官，分掌尚書省諸曹，品秩提高。三品。

[5]游擊將軍：官名，禁軍將領，與驍騎將軍分領命中虎賁，掌宿衛之任。隸屬中領軍（領軍將軍）。四品。

恬，字敬豫。少好武，不爲公門所重。導見悦輒喜，見恬便有怒色。州辟别駕，[1]不行，襲爵即丘子。

[1]别駕：官名，别駕從事、别駕從事史省稱。州部佐官，因從刺史行部，别乘傳車，故稱。位居州吏之右。

性傲誕，不拘禮法。謝萬嘗造恬，[1]既坐，少頃，恬便入内。萬以爲必厚待己，殊有喜色。恬久之乃沐頭散髮而出，據胡床於庭中曬髮，[2]神氣傲邁，竟無賓主之禮。萬悵然而還。[3]晚節更好士，多技藝，善弈棋，爲中興第一。

[1]謝萬：字萬石，本書卷七九有傳。

[2]胡床：魏晋時傳入中原的少數民族用的輕便坐具，又稱交床。朱大渭先生《中古漢人由跪坐到垂脚高坐》一文中有論述。(参見朱大渭《六朝史論》，中華書局1998年版)

[3]悵然而還：還，殿本作"歸"。

遷中書郎。[1]帝欲以爲中書令，[2]導固讓，從之。除後將軍、魏郡太守，[3]加給事中，[4]領兵鎮石頭。導薨，去官。俄起爲後將軍，復鎮石頭。轉吴國、會稽内史，[5]加散騎常侍。卒，贈中軍將軍，[6]謚曰憲。

[1]中書郎：官名，隸屬中書令。掌草擬詔書、外出執行重要使命等。亦作爲中書通事郎、中書侍郎的省稱。五品。

[2]中書令：官名，掌收納尚書奏事、傳達皇帝詔旨。三國魏文帝初年分秘書置中書省，設中書監和中書令，職權甚重。三品。

[3]後將軍：官名，漢代爲重號將軍，與前、左、右將軍並爲上卿。魏晋以後權位漸低，僅爲將軍名號，略高於一般雜號將軍。三品。　魏郡：東晋僑置郡，寄居京邑（今江蘇省南京市附近）。

[4]給事中：官名，爲加官，所加爲三公、將軍、中書監令、博士、郎等。常侍從皇帝左右，諫諍糾彈，爲中朝要職。五品。

[5]吴國：郡國名，治所在吴縣（今江蘇省蘇州市）。　内史：

官名，西晋武帝太康十年（289）改諸王國相爲内史，掌管民政。五品。周家禄《晋書校勘記》認爲："晋制，以郡爲國，内史治民事，若郡太守。國除爲郡，復稱太守。然二名往往混淆，史家亦互稱之。"

[6]中軍將軍：官名，西晋時統左右衛、前後左右驍騎等宿衛七營禁軍，主管京師及朝廷警衛。泰始四年（268）罷，置北軍中候代其職。後爲將軍名號，與鎮軍將軍、撫軍將軍並爲三名號將軍，不統禁兵。三品。

洽，字敬和，導諸子中最知名，與荀羡俱有美稱。[1]弱冠，歷散騎、中書郎、中軍長史、司徒左長史、建武將軍、吴郡内史。[2]徵拜領軍，[3]尋加中書令，固讓，表疏十上。穆帝詔曰："敬和清裁貴令，[4]昔爲中書郎，吾時尚小，數呼見，意甚親之。今所以用爲令，既機任須才，且欲時時相見，共講文章，[5]待以友臣之義。而累表固讓，甚違本懷。其催洽令拜。"[6]苦讓，遂不受。升平二年卒於官，年三十六。二子：珣、珉。

[1]荀羡：字令則，本書卷七五有傳。

[2]散騎：官名，即散騎侍郎，三國魏置。隸屬散騎省，侍從皇帝左右，顧問應對，諫諍拾遺，與散騎常侍、侍中等共平尚書奏事。五品。　中軍長史：官名，中軍將軍府長史。掌軍府顧問參謀，爲所在官署掾屬之長。七品。　建武將軍：官名，東漢末曹操置，統兵征伐。四品。　吴郡：治所在吴縣（今江蘇省蘇州市）。

[3]徵拜領軍：中華本校勘記："《世説·賞譽》注引《中興書》作'中領軍'。洽以吴郡太守轉，資淺，似有'中'字是。"

[4]清裁貴令：指任王洽爲中書令。

［5］共講文章：共，殿本作"其"。

［6］催洽令拜：洽，宋本無此字，作一字空白。

珣，字元琳。弱冠與陳郡謝玄爲桓温掾，[1]俱爲温所敬重，嘗謂之曰："謝掾年四十，必擁旄杖節。王掾當作黑頭公。皆未易才也。"珣轉主簿。[2]時温經略中夏，竟無寧歲，軍中機務並委珣焉。文武數萬人，悉識其面。從討袁真，[3]封東亭侯，轉大司馬參軍、琅邪王友、中軍長史、給事黄門侍郎。[4]

［1］謝玄：字幼度，本書卷七九有傳。　桓温：字元子，本書卷九八有傳。

［2］主簿：官名，開府屬官，典領文書籍簿，省録衆事，職權甚重。

［3］袁真：東晋人。歷任廬江太守、龍驤將軍、西中郎將、豫州刺史等職。桓温北伐失利，歸罪袁真，將其廢黜。因懷恨叛降前燕。

［4］參軍：官名，亦作參軍事，謂參謀軍事。兩晋公府、軍府皆置。　給事黄門侍郎：官名，魏晋時爲侍中省或門下省次官。與侍中俱掌門下衆事，職掌略同，地位隨皇帝旨意或侍中地位而定。五品。

珣兄弟皆謝氏婿，以猜嫌致隙。太傅安既與珣絶昏，[1]又離珉妻，由是二族遂成仇釁。時希安旨，乃出珣爲豫章太守，不之官。除散騎常侍，不拜。遷秘書監。[2]安卒後，遷侍中，孝武深杖之。轉輔國將軍、吴國内史，在郡爲士庶所悦。徵爲尚書右僕射，[3]領吏部,[4]轉左僕射,[5]加征虜將軍,[6]復領太子詹事。[7]

[1]安：謝安，字安石，本書卷七九有傳。　絶昏：昏，原本、宋本作“婿”，殿本作“昏”，中華本作“婚”，據殿本改。

[2]秘書監：官名，秘書省長官，掌管藝文圖籍、課試署吏，統著作局，掌國史修撰並管理中外三閣圖書。三品。

[3]尚書右僕射：官名，尚書令副手，掌拆閲封緘奏章文書、參議政事、諫諍駁議、監察百官。位在左僕射之下。三品。

[4]吏部：官名，此爲吏部尚書。三國魏時爲尚書省吏部曹長官，位居列曹尚書之上。三品。

[5]左僕射：尚書省次官，輔助尚書令執行政務，參議大政，諫諍得失，監察糾彈百官。三品。有時尚書省不置令，祇設左右僕射，此時左僕射居右僕射之上。

[6]征虜將軍：既是武官名，也作爲高級文職官員的加官。三品。

[7]太子詹事：官名，東宫屬官，掌管東宫内外事務。兩晋南北朝東宫地位極重，官署齊備，擬於朝廷。太子詹事任總宫官，堪比朝廷之尚書令、領軍將軍，位權甚重。三品。

時帝雅好典籍，珣與殷仲堪、徐邈、王恭、郗恢等並以才學文章見昵於帝。[1]及王國寶自媚於會稽王道子,[2]而與珣等不協，帝慮晏駕後怨隙必生，故出恭、恢爲方伯，而委珣端右。[3]珣夢人以大筆如椽與之，既覺，語人云：“此當有大手筆事。”俄而帝崩，哀册謚議，皆珣所草。

[1]殷仲堪：本書卷八四有傳。　徐邈：字仙民，本書卷九一

有傳。　王恭：字孝伯，本書卷八四有傳。　郗恢：字道胤，本書卷六七有傳。郗，原本、宋本、殿本作“郄”，據其本傳及中華本改。

［2］王國寶：王坦之第三子，本書卷七五有傳。　會稽王道子：司馬道子，字道子，本書卷六四有傳。

［3］端右：指宰輔重臣。亦特指尚書令。

隆安初，國寶用事，謀黜舊臣，遷珣尚書令。王恭赴山陵，欲殺國寶，珣止之曰：“國寶雖終爲禍亂，要罪逆未彰，今便先事而發，必大失朝野之望。況擁强兵，竊發於京輦，誰謂非逆！國寶若遂不改，惡布天下，然後順時望除之，亦無憂不濟也。”恭乃止。既而謂珣曰：“比來視君，一似胡廣。”[1]珣曰：“王陵廷争，[2]陳平慎默，[3]但問歲終何如耳。”恭尋起兵，國寶將殺珣等，僅而得免，語在《國寶傳》。二年，[4]恭復舉兵，假珣節，進衛將軍、都督琅邪水陸軍事。[5]事平，上所假節，加散騎常侍。

［1］胡廣：東漢南郡華容（今湖北省潛江市西南）人，字伯始。安帝時舉孝廉，奏章爲天下第一。在高位三十餘年，歷安、順、冲、質、桓、靈六帝，一任司空，二拜司徒，三登太尉，五遷尚書僕射。其所辟命，皆天下名士。

［2］王陵：秦末泗水沛（今江蘇省沛縣）人，隨劉邦起兵反秦。劉邦稱帝後封安國侯。惠帝時爲右丞相。吕后稱制，欲立諸吕爲王，王陵以爲不可，因此爲吕后所惡，奪其相權。王陵乃告病歸家，杜門不朝，七年而卒。

［3］陳平：秦末陽武（今河南省原陽縣東南）人，少治黄老之

術。秦末天下大亂，先後侍魏王咎、項羽，後歸劉邦。歷任都尉、亞將、護軍中尉，爲劉邦重要謀士，屢出奇計。漢朝建立後封户牖侯和曲逆侯。惠帝時歷任郎中令、左右丞相。吕后死，又與周勃等人誅除諸吕，迎立文帝。

[4]二年：宋本作“二十年”。

[5]衛將軍：官名，魏晋時位在名號將軍之上，多爲軍府名號，加給大臣、重要州郡長官。二品，開府位從公者一品。　都督琅邪水陸軍事：琅邪地區最高軍事行政長官。

四年，以疾解職。歲餘，卒，時年五十二。追贈車騎將軍、開府，[1]謚曰獻穆。桓玄與會稽王道子書曰：[2]“珣神情朗悟，經史明徹，風流之美，公私所寄。雖逼嫌謗，才用不盡；然君子在朝，弘益自多。時事艱難，忽爾喪失，嘆懼之深，豈但風流相悼而已！其崎嶇九折，風霜備經，雖賴明公神鑒，亦識會居之故也。卒以壽終，殆無所哀。但情發去來，置之未易耳。”玄輔政，改贈司徒。

[1]車騎將軍：官名，魏晋南北朝時位次於驃騎將軍，在諸名號將軍之上，多作爲軍府名號，以加授大臣及重要州郡長官。二品，開府位從公者一品。　開府：開設府署，辟置僚屬。魏晋時常以此作爲對高級官員的寵待。

[2]桓玄：字敬道，本書卷九九有傳。

初，珣既與謝安有隙，在東聞安薨，便出京師，詣族弟獻之，[1]曰：“吾欲哭謝公。”獻之驚曰：“所望於法護。”[2]於是直前哭之甚慟。法護，珣小字也。珣五子：

弘、虞、柳、孺、曇首，[3]宋世並有高名。

[1]獻之：王獻之，字子敬，本書卷八〇有傳。

[2]所望於法護：是你王珣所忌恨的人。

[3]弘：王弘，琅邪臨沂（今山東省臨沂市）人，字休元。東晋末任驃騎參軍主簿、鎮軍諮議參軍。劉宋初任尚書僕射，遷江州刺史。宋文帝時歷任司徒、揚州刺史、録尚書事、太保、中書監等職。　虞：王虞，王弘弟，劉宋廷尉卿。　柳：中華本校勘記："《斠注》：《宋書·王弘傳》'柳'作'抑'。"　孺：王孺，王弘弟，劉宋侍中。　曇首：王曇首，王弘少弟。兄弟分財，唯取圖書。歷任冠軍將軍府功曹、鎮西將軍府長史、侍中、太子詹事等。

珉，字季琰。少有才藝，善行書，名出珣右。時人爲之語曰："法護非不佳，僧彌難爲兄。"僧彌，珉小字也。時有外國沙門，名提婆，妙解法理，[1]爲珣兄弟講《毗曇經》。[2]珉時尚幼，講未半，便云已解，即於别室與沙門法綱等數人自講。[3]法綱嘆曰："大義皆是，但小未精耳。"辟州主簿，舉秀才，[4]不行。後歷著作、散騎郎、國子博士、黄門侍郎、侍中，[5]代王獻之爲長兼中書令。二人素齊名，世謂獻之爲"大令"，珉爲"小令"。太元十三年卒，時年三十八，[6]追贈太常。二子：朗、練。義熙中，並歷侍中。

[1]妙解法理：妙，宋本作"沙"。

[2]《毗曇經》：阿毗曇（梵文 abhidharma），略稱毗曇，意譯爲"大法"，指可尊可贊之最終法，包含對塵世的分析觀察與超經驗界之證悟。最早傳入的《毗曇經》有《阿毗曇五法行經》《阿毗

曇七法行經》《阿毗曇九十八結經》等。

[3]沙門：沙，殿本作“法”。

[4]秀才：察舉科目，州舉秀才，郡舉孝廉。

[5]著作：官名，即著作郎。三國時爲著作局長官，隸屬中書省。西晋時著作局别自置省，長官仍爲著作郎，改隸屬秘書省。西晋後亦稱大著作郎、大著作、著作，掌國史及起居注的修撰。兩晋南北朝時爲清要之官，多由有名望的文學之士擔任，也用司空、侍中、尚書等官典領。職閑位重，南朝時多爲貴族起家官。六品。散騎郎：官名，即散騎侍郎。五品。　國子博士：學官，教授儒學。六品。　黄門侍郎：官名，魏晋時爲侍中省或門下省次官。侍從皇帝，顧問應對，多以重臣或外戚子弟擔任，位頗重要。五品。

[6]時年三十八：三，殿本作“二”。

協，字敬祖，元帝撫軍參軍，[1]襲爵武岡侯，早卒，無子，以弟劭子謐爲嗣。

[1]元帝撫軍參軍：中華本校勘記：“姚鼐《惜抱軒筆記》：協安能上接元帝，蓋簡文爲撫軍將軍，協爲其參軍耳。勞校：元帝未嘗爲撫軍，疑是簡文之誤。”

謐，字稚遠。少有美譽，與譙國桓胤、太原王綏齊名。[1]拜秘書郎，襲父爵，遷秘書丞，[2]歷中軍長史、黄門郎、侍中。[3]及桓玄舉兵，詔謐銜命詣玄，玄深敬昵焉。拜建威將軍、吴國内史，[4]未至郡，玄以爲中書令、領軍將軍、吏部尚書，[5]遷中書監，加散騎常侍，領司徒。及玄將篡，以謐兼太保，奉璽册詣玄。玄篡，封武昌縣開國公，加班劍二十人。

[1]譙國：郡國名，曹魏置，治所在譙縣（今安徽省亳州市）。　桓胤：字茂遠，本書卷七四有傳。　太原：郡名，治所在晋陽縣（今山西省太原市西南）。　王綏：王戎之子。《世説新語·賞譽》劉孝標注引《晋諸公贊》曰："王綏，字萬子，辟太尉掾，不就。年十九卒。"引《晋書》曰："戎子萬，有美號而太肥，戎令食糠，而肥愈甚也。"

[2]秘書丞：官名，秘書監次官。負責典籍圖書的管理和整理，爲清要之官，多由士族高門擔任。六品。

[3]黄門郎：官名，黄門侍郎或給事黄門侍郎的省稱。五品。

[4]建威將軍：官名，領兵征戰，曹魏、孫吴、西晋皆置。四品。

[5]領軍將軍：官名，三國曹丕置，職掌同於中領軍，但任職者資位重於中領軍，簡稱領軍。爲禁衛軍最高統帥，常由皇帝親信或宗室擔任。兩晋沿置。三品。

初，劉裕爲布衣，[1]衆未之識也，惟謐獨奇貴之，常謂裕曰："卿當爲一代英雄。"及裕破桓玄，謐以本官加侍中，領揚州刺史、録尚書事。謐既受寵桓氏，常不自安。護軍將軍劉毅嘗問謐曰：[2]"璽綬何在？"謐益懼。會王綏以桓氏甥自疑，謀反，父子兄弟皆伏誅。謐從弟諶，少驍果輕俠，欲誘謐還吴，起兵爲亂，乃説謐曰："王綏無罪，而義旗誅之，是除時望也。兄少立名譽，加位地如此，欲不危，得乎！"謐懼而出奔。劉裕箋詣大將軍、武陵王遵，[3]遣人追躡。謐既還，委任如先，加謐班劍二十人。義熙三年卒，時年四十八。追贈侍中、司徒，謚曰文恭。三子：瓘、球、琇。[4]入宋，皆至大官。

[1]劉裕：字德輿，小名寄奴，彭城（今江蘇省徐州市）人，南朝宋開國皇帝。世居京口，初爲東晋冠軍司馬，後被劉牢之任爲參軍。歷任鎮軍將軍、都督十六州諸軍事，官至相國，受封宋王。元熙二年（420）代晋稱帝。卒謚武皇帝，廟號高祖。

[2]護軍將軍：官名，東漢建安十二年（207）曹操改丞相府護軍爲中護軍，資重者可遷護軍將軍，典武官選舉，與中領軍同掌禁軍。曹魏時四品，西晋時三品。　劉毅：字希樂，本書卷八五有傳。

[3]劉裕箋詣大將軍：中華本“大將軍”後爲句號。大將軍既武陵王遵，原標點容易誤解爲“劉裕箋詣”與“武陵王追躡”爲兩件事，其實相關聯。(參見萬久富《〈晋書〉點校劄記》,《南通師範學院學報》1999 年第 3 期）　武陵王遵：司馬遵，字茂遠，本書卷六四有傳。

[4]球：王球，琅邪臨沂（今山東省臨沂市）人，字倩玉，東晋末任琅邪王大司馬行參軍，轉主簿，豫章公世子中軍功曹。宋國建，初拜世子中舍人。劉宋建立後，爲太子中舍人，宜都王友，轉諮議參軍，以疾去職。劉宋文帝時，歷任義興太守、太子右衛率、侍中、冠軍將軍、中書令、吏部尚書、光禄大夫等。　琇：王琇，王球弟，劉宋臨海太守。

劭，字敬倫，歷東陽太守、吏部郎、司徒左長史、丹楊尹。[1]劭美姿容，有風操，雖家人近習，未嘗見其墮替之容。桓温甚器之。遷吏部尚書、尚書僕射，領中領軍，出爲建威將軍、吴國内史。卒，贈車騎將軍，謚曰簡。三子：穆、默、恢。穆，臨海太守。[2]默，吴國内史，加二千石。恢，右衛將軍。[3]穆三子：簡、智、超。默二子：鑒、惠。義熙中，[4]並歷顯職。

[1]東陽：郡名，治所在長山縣（今浙江省金華市）。　司徒左長史：官名，司徒長史爲司徒府掾屬之長，佐司徒總管府内諸曹。分左、右，左高於右。六品。　丹楊尹：官名，東晋京城所在郡府長官，掌京城行政諸務並詔獄，亦稱“京尹”。三品。楊，原本、殿本作“陽”，宋本作“楊”，據宋本改。

[2]臨海：郡名，三國吴置，治所在臨海縣（今浙江省臨海市），尋移置章安縣（今浙江省臨海市東南）。

[3]右衛將軍：官名，三國魏咸熙二年（265），司馬炎即晋王位，分中衛將軍爲左、右衛將軍。掌佽飛虎賁及前驅、由基、强弩三部司馬，屬下還有虎賁、羽林、上騎、異力、命中共五部督，負責宫禁侍衛。西晋屬中軍將軍，後屬領軍將軍。爲禁衛軍主要統帥之一，權任很重。四品。

[4]義熙中：宋本無“義”字。

薈，字敬文。恬虚守靖，不競榮利，少歷清官，除吏部郎、侍中、建威將軍、吴國内史。時年饑粟貴，人多餓死，薈以私米作饘粥，以飴餓者，[1]所濟活甚衆。徵補中領軍，不拜。徙尚書，領中護軍，[2]復爲征虜將軍、吴國内史。頃之，桓冲表請薈爲江州刺史，[3]固辭不拜。轉督浙江東五郡、左將軍、會稽内史，[4]進號鎮軍將軍，[5]加散騎常侍。卒於官，贈衛將軍。

[1]以飴餓者：餓，宋本作“戰”。

[2]中護軍：官名，掌武官選舉，與中領軍同掌禁軍。曹魏四品，晋三品。

[3]桓冲：字幼子，本書卷七四有傳。　江州：治所在南昌縣（今江西省南昌市）。

[4]督浙江東五郡：浙江東五郡軍事行政長官，位次於都督和

監。 左將軍：官名，漢代爲重號將軍，與前、後、右將軍並爲上卿。魏晋時爲常設官職，權位較兩漢漸低，僅爲武官名號，略高於一般雜號將軍，不典禁兵。三品。

[5]鎮軍將軍：官名，三國時始置，西晋罷又復置。位在鎮軍大將軍下，與中軍將軍、撫軍將軍並爲三名號將軍，位比四鎮將軍。三品。

子廞，歷太子中庶子、司徒左長史。[1]以母喪，居于吴。王恭舉兵，假廞建武將軍、吴國内史，令起軍，助爲聲援。廞即墨絰合衆，誅殺異己，仍遣前吴國内史虞嘯父等入吴興、義興聚兵，[2]輕俠赴者萬計。廞自謂義兵一動，勢必未寧，可乘間而取富貴。而曾不旬日，國寶賜死，恭罷兵符，廞去職。廞大怒，回衆討恭。恭遣司馬劉牢之距戰于曲阿，[3]廞衆潰奔走，遂不知所在。長子泰爲恭所殺，少子華以不知廞存亡，憂毁布衣蔬食。後從兄謐言其死所，華始發喪，入仕。

[1]太子中庶子：官名，太子侍從，掌侍從、奏事、諫議等。五品。

[2]虞嘯父：東晋人，虞潭之孫，本書卷七六有傳。 吴興：郡名，治所在烏程縣（今浙江省湖州市南）。 義興：郡名，治所在陽羡縣（今江蘇省宜興市）。

[3]劉牢之：字道堅，本書卷八四有傳。 曲阿：縣名，治所在今江蘇省丹陽市。

初，導渡淮，使郭璞筮之，[1]卦成，璞曰："吉，無不利。淮水絶，王氏滅。"其後子孫繁衍，竟如璞言。

[1]郭璞：字景純，本書卷七二有傳。

史臣曰：飛龍御天，故資雲雨之勢；帝王興運，必俟股肱之力。軒轅，[1]聖人也，杖師臣而授圖；[2]商湯，哲后也，託負鼎而成業。[3]自斯已降，罔不由之。源夫典午發蹤，[4]本于陵寡，[5]金行撫運，[6]無德在時。九土未宅其心，四夷已承其弊。既而中原蕩覆，江左嗣興，兆著玄石之圖，[7]乖少康之祀夏；[8]時無思晋之士，異文叔之興劉；[9]輔佐中宗，艱哉甚矣！茂弘策名枝屏，叶情交好，負其才智，恃彼江湖，思建克復之功，用成翌宣之道。[10]於是王敦内侮，憑天邑而狼顧；蘇峻連兵，指宸居而隼擊。[11]實賴元宰，固懷匪石之心；潛運忠謨，竟翦吞沙之寇。乃誠貫日，主垂餌以終全；貞志陵霜，國綴旒而不滅。[12]觀其開設學校，存乎沸鼎之中，爰立章程，在乎櫛風之際；雖則世道多故，而規模弘遠矣。比夫蕭曹弼漢，[13]六合爲家；奭望匡周，[14]萬方同軌，功未半古，不足爲儔。至若夷吾體仁，能相小國；孔明踐義，善翊新邦，撫事論情，抑斯之類也。提挈三世，終始一心，稱爲“仲父”，蓋其宜矣。恬、珣踵德，副吕虔之贈刀；[15]謐乃隤聲，慚劉毅之徵璽。語曰：“深山大澤，有龍有蛇。”實斯之謂也。

[1]軒轅：傳説中的古代帝王黄帝的名字。傳説姓公孫，居於軒轅之丘，故名曰軒轅。曾戰勝炎帝於阪泉，戰勝蚩尤於涿鹿，諸侯尊爲天子。後人以之爲中華民族的始祖。

[2]師臣：對執政大臣的尊稱。

［3］負鼎：《史記》卷三《殷本紀》："伊尹名阿衡。阿衡欲奸湯而無由，乃爲有莘氏媵臣，負鼎俎，以滋味説湯，致於王道。"

［4］源夫典午發踪：司馬氏起家。源，殿本作"原"。

［5］陵寡：欺凌曹氏孤兒寡母。

［6］金行：晋朝，因晋朝以金德王，故稱。

［7］兆著玄石之圖：本書卷三《武帝紀》載，泰始三年（267）"夏四月戊午，張掖太守焦勝上言，氐池縣大柳谷口有玄石一所，白畫成文，實大晋之休祥，圖之以獻"。

［8］乖：違背。　少康之祀夏：夏太康失位，后羿取代夏政，寒浞又殺后羿。夏相之后緡逃回母家，生少康。後夏臣伯靡聚衆殺寒浞，迎少康復位。少康復位後，"復禹之績，祀夏配天"。

［9］文叔：東漢光武帝劉秀，字文叔。

［10］用成翌宣之道：翌，殿本作"翼"。

［11］指宸居而隼擊：對朝廷發起迅速而猛烈的攻擊。隼，鳥名。又名鶻。鷹類中最小者，飛速善襲。

［12］綴旒：如旒之懸，比喻國勢垂危。旒，冠上垂珠。

［13］蕭：蕭何，隨劉邦起兵興漢的賢臣。　曹：曹参，秦末泗水沛（今江蘇省沛縣）人，早年爲獄掾。秦末隨劉邦起兵，屢建戰功。先後任假左丞相、左丞相。西漢建立後任齊相國。蕭何死後繼之爲漢相。

［14］奭：召公奭，周武王之弟，以燕公封於薊，長子就封，召公則留朝輔佐武王、成王。成王之時，與周公分陝而治，甚得民和。召公巡行鄉邑，決獄政事棠樹之下，自侯伯至庶人各得其所，無失職者。　望：太公望，吕望，又稱吕尚。西周開國大臣，姜姓，吕氏，字子牙。助文王興國，佐武王滅商。

［15］吕虔：三國時人，任城（今山東省微山縣西北）人，字子恪。初任曹操從事，後領泰山太守。督青州諸郡兵討東萊群賊李條等有功。曹丕即王位，加裨將軍，封益壽亭侯，遷徐州刺史，加威虜將軍。

贊曰：贙嘯猋馳，[1]龍升雲映。武崗矯矯，匡時緝政。懿績克宣，忠規靡競。契叶三主，榮逾九命。[2]貽刀表祥，[3]筮水流慶。[4]赫矣門族，重光斯盛。

[1]贙（xuàn）：獸名。《爾雅·釋獸》："贙，有力。"郭璞注："出西海大秦國，有養者，似狗，多力獷惡。"殿本作"虎"。猋馳：疾速奔馳貌。猋，殿本作"飆"。

[2]九命：即九錫。《漢書》卷六《武帝紀》顏師古注引應劭曰："一曰車馬，二曰衣服，三曰樂器，四曰朱户，五曰納陛，六曰虎賁百人，七曰鈇鉞，八曰弓矢，九曰秬鬯。此皆天子制度，尊之，故事事錫與，但數少耳。"

[3]貽刀表祥：本書卷三三《王祥傳》："初，吕虔有佩刀，工相之，以爲必登三公，可服此刀。虔謂祥曰：'苟非其人，刀或爲害。卿有公輔之量，故以相與。'祥固辭，强之乃受。祥臨薨，以刀授覽，曰：'汝後必興，足稱此刀。'覽後奕世多賢才，興於江左矣。"

[4]筮水流慶：指三月上巳，王導隨元帝水邊觀禊之事。

晋書　卷六六

列傳第三十六

劉弘　陶侃 子洪 瞻 夏 琦 旗 斌 稱 範 岱[1] 兄子臻 臻弟輿[2]

劉弘

劉弘，字和季，沛國相人也。[3]祖馥，[4]魏揚州刺史。[5]父靖，[6]鎮北將軍。[7]弘有幹略政事之才，少家洛陽，與武帝同居永安里，又同年，共研席。以舊恩起家太子門大夫，[8]累遷率更令，[9]轉太宰長史。[10]張華甚重之。[11]由是爲寧朔將軍、假節、監幽州諸軍事，[12]領烏丸校尉，[13]甚有威惠，寇盜屏迹，爲幽朔所稱。[14]以勛德兼茂，封宣城公。

[1]原本、宋本、殿本總目録和卷首目録均無陶侃九子，據中華本目録及正文補。

[2]臻弟輿：輿，宋本、殿本作“與”。

[3]沛國：三國魏治所在沛縣（今江蘇省沛縣），西晋時治所

在相縣（今安徽省濉溪縣西北）。　相：縣名，治所在今安徽省濉溪縣西北。

［4］馥：劉馥，東漢末沛國相（今安徽省濉溪縣西北）人，字元穎。任曹操司徒掾屬，後出任揚州刺史。在任召流民，廣屯田，興學校，修水利，甚有政績。

［5］揚州：三國魏、吴各置揚州，魏治所在壽春縣（今安徽省壽縣），吴治所在建業縣（今江蘇省南京市）。西晋統一後復合，治所在建鄴縣（今江蘇省南京市）。

［6］靖：劉靖，三國曹魏沛國相（今安徽省濉溪縣西北）人，劉馥之子，歷任曹魏黄門侍郎、廬江太守、河内太守、尚書、河南尹、大司農、衛尉等職。

［7］鎮北將軍：官名，東漢建安年間置，與鎮西、鎮南、鎮東將軍合稱四鎮將軍，多爲持節都督，出鎮方面。曹魏二品。晋三品，加持節都督者二品。

［8］太子門大夫：官名，東宫屬官，掌遠近表牒，關通内外。東漢、三國魏隸屬太傅、少傅，西晋改隸屬太子詹事。六品。

［9］率更令：官名，即太子率更令，東宫屬官，東漢主太子庶子、舍人值宿事，隸太子少傅。與太子家令、太子僕並號太子三卿。三國時因之。兩晋南北朝時不領庶子、舍人，掌太子宫殿門衛及賞罰等事，職似光禄勛、衛尉。兩晋時或隸屬太子二傅，或隸屬太子詹事。五品。

［10］太宰：官名，即太師，因避司馬師名諱而改名太宰。八公之一，居上公之首，爲宰相之任。一品。　長史：官名，掌顧問參謀，爲所在官署掾屬之長。魏晋南北朝時王府、公府、軍府、邊郡均置。此爲太宰府長史，六品。

［11］張華：字茂先，本書卷三六有傳。

［12］寧朔將軍：官名，西晋時多駐幽州，爲幽州地區軍政長官，兼管烏丸事務。四品。　假節：假以節杖。指大臣臨時持節出巡，爲權臣掌軍、秉政的地位象徵和政治待遇。　監幽州諸軍事：

幽州地區軍事行政長官，位次於都督。

[13]領：以地位較高的官員兼理較低的職務。 烏丸校尉：官名，亦稱護烏丸校尉，掌管内附烏丸事務，魏晋及十六國多置此職。四品。

[14]幽：幽州，治所在薊縣（今北京市西南）。 朔：指北方地區。

太安中，張昌作亂，[1]轉使持節、南蠻校尉、荆州刺史，[2]率前將軍趙驤等討昌，[3]自方城至宛、新野，[4]所向皆平。及新野王歆之敗也，[5]以弘代爲鎮南將軍、都督荆州諸軍事，[6]餘官如故。弘遣南蠻長史陶侃爲大都護，[7]參軍蒯恒爲義軍督護，[8]牙門將皮初爲都戰帥，[9]進據襄陽。[10]張昌并軍圍宛，敗趙驤軍，弘退屯梁。[11]侃、初等累戰破昌，前後斬首數萬級。及到官，昌懼而逃，其衆悉降，荆土平。

[1]張昌：少爲平氏縣吏，有武力，好論戰。太安二年(303)，更名李辰，聚衆立山都縣吏丘沉爲天子，建元神鳳，自任相國。後失敗被殺。

[2]持節：官員外出持有皇帝授予的節杖，代表高等權威，常用於軍事長官出征。 南蠻校尉：官名，亦稱護南蠻校尉，府鎮襄陽，東晋改鎮江陵。掌荆州及江州少數民族事務，統兵。四品。 荆州：三國時曹魏治所在新野縣（今河南省新野縣），孫吴治所在江陵縣（今湖北省江陵縣），西晋統一後治所在江陵縣（今湖北省江陵縣）。

[3]前將軍：官名，漢代重號將軍之一，與左、右、後將軍並爲上卿。魏晋時常設，權位較兩漢時漸低，僅爲武官名號，略高於

一般雜號將軍，不典禁兵，不與朝政。三品。　趙驤：齊王冏右司馬，司馬穎前鋒都督，因破趙王倫軍有功，被司馬穎上表封侯。

[4]方城：地名，在今湖北省竹山縣東南。　宛：縣名，治所在今河南省南陽市。　新野：縣名，治所在今河南省新野縣。

[5]新野王歆：司馬歆，字弘舒，本書卷三八有傳。

[6]鎮南將軍：官名，與鎮東、鎮西、鎮北將軍合稱四鎮將軍。多爲持節都督，出鎮方面。曹魏二品。晋改三品，加持節都督者二品。　都督荆州諸軍事：荆州地區最高軍事行政長官。

[7]南蠻長史：官名，護南蠻校尉府屬官。掌軍府顧問參謀，爲所在官署掾屬之長。七品。　大都護：地方長官臨時設官職。原本、宋本作“大都督”，殿本作“大都護”，據殿本改。

[8]參軍：官名，亦作參軍事，謂參謀軍事。兩晋公府、軍府皆置。　蒯恒：中華本校勘記：“《張昌傳》作‘蒯桓’。下同。”

[9]牙門將：官名，簡稱牙門，三國魏晋南北朝皆置，統兵武職，位在裨將軍下、郡守上。五品。　皮初：任荆州刺史劉弘牙門將、參軍、襄陽太守。　都戰帥：地方長官臨時設官職。

[10]襄陽：郡名，東漢建安十三年（208）置，治所在襄陽縣（今湖北省襄陽市），西晋移治宜城縣（今湖北省宜城市南）。

[11]梁：縣名，治所在今河南省汝州市南。

初，弘之退也，范陽王虓遣長水校尉張奕領荆州。[1]弘至，奕不受代，舉兵距弘。弘遣軍討奕，斬之，表曰：“臣以凡才，謬荷國恩，作司方州，奉辭伐罪，[2]不能奮揚雷霆，折衝萬里，軍退於宛，[3]分受顯戮。猥蒙含宥，被遣之職，即進達所鎮。而范陽王虓先遣前長水校尉張奕領荆州，[4]臣至，不受節度，擅舉兵距臣。今張昌奸黨初平，昌未梟擒，益梁流人蕭條猥集，無賴之徒易相扇動，飆風駭蕩，則滄海横波，苟患失之，無所不至。比須表上，慮失事機，輒遣軍討奕，即梟其首。奕雖貪亂，欲爲荼毒，由臣劣弱，不勝其任，令奕肆心，以勞資斧，敢引覆餗之刑，[5]甘受專輒之罪。”詔曰：“將軍文武兼資，前委方夏，宛城不守，咎由趙驤。將軍所遣諸軍，克滅群寇，張奕貪禍，距違詔命。將軍致討，傳首闕庭，雖有不請之嫌，古人有專之之義。其恢宏奥略，鎮綏南海，以副推轂之望焉。”[6]張昌竄于下雋山，[7]弘遣軍討昌，斬之，悉降其衆。

[1]范陽王虓：司馬虓，字武會，本書卷三七有傳。　長水校尉：官名，五校尉之一，統宿衛兵，魏晋時隸屬中領軍。四品。張奕：奕，原本、宋本、殿本作“弈”，據中華本改。本卷下文此人名同。

[2]奉辭伐罪：伐，殿本作“代”。

[3]軍退於宛：退，殿本作“良”。

[4]先遣前長水校尉：宋本無“遣”字。

[5]覆餗：因能力差而把事情辦糟。《易·鼎》：“鼎折足，覆公餗。”餗，鼎中的食物。覆餗，謂傾覆鼎中的珍饌。

[6]推轂：古代帝王任命將帥時的隆重禮儀。

[7]下雋：縣名，治所在今湖北省通城縣西北。雋，殿本作“儁”。

時荆部守宰多缺，[1]弘請補選，帝從之。弘乃叙功銓德，隨才補授，甚爲論者所稱。乃表曰：“被中詔，敕臣隨資品選，補諸缺吏。夫慶賞刑威，非臣所專，且知人則哲，聖帝所難，非臣暗蔽所能斟酌。然萬事有機，豪釐宜慎，謹奉詔書，差所應用。蓋崇化莫若貴德，則所以濟屯，[2]故太上立德，其次立功也。頃者多難，淳朴彌凋，臣輒以徵士伍朝補零陵太守，[3]庶以懲波蕩之弊，養退讓之操。臣以不武，前退於宛，長史陶侃、參軍蒯恒、牙門皮初，戮力致討，蕩滅奸凶，侃、恒各以始終軍事，初爲都戰帥，忠勇冠軍，漢沔清肅，實初等之勛也。《司馬法》'賞不逾時'，欲人知爲善之速福也。若不超報，[4]無以勸徇功之士，慰熊羆之志。臣以初補襄陽太守，侃爲府行司馬，[5]使典論功事，恒爲山都令。[6]詔惟令臣以散補空缺，然沶鄉令虞潭忠誠烈正，[7]首唱義舉，舉善以教，不能者勸，[8]臣輒特轉潭補醴陵令。[9]南郡廉吏仇勃，母老疾困，賊至守衛不移，以致拷掠，幾至隕命。尚書令史郭貞，[10]張昌以爲尚書郎，[11]欲訪以朝議，遁逃不出，昌質其妻子，避之彌遠。勃孝篤著於臨危，貞忠厲於强暴，雖各四品，皆可以訓奬臣子，長益風教。臣輒以勃爲歸鄉令，[12]貞爲信陵令。[13]皆功行相參，循名校實，條列行狀，公文具上。"朝廷以初雖有功，襄陽又是名郡，名器宜慎，不可授初，乃以前東平太守夏侯陟爲襄陽太守，[14]餘並從之。陟，弘之婿也。弘下教曰："夫統天下者，宜與天下同心；[15]化一國者，宜與一國爲任。若必姻親然後可用，則荆州十郡，安得十女婿然後爲政哉！"乃表"陟姻親，舊制不得相監。皮初之勛宜見酬報"。詔聽之。

[1]守宰多缺：缺，殿本作"闕"。

[2]濟屯：度過艱難。屯，卦名，《易・屯》："彖曰：'屯，剛柔始交而難生。'"

[3]零陵：郡名，西漢置，治所在零陵縣（今廣西壯族自治區全州縣西南），東漢至晋治所在泉陵縣（今湖南省永州市）。

[4]若不超報：中華本校勘記："《册府》六七一'超報'作'超拔'。"

[5]行：兼攝官職。　司馬：官名，府署高級幕僚。掌參讚軍務、管理府内武職，位僅次於長史。魏晋南北朝時王府、公府、軍府、邊郡均置。八至六品。

[6]山都：縣名，治所在今湖北省襄陽市西北。

[7]沶鄉：縣名，治所在今湖北省南漳縣西。　虞潭：字思奥，本書卷七六有傳。

[8]不能者勸：吴金華等先生認爲："者"當作"則"。《論語·爲政篇》"舉善以教不能則勸"八字，漢代以來有兩種讀法，一種在"教"字下面逗斷，另一種在"能"字下面逗斷，無論哪種句讀，"則"作爲承上啓下的連詞都是不可或缺的句子成分。唐人所編《藝文類聚》卷五〇〇引晋人司馬彪《續漢書》有云："卓茂遷密令，其治民，舉善而教，不能則勸。"其文仍作"則"；《晋書》也是唐人所編，本文作"者"，應屬傳寫之誤。（參見吴金華、吴新江《〈晋書〉辨疑》，《古籍整理研究學刊》2000年第4期）

[9]醴陵：縣名，治所在今湖南省醴陵市。

[10]尚書令史：官名，尚書省屬官，尚書省諸曹均置，頗有實權。八品。

[11]尚書郎：官名。東漢之制，取孝廉中之有才能者入尚書臺，在皇帝左右處理政務，初入臺稱守尚書郎中，滿一年稱尚書郎，滿三年稱侍郎。魏晋以後尚書各曹有侍郎、郎中等官，綜理職務，通稱爲尚書郎。六品。

[12]歸鄉：縣名，東晋置，治所在今湖北省秭歸縣東南。

[13]信陵：縣名，治所在今湖北省秭歸縣東南。

[14]東平：郡國名，治所在須昌縣（今山東省東平縣西北）。

[15]與天下同心：同，殿本作"一"。

弘於是勸課農桑，寬刑省賦，歲用有年，百姓愛悦。弘嘗夜起，聞城上持更者嘆聲甚苦，遂呼省之。兵年過六十，羸疾無襦。弘愍之，乃謫罰主者，[1]遂給韋袍複帽，轉以相付。舊制，峴方二山澤中不聽百姓捕魚，[2]弘下教曰："禮，名山大澤不封，與共其利。今公私并兼，百姓無復厝手地，當何謂邪！速改此法。"又"酒室中云齊中酒、聽事酒、猥酒，同用麴米，而優劣三品。投醪當與三軍同其薄厚，自今不得分别"。時益州刺史羅尚爲李特所敗，[3]遣使告急，請糧。弘移書贍給，而州府綱紀以運道懸遠，文武匱乏，欲以零陵一運米五千斛與尚。弘曰："諸君未之思耳。天下一家，彼此無異，吾今給之，則無西顧之憂矣。"遂以零陵米三萬斛給之。尚賴以自固。于時流人在荆州十餘萬户，羈旅貧乏，多爲盗賊。弘乃給其田種糧食，擢其賢才，隨資叙用。時總章太樂伶人，[4]避亂多至荆州，或勸可作樂者。弘曰："昔劉景升以禮壞樂崩，[5]命杜夔爲天子合樂，[6]樂成，欲庭作之。夔曰：'爲天子合樂而庭作之，恐非將軍本意。'吾常爲之嘆息。今主上蒙塵，吾未能展效臣節，雖有家伎，猶不宜聽，况御樂哉！"乃下郡縣，使安慰之，須朝廷旋返，送還本署。論平張昌功，應封次子一人縣侯，弘上疏固讓，許之。進拜侍中、鎮南大將軍、開府儀同三司。[7]

[1]謫罰：謫，殿本作"譴"。

[2]峴：峴山，一名峴首山，位於今湖北省襄陽市南漢江西岸。方：方山，位於今河南省内鄉縣東北。

[3]益州刺史羅尚爲李特所敗：中華本校勘記："《舉正》：此時特已死，尚爲雄所敗耳。"益州，治所在成都縣（今四川省成都市）。羅尚，字敬之，本書卷五七有傳。李特，字玄休，本書卷一二〇有傳。

[4]總章：掌管宫廷音樂的官署。　太樂伶人：伶，宋本作"合"。

[5]劉景升：劉表，東漢末山陽高平（今山東省鄒城市西南）人，字景升。少知名，爲"八俊"之一。東漢末黨人，後任荆州刺史。依靠當地名士大族的支持，南收零、桂，北據漢水，控地數千里，帶甲十餘萬。建學校、求儒士，保江漢間以觀天下之變。

[6]杜夔：東漢末河南（今河南省洛陽市）人，字公良。善音樂，初任雅樂郎。漢末避亂荆州，後歸曹操，任軍謀祭酒，參太樂事。官至太樂令、協律都尉。

[7]侍中：官名，東漢建安中與給事黄門侍郎出入禁中，省尚書事。曹魏時爲門下之侍中省長官。常侍衛皇帝左右，掌顧問應對、諫諍糾察、平議奏事、駁奏異議等，權力甚重。三品。　鎮南大將軍：官名，三國魏置，職掌與鎮南將軍同，唯資歷深者得任此職，不常置。二品，開府位從公者一品。　開府儀同三司：官名，三國魏始置。爲大臣加號，意謂與太尉、司徒、司空三司待遇相同，許開設府署，任命僚屬。

惠帝幸長安，河間王顒挾天子，[1]詔弘爲劉喬繼援。[2]弘以張方殘暴，[3]知顒必敗，遣使受東海王越節度。[4]時天下大亂，弘專督江漢，威行南服。前廣漢太守辛冉説弘以從横之事，[5]弘大怒，斬之。河間王顒使張光爲順陽太守，[6]南陽太守衛展説弘曰：[7]"彭城王前東奔，[8]有不善之言。張光，太宰腹心，宜斬光以明向背。"弘曰："宰輔得失，豈張光之罪！危人自安，君子弗爲也。”展深恨之。

[1]河間王顒：司馬顒，字文載，本書卷五九有傳。

[2]劉喬：字仲彦，本書卷六一有傳。

[3]張方：西晋河間（今河北省獻縣東南）人，本書卷六〇有傳。

[4]東海王越：司馬越，字元超，本書卷五九有傳。

[5]廣漢：郡名，治所在廣漢縣（今四川省射洪市南）。　辛冉：原本、宋本、殿本作“羊冉”，據中華本校勘記改。

[6]順陽：郡名，治所在南鄉縣（今河南省淅川縣）。

[7]南陽：郡名，治所在宛縣（今河南省南陽市）。　衛展：字道舒，本書卷三六有傳。

[8]彭城王：司馬釋，彭城王司馬權之孫，本書卷三七有傳。

陳敏寇揚州，[1]引兵欲西上。弘乃解南蠻，以授前北軍中候蔣超，[2]統江夏太守陶侃、武陵太守苗光，[3]以大衆屯于夏口。[4]又遣治中何松領建平、宜都、襄陽三郡兵，[5]屯巴東，[6]爲羅尚後繼。又加南平太守應詹寧遠將軍，[7]督三郡水軍，繼蔣超。侃與敏同郡，又同歲舉吏，或有間侃者，弘不疑之。乃以侃爲前鋒督護，[8]委以討敏之任。侃遣子及兄子爲質，弘遣之曰：“賢叔征行，君祖母年高，便可歸也。匹夫之交尚不負心，何況大丈夫乎！”陳敏竟不敢闚境。永興三年，詔進號車騎將軍，[9]開府及餘官如故。

[1]陳敏：字令通，本書卷一〇〇有傳。

[2]北軍中候：官名，掌監屯騎校尉、越騎校尉、步兵校尉、

長水校尉、射聲校尉所領北軍五營。魏晋時增設禁軍兵力，由地位更高的中領軍統轄，北軍五營作用漸輕，北軍中候置省無常，常與中領軍並置。五品。

[3]江夏：郡名，三國魏治所在上昶城（今湖北省雲夢縣），西晋移治安陸縣（今湖北省安陸市西南）。　武陵：郡名，治所在臨沅縣（今湖南省常德市）。

[4]夏口：即沔口，位於今湖北省武漢市，漢江入長江之口。

[5]治中：官名，治中從事史、治中從事的省稱。州之佐吏，掌選署及文書案卷。魏晋之世，身份雖低，職權極重。　建平：郡名，治所在巫縣（今重慶市巫山縣）。　宜都：郡名，治所在夷陵縣（今湖北省宜昌市東南長江北岸）。

[6]巴東：郡名，東漢建安六年（202）以固陵郡改名，治所在魚復縣（今重慶市奉節縣東）。

[7]南平：郡名，治所在江安縣（在今湖北省公安縣西北）。　應詹：字思遠，本書卷七〇有傳。　寧遠將軍：官名，屬名號將軍。五品。

[8]前鋒督護：統率前鋒的主將，地位高於諸州所置的一般都護。

[9]車騎將軍：官名，魏晋南北朝時位次於驃騎將軍，在諸名號將軍之上，多作爲軍府名號，以加授大臣及重要州郡長官。二品，開府位從公者一品。

弘每有興廢，手書守相，丁寧款密，所以人皆感悦，争赴之，咸曰："得劉公一紙書，賢於十部從事。"及東海王越奉迎大駕，弘遣參軍劉盤爲督護，[1]率諸軍會之。盤既旋，弘自以老疾，將解州及校尉，適分授所部，未及表上，卒于襄陽。士女嗟痛，若喪所親矣。

［1］督護：官名，州郡及出鎮方面將軍府皆設，掌兵事。兩晋時常統軍征伐，祇督一軍。

初，成都王穎南奔，[1]欲之本國，弘距之。及弘卒，弘司馬郭勱欲推穎爲主，弘子璠追遵弘志，於是墨絰率府兵討勱，[2]戰於濁水，[3]斬之，襄沔肅清。初，東海王越疑弘與劉喬貳于己，雖下節度，心未能安。及弘距穎，璠又斬勱，朝廷嘉之。越手書與璠贊美之，表贈弘新城郡公，謚曰元。

［1］成都王穎：司馬穎，字章度，本書卷五九有傳。

［2］墨絰：亦稱墨衰絰，黑色喪服。《左傳·僖公三十三年》："遂發命，遽興姜戎，子墨衰絰。"杜預注："晋文公未葬，故襄公稱子，以凶服從戎，故墨之。"

［3］濁水：源出今湖北省襄陽市北，東南流入白河。

以高密王略代鎮，[1]寇盜不禁，詔起璠爲順陽内史，江漢之間翕然歸心。及略薨，山簡代之。[2]簡至，知璠得衆心，恐百姓逼以爲主，表陳之，由是徵璠爲越騎校尉。[3]璠亦深慮逼迫，被書，便輕至洛陽，然後遣迎家累。僑人侯脱、路難等相率衛送至都，然後辭去。南夏遂亂。父老追思弘，雖《甘棠》之咏召伯，[4]無以過也。

［1］高密王略：司馬略，字元簡，本書卷三七有傳。

［2］山簡：字季倫，本書卷四三有傳。

［3］越騎校尉：官名，西漢北軍八校尉之一，東漢五校尉之一，隸屬北軍中候。魏晋以後隸屬中領軍（領軍將軍）。四品。

［4］《甘棠》之咏召伯：事見《史記》卷三四《燕召公世家》："召公巡行鄉邑，有棠樹，決獄政事其下，自侯伯至庶人各得其所，無失職者。召公卒，而民人思召公之政，懷棠樹不敢伐，哥咏之，作《甘棠》之詩。"

陶侃

陶侃，字士行，本鄱陽人也。[1]吴平，徙家廬江之尋陽。[2]父丹，吴揚武將軍。[3]侃早孤貧，爲縣吏。鄱陽孝廉范逵嘗過侃，[4]時倉卒無以待賓，其母乃截髮得雙髲，[5]以易酒肴，樂飲極歡，雖僕從亦過所望。及逵去，侃追送百餘里。逵曰："卿欲仕郡乎？"侃曰："欲之，困於無津耳！"逵過廬江太守張夔，稱美之。夔召爲督郵，[6]領樅陽令。[7]有能名，遷主簿。[8]會州部從事之郡，[9]欲有所按，侃閉門部勒諸吏，謂從事曰："若鄙郡有違，自當明憲直繩，不宜相逼。若不以禮，吾能禦之。"從事即退。夔妻有疾，將迎醫於數百里。時正寒雪，諸綱紀皆難之，[10]侃獨曰："資於事父以事君。小君，猶母也，安有父母之疾而不盡心乎！"乃請行。衆咸服其義。長沙太守萬嗣過廬江，[11]見侃，虚心敬悦，曰："君終當有大名。"命其子與之結友而去。

［1］鄱陽：郡名，治所在廣晋縣（今江西省鄱陽縣東北）。

［2］廬江：郡名，三國魏、吴於境内各置廬江郡，魏治所在六安縣（今安徽省六安市），吴治所在皖縣（今安徽省潜山市）。西晋合爲一，治所在舒縣（今安徽省廬江縣西南）。　尋陽：縣名，治所在今湖北省黄梅縣西南。

［3］揚武將軍：官名，統兵出征。四品。揚，殿本作"陽"。

[4]孝廉：漢代選拔人才的科目。

[5]髲：假髪。

[6]督郵：官名，郡府屬吏。本名督郵書掾，或謂督郵曹掾，省稱郵掾、督郵。掌督送郵書，此外還代表郡守督查諸縣、宣達教令，兼及按擊盜賊、點録囚徒、催繳租賦等。不由朝廷任命，守相自辟，職權甚重。督郵分部，有二部、三部、四部、五部不等。其職名或冠以東西南北中，或稱五部督郵。

[7]樅陽：縣名，治所在今安徽省樅陽縣。

[8]主簿：官名，開府屬官，典領文書籍簿，省録衆事，職權甚重。

[9]州部從事：官名，州部屬吏。東漢稱從事史，由州部長官自己選拔任命。

[10]綱紀：公府及州郡主簿。

[11]長沙：郡名，治所在臨湘縣（今湖南省長沙市）。

夔察侃爲孝廉，至洛陽，數詣張華。華初以遠人，不甚接遇。侃每往，神無忤色。華後與語，異之。除郎中。[1]伏波將軍孫秀以亡國支庶，[2]府望不顯，中華人士耻爲掾屬，以侃寒宦，召爲舍人。[3]時豫章國郎中令楊晫，[4]侃州里也，爲鄉論所歸。侃詣之，晫曰："《易》稱'貞固足以幹事'，[5]陶士行是也。"與同乘見中書郎顧榮，[6]榮甚奇之。吏部郎温雅謂晫曰：[7]"奈何與小人共載？"晫曰："此人非凡器也。"尚書樂廣欲會荆揚士人，[8]武庫令黄慶進侃於廣。[9]人或非之，慶曰："此子終當遠到，復何疑也！"慶後爲吏部令史，[10]舉侃補武岡令。[11]與太守吕岳有嫌，棄官歸，爲郡小中正。[12]

[1]郎中：官名，尚書省郎曹長官。位次尚書、左右丞，分曹執行政務。與“尚書郎”互稱。六品。

[2]伏波將軍：官名，屬名號將軍，地位較高。五品。　孫秀：西晋吴郡富春（今浙江省杭州市富陽區）人，字彦才，孫權弟。歷任前將軍、夏口督。受孫皓猜疑，率全家投奔西晋，任驃騎將軍，封會稽公。

[3]舍人：官名，魏晋時太子府、王國、公府、將軍府、王妃及公主府皆設舍人，掌文檄之事。此爲伏波將軍府舍人。

[4]豫章：郡名，治所在南昌縣（今江西省南昌市）。　郎中令：官名，王國公侯屬官，魏晋爲王國中的三卿之一。六品。

[5]貞固足以幹事：語出《易·乾·文言》：“元者，善之長也；亨者，嘉之會也；利者，義之和也；貞者，事之幹也。君子，體仁足以長人，嘉會足以合禮，利物足以和義，貞固足以幹事。君子，行此四德者，故曰：《乾》，元亨利貞。”

[6]中書郎：官名，隸屬中書令。掌草擬詔書。外出執行重要使命等。亦作爲中書通事郎、中書侍郎的省稱。五品。　顧榮：字彦先，本書卷六八有傳。

[7]吏部郎：官名，尚書省吏部曹長官通稱。亦稱郎中，資深者可轉侍郎。屬吏部尚書，主管官吏選任、銓叙、調動事務，對五品以下官吏之任免有建議權。六品。

[8]尚書：官名，東漢尚書臺六曹各置尚書，秩六百石。魏晋出爲朝官，分掌尚書省諸曹，品秩提高。三品。　樂廣：字彦輔，本書卷四三有傳。　荆揚士人：揚，原本、宋本作“楊”，殿本作“陽”，據中華本改。

[9]武庫令：官名，亦稱武庫署令。武庫署長官，主藏兵器，隸屬衛尉。

[10]吏部令史：官名，尚書省吏部屬官，位低權重。八品。

[11]武岡：縣名，治所在今湖南省武岡市。

[12]中正：魏晋時期評定士人品第的官員。郡設中正，州設大

中正。朝廷根據中正所評士人的品第授予官職。

會劉弘爲荆州刺史，將之官，辟侃爲南蠻長史，遣先向襄陽討賊張昌，破之。弘既至，謂侃曰："吾昔爲羊公參軍，[1]謂吾其後當居身處。今相觀察，必繼老夫矣。"後以軍功封東鄉侯，邑千户。

[1]羊公：羊祜，字叔子，本書卷三四有傳。

陳敏之亂，弘以侃爲江夏太守，加鷹揚將軍。[1]侃備威儀，迎母官舍，鄉里榮之。敏遣其弟恢來寇武昌，[2]侃出兵禦之。隨郡内史扈瓌間侃於弘曰：[3]"侃與敏有鄉里之舊，居大郡，統强兵，脱有異志，[4]則荆州無東門矣。"弘曰："侃之忠能，吾得之已久，豈有是乎！"侃潜聞之，遽遣子洪及兄子臻詣弘以自固。弘引爲參軍，資而遣之。又加侃爲督護，使與諸軍并力距恢。侃乃以運船爲戰艦，或言不可，侃曰："用官物討官賊，但須列上有本末耳。"於是擊恢，所向必破。侃戎政齊肅，凡有虜獲，皆分士卒，身無私焉。後以母憂去職。嘗有二客來吊，不哭而退，化爲雙鶴，冲天而去，時人異之。

[1]鷹揚將軍：官名，雜號將軍中地位較高者，曾作爲荆州、兖州等州刺史的加官。五品。

[2]武昌：郡名，治所在武昌縣（今湖北省鄂州市鄂城區）。

[3]隨郡：西晋太康九年（288），析義陽郡之隨、平林二縣

置，治所在隨縣（今湖北省隨縣）。　内史：官名，西晋武帝太康十年（289）改諸王國相爲内史，掌管民政。五品。周家禄《晋書校勘記》認爲："晋制，以郡爲國，内史治民事，若郡太守。國除爲郡，復稱太守。然二名往往混淆，史家亦互稱之。"　扈瓌：中華本校勘記："《斠注》：《元和姓纂》作'扈懷'。按：《通鑑》八六亦作'扈懷'。"

[4]脱：如果，一旦。

服闋，[1]參東海王越軍事。[2]江州刺史華軼表侃爲揚武將軍，[3]使屯夏口，又以臻爲參軍。軼與元帝素不平，臻懼難作，託疾而歸，白侃曰："華彦夏有憂天下之志，而才不足，且與琅邪不平，難將作矣。"侃怒，遣臻還軼。臻遂東歸於帝。帝見之，大悦，命臻爲參軍，加侃奮威將軍，[4]假赤幢曲蓋軺車、鼓吹。[5]侃乃與華軼告絶。

[1]服闋：守喪期滿除去孝服。

[2]參東海王越軍事：即東海王司馬越的參軍。

[3]江州：治所在南昌縣（今江西省南昌市）。　華軼：字彦夏，本書卷六一有傳。

[4]奮威將軍：官名，爲雜號將軍。四品。

[5]赤幢：車輿上紅色的帷幔。　曲蓋：曲柄傘蓋。　軺車：用一匹馬駕駛的輕車。　鼓吹：帝王及高級官員儀仗中的樂隊，由管樂和打擊樂器組成，常用來賜予有軍功的高級武官。

頃之，遷龍驤將軍、武昌太守。[1]時天下饑荒，山夷多斷江劫掠。侃令諸將詐作商船以誘之。劫果至，生獲數人，是西陽王羕之左右。[2]侃即遣兵逼羕，令出向賊，侃整陣於釣臺爲後繼。羕縛送帳下二十人，侃斬之。自是水陸肅清，流亡者歸之盈路，侃竭資振給焉。又立夷市於郡東，大收其利。而帝使侃擊杜弢，[3]令振威將軍周訪、廣武將軍趙誘受侃節度。[4]侃令二將爲前鋒，兄子輿爲左甄，[5]擊賊，破之。時周顗爲荆州刺史，[6]先鎮潯水城，[7]賊掠其良口。侃使部將朱伺救之，賊退保泠口。[8]侃謂諸將曰："此賊必更步向武昌，吾宜還城，晝夜三日行可至。卿等誰能忍饑鬥邪？"部將吴寄曰："要欲十日忍饑，晝當擊賊，夜分捕魚，足以相濟。"侃曰："卿健將也。"賊果增兵來攻，侃使朱伺等逆擊，[9]大破之，獲其輜重，殺傷甚衆。遣參軍王貢告捷於王敦，[10]敦曰："若無陶侯，便失荆州矣。伯仁方入境，便爲賊所破，不知那得刺史？"貢對曰："鄙州方有事難，非陶龍驤莫可。"敦然之，即表拜侃爲使持節、寧遠將軍、南蠻校尉、荆州刺史，[11]領西陽、江夏、武昌，[12]鎮于沌口，[13]又移入沔江。遣朱伺等討江夏賊，殺之。賊王沖自稱荆州刺史，據江陵。[14]王貢還，至竟陵，[15]矯侃命，[16]以杜曾爲前鋒大督護，[17]進軍斬沖，悉降其衆。侃召曾不到，貢又恐矯命獲罪，遂與曾舉兵反，擊侃督護鄭攀於沌陽，[18]破之，又敗朱伺於沔口。[19]侃欲退入溳中，[20]部將張奕將貳於侃，[21]詭説曰："賊至而動，衆必不可。"侃惑之而不進。無何，賊至，果爲所敗。賊鈎侃所乘艦，侃窘急，走入小船。朱伺力戰，僅而獲免。張奕竟奔于賊。侃坐免官。王敦表以侃白衣領職。

[1]龍驤將軍：官名，高級軍事將領。三品。

[2]西陽王羕：司馬羕，字延年，本書卷五九有傳。

[3]杜弢：字景文，本書卷一〇〇有傳。

[4]振威將軍：官名，雜號將軍，統兵出征。四品。　周訪：字士達，本書卷五八有傳。　廣武將軍：官名，曹魏、西晋皆置。名號將軍中地位較高。四品。　趙誘：字元孫，本書卷五七有傳。

[5]左甄：古代作戰陣形的左翼。

[6]周顗：字伯仁，本書卷六九有傳。

[7]潯水城：地名，在今湖北省黄梅縣西南，即漢晋潯陽縣治。

[8]泠口：一名銅零口，位於今湖北省蘄春縣西南蘄州鎮東南。

[9]朱伺：字仲文，本書卷八一有傳。

[10]王敦：字處仲，本書卷九八有傳。

[11]使持節：漢朝官吏奉使外出時，或由皇帝授予節杖，以提高其權力。魏晋以後，凡重要軍事長官出征或出鎮，加使持節，可誅殺二千石以下官員。

[12]西陽：郡名，治所在西陽縣（今湖北省黄岡市東）。

[13]沌口：位於今湖北省武漢市漢陽西南，即古沌水入長江之口。沌，宋本作“沖”。

[14]江陵：縣名，治所在今湖北省江陵縣。

[15]竟陵：郡名，治所在石城縣（今湖北省鍾祥市）。

[16]矯侃命：命，殿本作“令”。

[17]杜曾：西晋新野（今河南省新野縣）人，始爲新野王司馬歆鎮南參軍，有勇力。永嘉之亂中任胡亢竟陵太守，後殺胡亢，併其衆，自號南中郎將。後被周訪打敗，被殺。　前鋒大督護：前鋒都護爲統率前鋒的主將，加大字以示權重。

[18]沌陽：縣名，治所在今湖北省漢陽縣東。

[19]沔口：原漢水入長江之口，又稱漢口、夏口、魯口。位於今湖北省武漢市。

[20]涢中：地名，在今湖北省武漢市漢陽西北。

[21]張奕：奕，原本、宋本、殿本作“弈”，據中華本改。本卷下同。

侃復率周訪等進軍入湘，使都尉楊舉爲先驅，[1]擊杜弢，大破之，屯兵于城西。侃之佐史辭詣王敦曰：“州將陶使君孤根特立，從微至著，忠允之功，所在有效。出佐南夏，輔翼劉征南，前遇張昌，後屬陳敏，侃以偏旅，[2]獨當大寇，無征不克，群醜破滅。近者王如亂北，[3]杜弢跨南，二征奔走，一州星馳，其餘郡縣，所在土崩。侃招携以禮，懷遠以德，子來之衆，前後累至。奉承指授，獨守危阨，人往不動，人離不散。往年董督，徑造湘城，志陵雲霄，神機獨斷。徒以軍少糧懸，不果獻捷。然杜弢懾懼，來還夏口，未經信宿，建平流人迎賊俱叛。侃即回軍溯流，芟夷醜類，至使西門不鍵，[4]華圻無虞者，侃之功也。明將軍愍此荆楚，救命塗炭，使侃統領窮殘之餘，寒者衣之，饑者食之，比屋相慶，有若挾纊。[5]江濱孤危，地非重險，非可單軍獨能保固，故移就高莋，[6]以避其衝。賊輕易先至，大衆在後，侃距戰經日，殺其名帥。賊尋犬羊相結，并力來攻，侃以忠臣之節，義無退顧，被堅執鋭，身當戎行，將士奮擊，莫不用命。當時死者不可稱數。[7]賊衆參伍，更息更戰。侃以孤軍一隊，力不獨禦，量宜取全，以俟後舉。而主者責侃，重加黜削。侃性謙冲，功成身退，今奉還所受，唯恐稽遲。然某等區區，實恐理失於內，事敗於外，豪釐之差，將致千里，使荆蠻乖離，西嵎不守，脣亡齒寒，侵逼無限也。”敦於是奏復侃官。

[1]都尉：官名，統兵武職，不常置。

[2]侃以偏旅：偏，宋本作“扁”。

[3]王如：西晋京兆新豐（今陝西省西安市東北）人，初爲州武吏，西晋末聚流人起兵，自稱大將軍，與石勒結爲兄弟，活動於沔漢一帶。後爲王敦所殺。

[4]西門不鍵：西門没有封鎖住。西門指荆州地區，因在建康之西，故言。

[5]挾纊：披着綿衣。比喻受人撫慰而感到温暖。

[6]高莋：一作高作，地名，在今江蘇省建湖縣高作集。

[7]不可稱數：稱，殿本作“勝”。

弢將王貢精卒三千，[1]出武陵江，誘五溪夷，[2]以舟師斷官運，徑向武昌。侃使鄭攀及伏波將軍陶延夜趣巴陵，[3]潛師掩其不備，大破之，斬千餘級，降萬餘口。貢遁還湘城。[4]賊中離阻，杜弢遂疑張奕而殺之，衆情益懼，降者滋多。王貢復挑戰，侃遥謂之曰：“杜弢爲益州吏，盗用庫錢，父死不奔喪。卿本佳人，何爲隨之也？天下寧有白頭賊乎！”貢初横脚馬上，侃言訖，貢斂容下脚，辭色甚順。侃知其可動，復令諭之，截髮爲信，貢遂來降。而弢敗走。進克長沙，獲其將毛寶、高寶、梁堪而還。[5]

［1］弢將王貢精卒三千：中華本校勘記："周校：細檢《愍紀》及《杜弢傳》，此皆王真事，非王貢也。'貢''真'形近相亂。《斠注》：《御覽》一三七、三七二引王隱《晋書》亦作'王真'。按：《御覽》七六八引王隱《晋書》同作'王真'。周説是。"

［2］五溪：有二説：一説即辰溪、西溪、巫溪、武溪、沅溪；一説即雄溪、樠溪、沅溪、西溪、辰溪。位於今湖南、貴州二省交界處。

［3］巴陵：縣名，治所在今湖南省岳陽市。

［4］湘城：一名高王子城，位於今湖北省江陵縣西。

［5］毛寶：字碩真，本書卷八一有傳。　高寶：原爲杜弢部將，陶侃平杜弢，獲高寶，任其爲平南參軍。

王敦深忌侃功。將還江陵，欲詣敦别，皇甫方回及朱伺等諫，以爲不可。侃不從。敦果留侃不遣，左轉廣州刺史、平越中郎將，[1]以王廙爲荆州。[2]侃之佐吏將士詣敦請留侃。敦怒，不許。侃將鄭攀、蘇温、馬儁等不欲南行，[3]遂西迎杜曾以距廙。敦意攀承侃風旨，被甲持矛，將殺侃，出而復迴者數四。侃正色曰："使君之雄斷，當裁天下，何此不决乎！"因起如厠。諮議參軍梅陶、長史陳頒言於敦曰："周訪與侃親姻，如左右手，安有斷人左手而右手不應者乎！"敦意遂解，於是設盛饌以餞之。侃便夜發。敦引其子瞻爲參軍。[4]侃既達豫章，見周訪，流涕曰："非卿外援，我殆不免！"侃因進至始興。[5]

［1］廣州：治所在番禺縣（今廣東省廣州市）。　平越中郎將：官名，主管南越事務，設府置僚佐，治廣州，多兼任廣州刺史。

[2]王廙：字世將，本書卷七六有傳。

[3]馬儁：中華本校勘記："'儁'，《王廙傳》作'俊'，《通鑑》八九、九一作'雋'。"

[4]敦引其子瞻：瞻，宋本作"贍"。

[5]始興：郡名，治所在曲江縣（今廣東省韶關市東南蓮花嶺下）。

先是，廣州人背刺史郭訥，迎長沙人王機爲刺史。[1]機復遣使詣王敦，乞爲交州。[2]敦從之，而機未發。會杜弘據臨賀，[3]因機乞降，勸弘取廣州，[4]弘遂與温邵及交州秀才劉沈俱謀反。或勸侃且住始興，觀察形勢。侃不聽，直至廣州。弘遣使僞降。侃知其詐，先於封口起發石車。俄而弘率輕兵而至，知侃有備，乃退。侃追擊破之，執劉沈於小桂。[5]又遣部將許高討機，斬之，傳首京都。諸將皆請乘勝擊温邵，侃笑曰："吾威名已著，何事遣兵，但一函紙自足耳。"於是下書諭之。邵懼而走，追獲於始興。以功封柴桑侯，食邑四千户。

[1]王機：字令明，本書卷一〇〇有傳。

[2]交州：又稱交阯，公元前2世紀初南越王趙佗置，後屬西漢。東漢改爲交州，治所在番禺縣（今廣東省廣州市）。三國時移治龍編縣（今越南社會主義共和國河北省仙游縣東）。

[3]臨賀：縣名，治所在今廣西壯族自治區賀州市八步區。

[4]勸弘取廣州：中華本校勘記："勞校：'廣州'，《機傳》作'交州'，是也。"

[5]小桂：地名，在今廣東省連縣。漢晋時爲桂陽縣治。

侃在州無事，輒朝運百甓於齋外，暮運於齋内。人問其故，答曰："吾方致力中原，過爾優逸，恐不堪事。"其勵志勤力，皆此類也。

太興初，進號平南將軍，[1]尋加都督交州軍事。[2]及王敦舉兵反，詔侃以本官領江州刺史，尋轉都督、湘州刺史。[3]敦得志，上侃復本職，加散騎常侍。[4]時交州刺史王諒爲賊梁碩所陷，侃遣將高寶進擊平之。以侃領交州刺史。録前後功，封次子夏爲都亭侯，進號征南大將軍、開府儀同三司。[5]及王敦平，遷都督荆雍益梁州諸軍事，[6]領護南蠻校尉、征西大將軍、荆州刺史，[7]餘如故。楚郢士女莫不相慶。

[1]平南將軍：官名，與平東、平西、平北將軍合稱四平將軍。多持節都督或監某一地區的軍事，有時作爲刺史等地方官員監理軍務的加官。三品，加持節都督者二品。

[2]都督交州軍事：交州地區最高軍事行政長官。

[3]湘州：治所在臨湘縣（今湖南省長沙市）。

[4]散騎常侍：官名，三國魏文帝黄初年間置，侍從皇帝左右，諫諍得失，顧問應對，與侍中等共平尚書奏事。也用作宰相、諸公等加官，入宫議政。三品。

[5]征南大將軍：官名，屬將軍名號，多授予統兵出鎮在外、都督數州諸軍事者。位在征南將軍之上。二品，開府位從公者一品。

[6]都督荆雍益梁州諸軍事：上述四州最高軍事行政長官。

[7]征西大將軍：官名，屬將軍名號，多授予統兵出鎮在外、都督數州諸軍事者。位在征西將軍之上。二品，開府位從公者一品。

侃性聰敏，勤於吏職，恭而近禮，愛好人倫。終日斂膝危坐，閫外多事，千緒萬端，罔有遺漏。遠近書疏，莫不手答，筆翰如流，未嘗壅滯。引接疏遠，門無停客。常語人曰：“大禹聖者，乃惜寸陰，至於衆人，皆惜分陰，[1]豈可逸游荒醉，生無益於時，死無聞於後，是自棄也。”諸參佐或以談戲廢事者，乃命取其酒器、蒱博之具，[2]悉投之於江，吏將則加鞭扑，[3]曰：“樗蒱者，[4]牧賭奴戲耳！[5]老莊浮華，非先王之法言，不可行也。君子當正其衣冠，攝其威儀，何有亂頭養望自謂弘達邪！”有奉饋者，皆問其所由。若力作所致，雖微必喜，慰賜參倍；若非理得之，則切厲訶辱，還其所饋。嘗出游，見人持一把未熟稻，侃問：“用此何爲？”人云：“行道所見，聊取之耳。”侃大怒曰：“汝既不佃，而戲賊人稻！”執而鞭之。是以百姓勤於農殖，家給人足。時造船，木屑及竹頭悉令舉掌之，咸不解所以。後正會，[6]積雪始晴，聽事前餘雪猶濕，[7]於是以屑布地。及桓溫伐蜀，[8]又以侃所貯竹頭作丁裝船。其綜理微密，皆此類也。

[1]皆惜分陰：皆，殿本作“當”。

[2]蒱博：當時流行的賭博游戲。

[3]鞭扑：扑，原本、宋本、殿本作“朴”，據中華本改。

[4]樗蒱：樗，殿本作“摴”。

[5]牧賭奴：賭，殿本作“豬”。

[6]正會：元旦朝會僚佐、接受祝賀會禮。

[7]聽事前：聽，殿本作“廳”，同“廳”。

[8]桓温：字元子，本書卷九八有傳。

暨蘇峻作逆，[1]京都不守，侃子瞻爲賊所害，平南將軍温嶠要侃同赴朝廷。[2]初，明帝崩，侃不在顧命之列，[3]深以爲恨，答嶠曰："吾疆埸外將，不敢越局。"嶠固請之，因推爲盟主。侃乃遣督護龔登率衆赴嶠，而又追回。嶠以峻殺其子，重遣書以激怒之。侃妻龔氏亦固勸自行。於是便戎服登舟，星言兼邁，瞻喪至不臨。五月，與温嶠、庾亮等俱會石頭。[4]諸軍即欲决戰，侃以賊盛，不敢争鋒，[5]當以歲月智計禽之。[6]累戰無功，諸將請於查浦築壘。[7]監軍部將李根建議，[8]請立白石壘。侃不從，曰："若壘不成，卿當坐之。"根曰："查浦地下，又在水南，唯白石峻極險固，[9]可容數千人，賊來攻不便，滅賊之術也。"侃笑曰："卿良將也。"乃從根謀，夜修曉訖。賊見壘大驚。賊攻大業壘，侃將救之，長史殷羡曰：[10]"若遣救大業，步戰不如峻，則大事去矣。但當急攻石頭，峻必救之，而大業自解。"侃又從羡言。峻果棄大業而救石頭。諸軍與峻戰陳陵東，[11]侃督護竟陵太守李陽部將彭世斬峻於陣，賊衆大潰。峻弟逸復聚衆。侃與諸軍斬逸於石頭。

[1]蘇峻：字子高，本書卷一〇〇有傳。

[2]温嶠：字太真，本書卷六七有傳。

[3]不在顧命之列：列，宋本作"例"。

[4]庾亮：字元規，本書卷七三有傳。　石頭：石頭城，故址在今江蘇省南京市清涼山。

[5]不敢争鋒：敢，殿本作“可”。

[6]智計禽之：禽，殿本作“擒”。

[7]查浦：即柤浦，地名，在今江蘇省南京市西清凉山南。

[8]監軍：官名，軍隊出征所置官員，掌監視將帥，權勢頗重。四品。

[9]唯白石峻極險固：險，原本、宋本、殿本作“顯”，據中華本校勘記改。

[10]殷羨：東晋陳郡長平（今河南省西華縣東北）人。字洪喬，殷浩之父，任豫章太守、光禄勛等職。

[11]陳陵東：中華本校勘記：“《蘇峻傳》、《通鑑》九四作‘白木陂’。《通鑑》胡注云‘白木陂在東陵東’，則東陵東即白木陂。《卞壼傳》謂‘峻至東陵口’，《桓玄傳》云‘何澹之屯東陵’。疑此‘陳陵’爲‘東陵’之誤。”

初，庾亮少有高名，以明穆皇后之兄受顧命之重，[1]蘇峻之禍，職亮是由。及石頭平，懼侃致討，亮用温嶠謀，詣侃拜謝。侃遽止之，曰：“庾元規乃拜陶士行邪！”王導入石頭城，[2]令取故節，侃笑曰：“蘇武節似不如是！”[3]導有慚色，使人屏之。

[1]明穆皇后：東晋明帝皇后庾文君，本書卷三二有傳。

[2]王導：字茂弘，本書卷六五有傳。

[3]蘇武：西漢京兆杜陵（今陝西省西安市東南）人，字子卿，蘇建之子。武帝天漢元年（前100）爲中郎將出使匈奴，因副使張勝與匈奴緱王圖謀劫持單于母閼氏歸漢事受牽連，被匈奴扣押，遠徙北海以牧羊爲生。前後十九年，持漢節不投降。昭帝即位後與匈奴和親，使其返回漢朝。　節似不如是：宋本無“節”字。

侃旋江陵，尋以爲侍中、太尉，[1]加羽葆鼓吹，[2]封長沙郡公，[3]邑三千户，賜絹八千匹，加都督交廣寧七州軍事。[4]以江陵偏遠，移鎮巴陵。遣諮議參軍張延討五溪夷，[5]降之。

[1]太尉：官名，曹操爲丞相後，太尉府屬官歸相府，晋時太尉雖爲八公之一、三公之首，實爲名譽宰相，多爲大臣加官。一品。

[2]羽葆：帝王儀仗中以鳥羽聯綴爲飾的華蓋。　鼓吹：帝王及高級官員儀仗中的樂隊，由管樂和打擊樂器組成，常用來賜予有軍功的高級武官。

[3]封長沙郡公：殿本"封"上有"改"字。

[4]都督交廣寧七州軍事：即都督數州諸軍事，交州、廣州、寧州等七州最高軍事行政長官。

[5]諮議參軍：官名，兩晋時大將軍府、丞相府、公府、位從公府、州軍府均有置者，掌顧問謀議。　張延：延，殿本作"誕"。

屬後將軍郭默矯詔襲殺平南將軍劉胤，[1]輒領江州。侃聞之曰："此必詐也。"遣將軍宋夏、陳脩率兵據湓口，[2]侃以大軍繼進。默遣使送妓婢、絹百匹，寫中詔呈侃。參佐多諫曰："默不被詔，豈敢爲此事。若進軍，宜待詔報。"侃厲色曰："國家年小，不出胸懷。且劉胤爲朝廷所禮，雖方任非才，何緣猥加極刑！郭默虓勇，所在暴掠，以大難新除，威網寬簡，欲因隙會騁其從横耳。"[3]發使上表討默。與王導書曰："郭默殺方州，即用爲方州；害宰相，便爲宰相乎？"導答曰："默居上流之勢，加有船艦成資，故苞含隱忍，使其有地。一月潜嚴，足下軍到，是以得風發相赴，豈非遵養時晦以定大事者邪！”侃省書笑曰：“是乃遵養時賊也。”侃既至，默將宗侯縛默父子五人及默將張丑詣侃降，[4]侃斬默等。默在中原，數與石勒等戰，[5]賊畏其勇，聞侃討之，兵不血刃而擒也，益畏侃。蘇峻將馮鐵殺侃子奔于石勒，勒以爲戍將。侃告勒以故，勒召而殺之。詔侃都督江州，領刺史，增置左右長史、司馬、從事中郎四人，[6]掾屬十二人。[7]侃旋于巴陵，因移鎮武昌。

[1]後將軍：官名，漢代爲重號將軍，與前、左、右將軍並爲上卿。魏晋以後權位漸低，僅爲將軍名號，略高於一般雜號將軍。三品。　郭默：本書卷六三有傳。　劉胤：字承胤，本書卷八一有傳。

[2]湓口：一名湓浦口，位於今江西省九江市西北，即湓浦水入長江之口。

[3]從横：從，殿本作“縱”。

[4]默將宗侯：中華本校勘記：“周校：《郭默傳》兩見皆作‘宋侯’。”

[5]石勒：字世龍，本書卷一〇四有載記。

[6]左右長史：官名，諸公府置長史，分左、右，領府中各曹。六品。　從事中郎：官名，東漢時爲大將軍屬官，地位較高。魏晋時爲將軍府或公府屬官。六品。

[7]十二人：宋本無“人”字。

侃命張夔子隱爲參軍，范逵子珧爲湘東太守，[1]辟劉弘曾孫安爲掾屬，表論梅陶，凡微時所荷，一餐咸報。

[1]湘東：郡名，三國孫吴置，治所在酃縣（今湖南省衡陽市東）。

遣子斌與南中郎將桓宣西伐樊城，[1]走石勒將郭敬。[2]使兄子臻、竟陵太守李陽等共破新野，遂平襄陽。拜大將軍，[3]劍履上殿，入朝不趨，讚拜不名。上表固讓，曰："臣非貪榮於疇昔，而虚讓於今日。事有合於時宜，臣豈敢與陛下有違；理有益於聖世，臣豈與朝廷作異。臣常欲除諸浮長之事，遣諸虚假之用，非獨臣身而已。若臣杖國威靈，梟雄斬勒，則又何以加！"

[1]南中郎將：官名，與東、西、北中郎將並稱四中郎將，統兵征戰，權職甚重。四品。　桓宣：東晋人，本書卷八一有傳。　樊城：地名，在今湖北省襄陽市樊城區。

[2]郭敬：字季子，鄔（今山西省介休市東北）人，石勒微時好友，後任部將、荆州刺史。

[3]大將軍：官名，高級軍事統帥。曹魏時多以之屯駐長安，對付蜀漢，蜀漢以其爲最高軍事長官，孫吴則别置上大將軍居其上。西晋時爲八公之一，位居上公、大司馬下，三公之上。東晋時常專擅軍政事務。一品。

咸和七年六月疾篤，[1]又上表遜位曰：

臣少長孤寒，始願有限。過蒙聖朝歷世殊恩、陛下睿鑒，寵靈彌泰。[2]有始必終，自古而然。臣年垂八十，位極人臣，啓手啓足，當復何恨！但以陛下春秋尚富，餘寇不誅，山陵未反，所以憤慨兼懷，不能已已。臣雖不知命，年時已邁，國恩殊特，賜封長沙，隕越之日，當歸骨國土。臣父母舊葬，今在尋陽，緣存處亡，無心分違，已勒國臣修遷改之事，[3]刻以來秋，奉迎窀穸，[4]葬事訖，乃告老下藩。不圖所患，遂爾綿篤，伏枕感結，[5]情不自勝。臣間者猶爲犬馬之齒尚可小延，欲爲陛下西平李雄，[6]北吞石季龍，[7]是以遣毌丘奥於巴東，授桓宣於襄陽。良圖未叙，於此長乖！此方之任，内外之要，願陛下速選臣代使，必得良才，奉宣王猷，遵成臣志，則臣死之日猶生之年。

[1]咸和七年六月疾篤：中華本校勘記："'七年'，《成紀》、《通鑑》九五作'九年'。"

[2]寵靈彌泰：恩寵越來越重。寵靈，恩寵。《左傳·昭公七年》："今君若步玉趾，辱見寡君，寵靈楚國，以信蜀之役，致君之嘉惠，是寡君既受貺矣，何蜀之敢望！"孔穎達疏："言開其恩寵賜以威靈以及楚國。"

[3]修遷改之事：殿本無"改"字。

[4]窀（zhūn）穸（xī）：入葬。

[5]伏枕感結：病卧在床，心情鬱結。

[6]李雄：字仲儁，李特之子，本書卷一二一有載記。

[7]石季龍：即石虎，石勒從子，本書卷一〇六有載記。

陛下雖聖姿天縱，英奇日新，方事之殷，當賴群俊。司徒導鑒識經遠，光輔三世；司空鑒簡素貞正，[1]内外惟允；平西將軍亮雅量詳明，器用周時，即陛下之周召也。[2]獻替疇諮，敷融政道，地平天成，四海幸賴。謹遣左長史殷羡奉送所假節、麾幢、曲蓋、侍中貂蟬、太尉章、荆江州刺史印傳棨戟。[3]仰戀天恩，悲酸感結。

以後事付右司馬王愆期，[4]加督護，統領文武。

[1]司空：官名，魏晋南北朝爲名譽宰相，多爲大臣加官。晋八公之一，位在三公之末。一品。　鑒：郗鑒，字道徽，本書卷六七有傳。

[2]周召：西周周公旦和召公奭。

[3]太尉章：太，原本、宋本、殿本均作“大”，據中華本改。

[4]右司馬：官名，府署高級幕僚。與左司馬掌參讚軍務、管理府内武職，位僅次於長史。八至六品。　王愆期：東晋人，歷任都護、南郡太守、陶侃右司馬。

侃輿車出臨津就船，明日，薨于樊溪，時年七十六。成帝下詔曰：“故使持節、侍中、太尉、都督荆江雍梁交廣益寧八州諸軍事、荆江二州刺史、長沙郡公經德蘊哲，謀猷弘遠。作藩于外，八州肅清；勤王于内，皇家以寧。乃者桓文之勛，[1]伯舅是憑。方賴大猷，俾屏予一人。前進位大司馬，禮秩策命，未及加崇。昊天不吊，奄忽薨殂，朕用震悼于厥心。今遣兼鴻臚追贈大司馬，假蜜章，[2]祠以太牢。[3]魂而有靈，嘉兹寵榮。”[4]又策謚曰桓，祠以太牢。侃遺令葬國南二十里，[5]故吏刊石立碑畫像於武昌西。

[1]桓：齊桓公，春秋時齊國國君，名小白，僖公之子，襄公之弟。公元前685至前643年在位。爲公子時因國家内亂出走至莒，襄公死後被迎回立爲國君。在位時任用管仲，改革内政，國力

漸强。九合諸侯，尊王攘夷，成爲春秋五霸之首。　文：晋文公，名重耳，晋獻公之子，因受迫害而流亡在外十九年，歷盡艱難險阻。回國即位後改革朝政，加强軍備，國力漸强，終成春秋五霸之一。

［2］蜜章：蠟制的印章。蜜，宋本、殿本作“密”。

［3］太牢：用牛羊豕三牲祭祀稱太牢。《莊子·至樂》：“具太牢以爲膳。”成玄英疏：“太牢，牛羊豕也。”

［4］嘉兹寵榮：兹，原本、宋本作“滋”，殿本作“兹”，據殿本改。

［5］二十里：二，殿本作“一”。

侃在軍四十一載，雄毅有權，明悟善决斷。自南陵迄于白帝數千里中，[1]路不拾遺。蘇峻之役，庾亮輕進失利。[2]亮司馬殷融詣侃謝曰：“將軍爲此，非融等所裁。”將軍王章至，曰：“章自爲之，將軍不知也。”侃曰：“昔殷融爲君子，王章爲小人；今王章爲君子，殷融爲小人。”侃性纖密好問，頗類趙廣漢。[3]嘗課諸營種柳，都尉夏施盗官柳植之於己門。侃後見，駐車問曰：“此是武昌西門前柳，何因盗來此種？”施惶怖謝罪。時武昌號爲多士，殷浩、庾翼等皆爲佐吏。[4]侃每飲酒有定限，常歡有餘而限已竭，浩等勸更少進，侃悽懷良久曰：“年少曾有酒失，亡親見約，故不敢逾。”議者以武昌北岸有邾城，[5]宜分兵鎮之。侃每不答，而言者不已，侃乃渡水獵，引將佐語之曰：“我所以設險而禦寇，正以長江耳。邾城隔在江北，内無所倚，[6]外接群夷。夷中利深，晋人貪利，夷不堪命，必引寇虜，乃致禍之由，非禦寇也。且吴時此城乃三萬兵守，今縱有兵守之，亦無益於江南。若羯虜有可乘之會，此又非所資也。”後庾亮戍之，果大敗。季年懷止足之分，不與朝權。未亡一年，欲遜位歸國，佐吏等苦留之。及疾篤，將歸長沙，軍資、器仗、牛馬、舟船皆有定簿，封印倉庫，自加管鑰，以付王愆期，然後登舟，朝野以爲美談。將出府門，顧謂愆期曰：“老子婆娑，[7]正坐諸君輩。”尚書梅陶與親人曹識書曰：“陶公機神明鑒似魏武，忠順勤勞似孔明，陸抗諸人不能及也。”[8]謝安每言“陶公雖用法，[9]而恒得法外意”。其爲世所重如此。然媵妾數十，家僮千餘，珍奇寶貨富於天府。或云“侃少時漁於雷澤，網得一織梭，以挂于壁。有頃雷雨，自化爲龍而去”。又夢生八翼，飛而上天，見天門九重，已登其八，唯一門不得入。閽者以杖擊之，因墜地，折其左翼。及寤，左腋猶痛。又嘗如厠，見一人朱衣介幘，斂板曰：“以君長者，故來相報。君後當爲公，位至八州都督。”有善相者師圭謂侃曰：“君左手中指有豎理，當爲公。若徹於上，貴不可言。”侃以針决之見血，灑壁而爲“公”字，以紙裛手，“公”字愈明。及都督八州，據上流，握强兵，潛有窺窬之志，每思折翼之祥，自抑而止。

[1]南陵：縣名，治所在今越南社會主義共和國河静省錦川附近。　白帝：即白帝城，位於今重慶市奉節縣。

[2]輕進失利：進，宋本作“逆”。

[3]趙廣漢：西漢涿郡蠡吾（今河北省博野縣西南）人，字子

都。歷任州從事、平準令、陽翟令、京輔都尉、守京兆尹、潁川太守等職。地節三年（前67），因上書誣告丞相魏相擅殺奴婢，被蕭望之彈劾爲摧辱大臣，處以腰斬。

[4]殷浩：字深源，本書卷七七有傳。　庾翼：字稚恭，本書卷七三有傳。

[5]邾城：邾縣城，在今湖北省黄岡市。

[6]内無所倚：倚，宋本作“寄”。

[7]婆娑：逍遥，閑散自得。

[8]陸抗：三國時吴郡吴縣（今江蘇省蘇州市）人，字幼節。陸遜子。以鎮軍大將軍都督信陵、西陵、夷道、樂鄉、公安諸軍事。與西晋荆州都督羊祜互通使節，各保分界。

[9]謝安：字安石，本書卷七九有傳。

侃有子十七人，唯洪、瞻、夏、琦、旗、斌、稱、範、岱見舊史，餘者並不顯。

洪，辟丞相掾，[1]早卒。

[1]辟：原本作“壁”，宋本、殿本作“壁”，據宋本、殿本改。

瞻，字道真，少有才器，歷廣陵相，[1]廬江、建昌二郡太守，[2]遷散騎常侍、都亭侯。爲蘇峻所害，追贈大鴻臚，[3]謚愍悼世子。

[1]廣陵：郡名，治所在廣陵縣（今江蘇省揚州市西北蜀岡上）。

[2]建昌：郡名，治所在今湖北省通城縣西北。

[3]大鴻臚：官名，九卿之一，掌賓客迎送接待、贊襄引導朝會百官等。三品。

以夏爲世子。及送侃喪還長沙，夏與斌及稱各擁兵數千以相圖。既而解散，斌先往長沙，悉取國中器仗財物。[1]夏至，殺斌。庾亮上疏曰："斌雖醜惡，罪在難忍，然王憲有制，骨肉至親，親運刀鋸以刑同體，傷父母之恩，無惻隱之心，應加放黜，以懲暴虐。"亮表未至都，而夏病卒。詔復以瞻息弘襲侃爵，仕至光禄勳。[2]卒，子綽之嗣。綽之卒，子延壽嗣。宋受禪，降爲吴昌侯，五百户。

[1]器仗財物：仗，殿本作"使"。

[2]光禄勳：官名，侍從皇帝左右，掌宫廷宿衛。西晋時兼掌原屬少府的一部分宫廷供御事務。三品。

琦，司空掾。[1]

[1]司空掾：官名，司空府屬吏。

旗，歷位散騎常侍、郴縣開國伯。咸和末，爲散騎侍郎。[1]性甚凶暴。卒，子定嗣。卒，子襲之嗣。卒，子謙之嗣。宋受禪，國除。

[1]散騎侍郎：官名，三國魏置。隸屬散騎省，侍從皇帝左右，顧問應對，諫諍拾遺，與散騎常侍、侍中等共平尚書奏事。五品。

斌，尚書郎。

稱，東中郎將、南平太守、南蠻校尉、假節。[1]性虓勇不倫，與諸弟不協。後加建威將軍。[2]咸康五年，庾亮以稱爲監江夏隨義陽三郡軍事、南中郎將、江夏相，[3]以本所領二千人自隨。到夏口，輕將二百人下見亮。[4]亮大會吏佐，責稱前後罪惡，稱拜謝，因罷出。亮使人於閤外收之，棄市。亮上疏曰："案稱，大司馬侃之孽子，父亡不居喪位，荒耽于酒，昧利偷榮，擅攝五郡，自謂監軍，輒召王官，聚之軍府。故車騎將軍劉弘曾孫安寓居江夏，及將楊恭、趙韶，並以言色有忤，稱放聲當殺，安、恭懼，自赴水而死，韶於獄自盡。將軍郭開從稱往長沙赴喪，稱疑開附其兄弟，乃反縛懸頭於帆檣，仰而彈之，鼓棹渡江二十餘里，觀者數千，莫不震駭。又多藏匿府兵，收坐應死。臣猶未忍直上，且免其司馬。稱肆縱醜言，無所顧忌，要結諸將，欲阻兵構難。諸將惶懼，莫敢酬答，由是奸謀未即發露。臣以侃勛勞王室，是以依違容掩，故表爲南中郎將，與臣相近，思欲有以匡救之。而稱豺狼愈甚，發言激切，不忠不孝，莫此之甚。苟利社稷，義有專斷，輒收稱伏法。"

[1]東中郎將：官名，東、西、南、北四中郎將之一，統兵征伐，多有固定的轄區和治所。四品。

[2]建威將軍：官名，領兵征戰，曹魏、孫吴、西晋皆置。四品。

[3]監江夏隨義陽三郡軍事：即監江夏、隨、義陽三郡諸軍事，

上述三郡軍事行政長官，位次於都督。

[4]輕將二百人下見亮：中華本校勘記："《册府》四〇一'輕'作'徑'。"

範，最知名，太元初，[1]爲光禄勛。

[1]太元初：太，宋本作"大"。

岱，散騎侍郎。

臻，字彦遐，有勇略智謀，賜爵當陽亭侯。咸和中，爲南郡太守、領南蠻校尉、假節。[1]卒官，追贈平南將軍，謚曰肅。

[1]南郡：治所在江陵縣（今湖北省江陵縣）。

臻弟輿，果烈善戰，以功累遷武威將軍。[1]初，賊張奕本中州人，[2]元康中被差西征，遇天下亂，遂留蜀。至是，率三百餘家欲就杜弢，爲侃所獲。諸將請殺其丁壯，取其妻息，輿曰："此本官兵，數經戰陣，可赦之以爲用。"侃赦之，以配輿。及侃與杜弢戰敗，賊以桔槔打没官軍船艦，[3]軍中失色。輿率輕舸出其上流以擊之，所向輒克。賊又率衆將焚侃輜重，輿又擊破之。自是每戰輒克，賊望見輿軍，相謂曰："避陶武威。"無敢當者。後與杜弢戰，輿被重創，卒。侃哭之慟，曰："喪吾家寶！"三軍皆爲之垂泣。詔贈長沙太守。

[1]武威將軍：官名，統兵出征。東漢建安初置，西晋沿置。

[2]張奕：奕，原本、宋本、殿本作“弈”，據中華本改。

[3]桔槔：利用杠杆原理拍打船隻的軍事器械，原理類似汲水用的桔槔，故名。

史臣曰：古者明王之建國也，下料疆宇，列爲九州，輔相玄功，咨于四岳。所以仰希齊政，俯寄宣風。備連率之儀，[1]威騰閫外；[2]總頒條之務，[3]禮縟區中。委稱其才，甘棠以之流咏；據非其德，雠餉以是興嗟。[4]中朝叔世，要荒多阻，分符建節，並紊天綱。和季以同里之情，[5]申盧綰之契，[6]居方牧之地，振吴起之風。[7]自幽徂荆，亟斂豺狼之迹；舉賢登善，窮掇孔翠之毛。由是吏民畢力，華夷順命，一州清晏，恬波於沸海之中；百城安堵，静祲於稽天之際。[8]猶獨稱善政，何其寡歟！《易》云“貞固足以幹事”，於征南見之矣。[9]士行望非世族，俗異諸華，拔萃陬落之間，比肩髦俊之列，超居外相，宏總上流。布澤懷邊，則嚴城静柝；釋位匡主，則淪鼎再寧。元規以戚里之崇，挹其膺而下拜；茂弘以保衡之貴，服其言而動色。望隆分陝，[10]理則宜然。至於時屬雲屯，[11]富逾天府，潛有包藏之志，顧思折翼之祥，悖矣！夫子曰“人無求備”，斯言之信，於是有徵。

[1]連率：統帥，盟主。

[2]閫外：指京城或朝廷以外，亦指外任將吏駐守管轄的地域，與朝中、朝廷相對。

[3]總頒條之務：總領發佈律條之事。

[4]讎餉以是興嗟：因籌措軍餉而引起百姓不滿。

[5]同里之情：同鄉之情。

[6]盧綰：秦末泗水沛縣豐邑（今江蘇省豐縣）人，與劉邦同鄉同日生，因相親愛。隨劉邦起兵，楚漢戰争中任太尉，深得親信，賞賜過於群臣。西漢建立後封爲燕王。後與反將陳豨暗中通氣，被劉邦討伐，逃入匈奴，被任東胡盧王。

[7]吴起：戰國時衛國左氏（今山東省菏澤市定陶區西）人，初事魯，後入魏，終入楚，幫助楚悼王改革，使楚國强盛。

[8]静祲於稽天之際：聲勢浩大之時静以占問吉凶。

[9]於征南見之矣：中華本校勘記："周校：'征南'當作'鎮南'。"

[10]分陝：西周初周公旦、召公奭分陝而治，周公治陝以東，召公治陝以西。後謂官僚出任地方官爲"分陝"。

[11]雲屯：如雲之屯集，喻聲勢越來越大。雲，原本、宋本、殿本作"雷"，據中華本改。

贊曰：和季承恩，建旟南服。威静荆塞，化揚江澳。戮力天朝，匪忘忠肅。長沙勤王，擁旆戎場。任隆三事，[1]功宣一匡。繄賴之重，匪伊舟航。

[1]三事：三公。《詩·小雅·雨無正》："三事大夫，莫肯夙夜。"孔穎達疏："三事大夫爲三公耳。"